映画芸術への招待

映画芸術への招待（'25）

©2025　野崎　歓・宮本陽一郎

装丁デザイン：牧野剛士
本文デザイン：畑中　猛

s-84

まえがき

　われわれはいま、およそありとあらゆる種類の「動画」に取り囲まれて暮らしている。自宅のテレビやパソコンのみならず、町に出ればさまざまなモニター画面が目に入ってくるだろう。そして何と言ってもスマホである。場所を問わず、歩きながらでも電車のなかでも、スマホの小さな画面上に再生される動画に見入ることは、日常的習慣の一部と化している。

　そうしたなかで、映画はいったいどのような位置を占めているだろうか。ひょっとすると、映画館に出かけてスクリーンと向かいあうという鑑賞スタイルは、もはや「古い」ものと思われるかもしれない。だがそれは、映画がこれまで歴史を経てきたことの証左でもある。何と言っても、今日のような動画体験の最初の扉を開いたのが19世紀末に発明された映画だったことは、間違いのない事実である。それは映画について学ぶことが、われわれが暮らす環境そのものを考えるうえで必須の重要性をもつことを意味している。そのうえ、過去の映画を知れば知るほど、いかに豊穣な遺産が後世に託されているのかに驚きを禁じ得ないはずだ。そこにはいまなお新鮮な生命の躍動する芸術の多彩なありようを見出すことができる。

　いわゆる「第七芸術」としての映画は、他の諸芸術と比べ、起源にまでさかのぼってそれが経てきたプロセスをそっくり辿れるという点に特色がある。ところがわが国においては、映画の歴史を学ぶ場はごく限られているのではないか。欧米の大学では、映画学科を置くのが通例となっているのに対し、日本ではいまだそうした状況には至っていない。放送大学において、ぜひとも映画を学問的に考察する機会を提供したいと願い、この授業を開講するゆえんである。

　講義の狙いは大きく二つある。一つは、映画史の流れを大掴みにとら

え、重要な局面を浮き彫りにすること。もう一つは、映画を掘り下げて考察し、作品を仔細に分析するための方法を提示することである。もちろん、全15回の授業で扱いうる範囲にはおのずから限りがある（たとえばアニメは対象とすることができなかった）。それでも、シネマトグラフの上映から始まって、物語映画の確立、トーキーの発明を経て今日に至るまでの歩みを概観し（1章、2章、4章、14章）、さらには第一次・第二次世界大戦と映画の関連を素描することができた（8章）。圧倒的と言うべき影響を世界に及ぼし続けているアメリカ映画に関しては、西部劇の成立や自己検閲制度、「マシーン・エイジ」のミュージカルや、亡命映画人たちのもたらした多国籍性をめぐって、詳細な考察が展開されている（3章、5章、6章、7章）。日本映画に関しては、その一つの特色をなす「芸道物」の成り立ちと進展を追う（9章）とともに、これまであまり注目されてこなかった女性映画人たちの貢献に焦点を当てている（10章）。そして『市民ケーン』をめぐる連続講義（11章、12章、13章）は、映画を「読む」ことのスリリングな実践編を提供する。全体は映画芸術の特質を再考する最終章でしめくくられる。

　この授業をきっかけとして、一人でも多くの受講生が映画を学ぶことの面白さに目覚め、これからさらに豊かな映画体験を積み重ねるよう心から願っている。

　印刷教材の編集は吉岡洋美氏にご担当いただいた。また校正にあたっては、放送大学大学院修了者の小久保祐輝氏、設楽ゆう子氏、佐藤諒氏、鈴木和子氏、樽本真応氏にご協力をいただいた。放送教材の製作に際しては佐藤洋一プロデューサー、山口美紀ディレクター、岡田和世氏、片山恵氏に大変お世話になった。その他、ご協力くださった皆様に心より御礼を申し上げます。

2024年10月　野崎歓・宮本陽一郎

目次

まえがき　　3

1 「光あれ」
——映画の誕生　　　　　　　　　　　　　　　　　野崎歓　　11
1. エジソンからリュミエールへ　　11
2. 写真と魔術　　14
3. 運動の啓示　　17
4. 世界の発見に向けて　　21
5. イデオロギーの刻印　　24

2 物語の技法
——文学から映画へ、映画から文学へ　　野崎歓　　30
1. リュミエールからメリエスへ　　30
2. モンタージュの革新　　35
3. 文学の翻訳装置　　39
4. 映画から文学へ　　42
5. 谷崎潤一郎と映画　　45

3 西部劇と国民神話の創生　　　　　宮本陽一郎　　51
1. 歴史、神話、記憶　　51
2. スペクタクルとアトラクション　　55
3. 空間と運動　　58
4. 列車、映画、そして電報　　62
5. リアリズム　　66

4 | 普遍的言語の夢
——サイレントからトーキーへ 　　野崎歓　70

1. 映画、テクノロジー、資本主義　70
2. サウンドの時代　74
3. 普遍的言語としての映画　77
4. 喜劇映画の黄金時代　80
5. サイレント映画の教え　84

5 | 民衆の敵、最高の検閲官
——古典ギャング映画の生と死 　　宮本陽一郎　91

1. 古典ギャング映画の復活　91
2. ジャンルの誕生　92
3. 代弁される大衆　94
4. 古典ギャング映画の多声性　97
5. 調停のアリーナ
   ——古典ギャング映画と自主検閲制度　100
6. 「最も偉大な検閲官」
   ——カトリックの文化闘争とギャング映画　105
7. ギャングスターたちの残像　110

6 | マシーン・エイジ・ダンシング
——バズビー・バークリーのミュージカル映画
　　宮本陽一郎　114

1. バズビー・バークリー　114
2. 忘れられた男　116
3. 忘却とテクノロジー　120
4. マシーン・エイジ・ダンシング　124
5. 大衆の身体　127
6. 大衆のロゴ　130

7 | リックのカフェにて
——亡命者たちのハリウッド　　　　　｜ 宮本陽一郎　136

1. 「みんながリックの店にやってくる」　136
2. 1942年のハリウッド　138
3. タフガイと人民戦線　139
4. リックのカフェ・アメリカン
   ——亡命者たちのハリウッド　144
5. ヨーロッパ映画からアメリカ映画へ　150
6. 伝説のエンディングをめぐる伝説　153

8 | 「映画は戦場だ」
——世界大戦の時代のスクリーン　　　｜ 野崎歓　159

1. 戦場のドキュメント　159
2. プロパガンダの時代　161
3. ハリウッドの参戦　164
4. 戦場からの逃亡　169
5. 戦争映画の彼方へ　174

9 | 映画と日本文化
——芸道物の誕生　　　　　　　　　　｜ 木下千花　182

1. はじめに——1930年代日本と映画　182
2. ミュージカル映画としての芸道物　186
3. メディアミックスとしての芸道物　191
4. 芸道物と女性　195

10 | 日本映画の撮影所時代の女性映画人たち
|　鷲谷花　199

1. 撮影所で働いた女性たち　　199
2. 女性監督への道　　210

11 | 『市民ケーン』を読む（1）
──"by Orson Welles"　　|　宮本陽一郎　224

1. 作者とは何か？　　224
2. 製作、監督、脚本、主演　　226
3. ふたつのフェイク・ニュース　　228
4. ダブル・イメージ　　231
5. 作家から作品へ　　233
6. 主題　　233
7. 象徴　　236
8. 作品のなかの作者、作品のなかの読者　　240

12 | 『市民ケーン』を読む（2）
──ストーリーとディスコース　　|　宮本陽一郎　243

1. ストーリーとディスコース　　243
2. 形式の内容　　248
3. カメラの眼の物語　　251
4. "No Trespassing"　　255
5. ディープ・フォーカス　　257

13 | 『市民ケーン』を読む（3）

——バラの蕾 　　　　　　　　　　　　| 宮本陽一郎　262

  1. トンプソン vs ロールストン　262

  2. 『市民ケーン』とフィルム・ノワールの詩学　265

  3. 魔術師　269

  4. 脱修辞（disfiguration）　273

14 | 「新しい波」

——ネオレアリズモからテレビまで　　| 野崎歓　277

  1. ロッセリーニとネオレアリズモ　277

  2. ヌーヴェル・ヴァーグ　280

  3. 新しい波のもたらしたもの　284

  4. 東アジアのニューウェイブ　288

  5. テレビの普及、そして現在へ　291

15 | 映画芸術とは何か 　　　　　　　| 野崎歓　297

  1. 映画は芸術でありうるのか　297

  2. 芸術の概念の近代性　298

  3. 芸術の絶対化　300

  4. 機械技術は芸術作品を作り出せるのか　303

  5. 商品は芸術作品となりうるのか　307

  6. 映画芸術と出会うために　311

索引　317

1 | 「光あれ」
――映画の誕生

野崎歓

《目標＆ポイント》　映画はどのように誕生したのか。リュミエール兄弟によって「シネマトグラフ」が発明される前後の状況を学び、映画が生み出されたことの意義とは何かを考える。テクノロジーの新たな成果として称えられたシネマトグラフが、同時にその「魔術的」とも言うべき側面によって人々を魅了したことを学ぶ。また、それが西洋による帝国主義的な支配と、植民地化の時代の刻印を受けた、イデオロギー的な「装置」でもあったことを考察する。

《キーワード》　リュミエール兄弟、エジソン、写真、シネマトグラフ、ガブリエル・ヴェール、万国博覧会

----

1. エジソンからリュミエールへ

　旧約聖書の『創世記』によれば、天地創造ののち、神は「光あれ」と言った。「すると光があった。神は光を見て良しとされた」（聖書協会共同訳）。光と闇が分かれ、昼と夜が生まれた。それが世界創造の第一日に起こったことだった。

　映画史の成り立ちを考えるときに、その第一日目にあたかも「光あれ」の声が響いたかのように思えるのは、不思議な暗合である。今日まで上映され続けているような形態による「映画」を創始したフランス人の姓はリュミエール（Lumière）。これはフランス語の普通名詞として

は「光」を意味する語である。オーギュスト・リュミエール（1862-1954年）とルイ・リュミエール（1864-1948年）の兄弟による「シネマトグラフ」の発明によって映画史は始動した。

　シネマトグラフは、ギリシア語の「運動」（キネマトス）という名詞と、「書く」（グラフェイン）という動詞の合成による新語である。リュミエール一家は、もともとフランスの古都リヨンで、写真用乾板の製造販売を行っていた。発明家としての資質に恵まれたルイが、まだ十代のころ、従来よりも光への感度がはるかに高い——つまり"スナップショット"が可能な——臭化銀ゼラチン乾板を開発し、大きな商業的成功を収めた。その延長線上に、運動を記録し、かつ上映する機器としてのシネマトグラフが生み出されたのである。

　多くの発明がそうであるように、映画の場合も、同時代に複数の科学者たちが競いあう中で、リュミエール兄弟が決定的な一歩を記すこととなった。それに先立つ重大な成果としては、アメリカのトーマス・エジソン（1847-1931年）による「キネトグラフ」および「キネトスコープ」の発明があった。蓄音機や電話、白熱電球の考案・商品化によって「発明王」の名をほしいままにしていたエジソンは、1880年代末から動画の撮影機および鑑賞装置の開発に取り組み、1891年に前者を「キネトグラフ」、後者を「キネトスコープ」と名づけて特許を申請した。リュミエール兄弟はそれらの刺激のもとに、新たな動画撮影機の発明をめざしたと考えられる。

　エジソンのキネトグラフ、キネトスコープとリュミエール兄弟のシネマトグラフのあいだには、大きな違いが二つあった。一つは、エジソンの発明では撮影機と鑑賞装置が別々であるのに対し、リュミエールのシネマトグラフは両機能を兼ね備えていたことである。キネトグラフは非常に大型で持ち運びができず、撮影には強力な人工光源を必要とした。

またキネトスコープは、キネトグラフで撮影したフィルムを大型の箱の中で、電動モーターを用いて回転させ、観客は箱の上にかがみこんで覗き穴からその映像を見るという方式だった。それに対し、リュミエールのシネマトグラフは重量わずか5キロ、持ち運びに便利で、そのうえ電力を必要とせず、ハンドルを手で回すことで撮影ができた（図1-1）。幻灯機のアーク灯を光源として用い、フィルムの映像をやはり手回しでスクリーンに投影することにより、一度に大勢の観客が上映に立ち会うことが可能となった。

図1-1　シネマトグラフ　*La Revue du siècle*, 1897, p. 257.
写真　ユニフォトプレス

　キネトスコープを一般市民に向け個人的な鑑賞用に購入させようとしたエジソンの作戦は不発に終わり、リュミエール兄弟が先鞭をつけた、不特定多数の観客に向けての上映形式がその後、世界的に広まっていった。最初の観客たちはいったい、動く映像をどのように受けとめたのだろうか。
　シネマトグラフの初めての有料上映会は1895年12月28日、パリのグラン・カフェ地階で開催された。しかしそれ以前、1895年3月のフランス国立工業奨励協会での公開を皮切りに、リュミエール兄弟は何回か学術的な場で自分たちの発明を披露している。熱烈な称賛、拍手を浴びたことが記録に残されているが、観客の興奮を詳細に伝える記録としては、1895年11月10日、ベルギー写真協会主催により行われたブ

リュッセルでの上映会の模様を伝える新聞記事の一節が貴重だ。

「深い暗闇に包まれて、招待客たちはじりじりと待ち続けた。突然、超自然的なほどの光の奔流のなかに、人間たちが出現し、動き、生きた姿を見せた！…… 体を動かし、私たちを見つめている…… 過去の時間からしばし、蘇ってきたのだ…… 私たちは感動で胸が一杯になり、今にも両腕を伸ばして彼らの方に駆け出していきたくなる…… そこで機械が止まった。光が消え、私たちは興奮と驚愕のとりことなったまま、ふたたび神秘的な闇に包まれた。」[1]

2. 写真と魔術

　こうして、シネマトグラフはまず先端的な科学技術の達成として受け止められた。パリからブリュッセルへと続く一連の公開行事は、シネマトグラフの価値がアカデミックな権威によって認定されたことをアピールする舞台となった。フランス国立工業奨励協会会長にして科学アカデミー院長であるエルテール・マスカールのような、当時学会最高の地位にあった人物によって、シネマトグラフは写真をさらに推し進めた、科学技術の進歩を示す成果として公けに認められた[2]。この時点で、映画は芸術表現と結びついてはいなかった。それはあくまで現実を記録するための画期的手段だった。

　ところで、上に引用した記事からうかがえるのは、シネマトグラフが当時の人々に、ほとんど非科学的とも言うべき衝撃を与えたという事実だ。それは闇の中での光の体験であり、「蘇り」の体験だった。「超自然的」、「神秘」といった言葉が驚きの深さを物語っている。記事には続い

---

[1] 「ラ・クロニック」1895 年 11 月 13 日の記事。Georges Onclincx, « Les débuts du cinématographe des frères Lumière à Bruxelles », *Revue d'histoire moderne et contemporaine*, 1955, 2-3, p. 221 による。永冶日出雄「映画の創出とリュミエール（その 1）　シネマトグラフの発明から学術的な集会での公開まで」『愛知教育大学研究報告』41、1992 年 2 月、98 頁にも同記事の抜粋紹介がある。

[2] 永冶、前掲論文、92 頁。

て「もうこの世にいない人々であっても、つかの間過去から戻ってくる」、「われわれはみな永遠に生き続けることになるだろう」と綴られている。そして記者は「人間の天才は自然の生には不可能な事柄をなしとげたのだ」との一文でしめくくっている。

そうした熱狂的と言うべき反応を引き起こしたのは、リュミエール兄弟がリヨンの自分たちの一家の工場から従業員たちが出てくるところを写した、『工場の出口』を始めとするフィルムの数々だった。工場の敷地内で撮った『鍛冶屋』や『塀の取り壊し』、家庭の情景を写した『赤ん坊の食事』や『金魚鉢』、リヨンの街並みを写した『リヨン証券取引所』や、南仏ラ・シオタにある一家の別荘の近郊で撮った『草を焼く女たち』や『港を出る小舟』などが最初期の作品だが、いずれも約50秒足らずの掌編である。おびただしい量の動画の刺激を絶えず浴びながら生きる現代のわれわれにとっては、一見いかにも素朴な代物と思える。だがそれらの作品は、実は映画なるものの本質を、すでにして提示していた。不可能事を可能にし、再生、蘇生、さらには死の乗り越えさえ感じさせる媒体という特質である。

そもそも、映画に先立つ写真の発明が、場合によっては一種の魔術として受け止められていた。ドイツの思想家ヴァルター・ベンヤミンによれば、19世紀には「フランスの悪魔的技術」である写真を「神に対する冒瀆」として糾弾する論調が存在した。「神の姿は、人間の作ったいかなる機械によっても定着されえない。わずかに神にも等しい芸術家だけが、天から霊感を与えられ、神的であり人間のものでもある相貌を、大胆にも再現することを許される。」[3] ところが、写真術はそうした良識的通念を蹂躙したのである。なお最初の写真は、フランスの発明家ニセフォール・ニエプスが1826年ないし1827年に撮影したものとされている。

---

[3] ヴァルター・ベンヤミン「写真小史」久保哲司訳、『ベンヤミン・コレクション 1 近代の意味』ちくま学芸文庫、1995年、554-555頁。

写真、さらには映画の登場とともに、いまやまったく機械的なメカニズムにもとづく、従来とは異なる迫真性をもつ「再現」が可能になった。それが根本においては作者の個性といった要素に左右されない、いわば「人間の不在」の上に築かれた技術であることに決定的な意味があった。フランスの映画批評家アンドレ・バザンによれば、「写真の客観性は、いかなる絵画作品にも欠けていた強力な信憑性を写真映像に与えたのである」[4]。写真や実写映画を観る者は、そこに写された対象物の存在を信じないわけにはいかない。「写真とはモデルそのものなのだ」。対象と表象が等号で結ばれるという事態が、人類の歴史上、初めて出現したのである。

　しかもバザンによれば、そうやって存在のまぎれもない似姿を作り出したいという欲求は、エジプトのミイラにまでさかのぼる。「徹底して死に抵抗した古代エジプトの宗教では、身体の物理的永続が死後の生を保証すると考えられていた。」[5]生身の肉体の外見をそのままに保とうとする努力は、「時の流れから身を守ろうとする欲求」と固く結びついていたとバザンは説く。

　実際、絵から写真、動画に至るあらゆる「イメージ」表現は元来、そうした願望に根ざすものだったのかもしれない。エジプト文明よりさらにさかのぼる先史時代の洞窟絵画にもそれがうかがえる。ラスコーの壁画を実地に見た思想家ジョルジュ・バタイユは、その「写実的な仕上がり」の素晴らしさに打たれ、「現存の感覚が、これほど優しく、またこれほど動物と野生の放つ熱気に充ちて君臨することは二度とないだろう」[6]と記している。洞窟絵画が具体的にどのような目的のために描かれたものだったかは定かではない。だがそこには、動物たちの「現存」

---

[4]　アンドレ・バザン「写真映像の存在論」野崎歓訳、バザン『映画とは何か』（上）、野崎歓・大原宣久・谷本道昭訳、岩波文庫、2015年、16頁。

[5]　同書、9頁。

[6]　ジョルジュ・バタイユ『ラスコーの壁画』出口裕弘訳、二見書房、1975年、122頁。

を捉え、不変のものとして固定しようとする意志が脈打っているのを感じずにはいられない。牛や鹿や馬は、まさにその躍動において、不滅の形態を与えられている。はるか昔、洞窟に集ったクロマニョン人たちは、その画像が暗闇のなかに──おそらくは松明の光に照らされて──揺らぎながら浮かび上がるのを、慄きとともに眺めたに違いない。そのとき彼らの胸を騒がせた想念と、シネマトグラフの最初期の観客たちの覚えた感動には、ひょっとすると相通じるものがあったのではないか。

3. 運動の啓示

　学術的な上映会で喝采を博したのち、1895 年 12 月 28 日からの一般向け有料上映会でも、シネマトグラフは大きな成功を収めた。初回 33 人だった入場者は、3 週間後には一日 2000 人を超え、押し寄せる客に対処するために警備員が必要になった[7]。新聞は「この器械が一般大衆のものとなったなら（中略）死はもはや絶対的なものではなくなるだろう」（『ラ・ポスト』紙、1895 年 12 月 30 日）と書き立てた。別の記事には、「等身大の人物たちの色のついた姿」（『ル・ラディカル』紙、同日）とある[8]。シネマトグラフは白黒だが、カラー映像だったとする評がこれ以外にも複数残されているのは興味深い。単なる記憶違いだが、映像がいかに現実そのものとして受け止められたかを物語っている。

　こうしてシネマトグラフは、人間心理の古層に秘められた、不死や再生への欲望を目覚めさせるかのような、魔術的なまでの幻惑力を及ぼした。「それは生そのもの、ありのままに捉えられた運動だ。写真は不動性を定着させることをやめてしまった。いまや運動のイメージが永続化されているのである。」[9]

　静から動への移行に自分たちの発見の重要なアピールポイントがあ

---

[7]　Vincent Pinel, *Louis Lumière : inventeur et cinéaste*, Nathan, 1994, p. 59.

[8]　*Ibid.*, p. 42-43.

[9]　トム・ガニング『映像が動き出すとき　写真・映画・アニメーションのアルケオロジー』長谷正人編訳、みすず書房、2021 年、56 頁。

る。リュミエール兄弟自身がそう考えていたことは、初期における彼らの上映方式に明らかだ。最初はスクリーンに、静止画像が投影される。やがて映写技師がおもむろにシネマトグラフの手動ハンドルを回し始める。すると画像がにわかに動き出し、観客席からは歓声が沸き上がるのだった。

　そのとき、初期の観客たちに目をみはらせたのは、別段、壮大なスペクタクルというわけではなかった。たとえば『赤ん坊の食事』(図1-2)は、ルイ・リュミエールがカメラマンを務め、兄オーギュストとその妻マルグリット、そして彼らの幼い女児アンドレが家の庭にテーブルを置いて食事をしている情景を撮った作品である。いかにも健康そうな赤ん坊が、よだれかけをつけて画面中央の椅子に坐らされている。右隣に坐った父親がスプーンで粥らしきものを口に含ませたり、ウエハースをもたせてやったりと、かいがいしく世話を焼き、一方、左隣に坐った母親はその様子を愛おしげに眺めながら、コーヒーに砂糖を入れて飲んでいる。いわばたわいのないホームムーヴィーだが、繰り返し見るに足る可憐な魅力がある。

　だが最初の上映の際、観客が注目したのは別の部分だった。親子三人の背景にはよく繁った木が光を浴びて写っている。父親の後ろには葉を広げたヤツデのような植物が置かれている。好天だが風の強い日だったのだろう。植物の葉が大きく揺れているのが見える。その動きが、観客たち

図1-2　『赤ん坊の食事』　写真　ユニフォトプレス

をことのほか驚かせ、感嘆を誘ったのだった。

『草を焼く女たち』は、草原で枯れ草を焼くところを撮っただけの作品だが、これもまた、燃える草から立ち昇る煙の動きによって観客の人気を集める一本となった。

『港を出る小舟』（図 1 - 3）という作品も特筆に値する。これは南仏ラ・シオタの海でリュミエール一家の者たちがボート遊びをしている実景だが、やはり風の強い日だったらしく、波がかなり高くうねっていて、ボートを揺さぶる力が如実に伝わってくる。

他方、『エカルテ遊び』（『カード遊び』とも）（図 1 - 4）では、画家セザンヌが1890 年代に描いた『カード遊びをする人々』を思わせる構図のもと、三人の紳士たちがトランプに興じている。そこに給仕が飲み物を運んでくるのだが、そのときトレイに置かれたビールの泡がグラスの中に立ち昇る様子が観客を驚かせた。

さらに有名な例としては『ラ・シオタ駅への列車の到着』（図 1 - 5）がある。蒸気機関車とそれに牽引された客車が駅に入ってくるところをプラットフォームに据えたカ

図 1 - 3 『港を出る小舟』　写真　ユニフォトプレス

図 1 - 4 『エカルテ遊び』　写真　ユニフォトプレス

メラで写しっぱなしにしたものである。「人々は轢かれるような錯覚に襲われ、椅子から腰を浮かした。気の弱い御婦人は悲鳴を上げた。」[10]

長らく伝説的に語り継がれている（残念ながら真偽の定かではない）このエピソードは、まさに「錯覚」としての動画が一瞬、現実と表象の境

図1-5 『ラ・シオタ駅への列車の到着』
写真　ユニフォトプレス

を揺るがせた事態をやや誇張的に表現したものだろう。だが観客たちの反応は、そうした単純に感覚的・生理的な反応のレベルを超えて、映画がもたらした革新的な事態に呼応している。それは人間だけでなく、動物（最初期のシネマトグラフには金魚や豚、馬といったさまざまな生き物が登場する）や植物の生命、機械の動作、さらには平原を吹き過ぎていく風や海面のうねりといった、外界のあらゆる「運動」をとらえ、そのままに保存し、なまなましく再現する力を備えたメディアが、人類史上初めて誕生したことを示していた。しかもその運動は、シネマトグラフの枠組みを超えて延び広がる性質を示している。

ドイツの思想家ジークフリート・クラカウアーによれば、映画以前、すでに写真には「無限」の印象を呼び起こす側面があった。植物の「葉」は初期の写真家が好んで写した対象だった。それは「自然や生が無限だという印象」[11]と結びついていた。つまり、一つとして同じ葉はなく、しかもそれが無尽蔵に存在することを写真は暗示しているからだ。そこに運動の次元が加わるとき、無限の感覚はさらに引き延ばされ、強化される。スクリーンに映し出されている草原や海は、そのごく

---

[10] 岡田晋『映画の誕生物語　パリ・1900年』美術出版社、1980年、17頁。
[11] ジークフリート・クラカウアー『映画の理論』竹峰義和訳、東京大学出版会、2022年、36頁。

一部が示されているだけであり、スクリーンの外に向けてどこまでも広がっている。また、シネマトグラフの上映自体はほんの一瞬で終わってしまうとしても、そこにとらえられた運動は、さらに別の形で続いていくことが予想される。

　映画と演劇を比較して、アンドレ・バザンはこう論じている。演劇ではドラマの空間は舞台上に限定されており、観客の注意を舞台に向けて集中させるような「求心的な力」が働いている。映画の場合はそれとは異なる。「登場人物がカメラのフレームからはずれると、私たちはその人物が視野から消えたのだと理解はするが、その人物は（中略）私たちからは隠された場所にそのまま存在し続けているのである。スクリーンには舞台裏がない。（中略）舞台の空間とは対照的に、スクリーンの空間は遠心的なのである。」[12]

　そのことは時間に関してもあてはまる。シネマトグラフがとらえ、再現するのは、根本的に、上映のあいだのみに限定される時間ではない。『赤ん坊の食事』であどけない表情を見せているアンドレは、その後すくすく育って成人したものの、24歳のときにスペイン風邪にかかって命を落とした。その彼女のごく幼いときの姿を見つめるわれわれの「現在」にまで、シネマトグラフの時間は届いている。一分に満たないフィルムのうちに生け捕りにされているのは、はるかに長い時間の一端なのだ。

4. 世界の発見に向けて

　先に述べたとおり、リュミエール兄弟の発明品は、持ち運び自由な手軽さがその大きな魅力であった。「トランク一つ」に収まるがゆえに、どこにでも撮影に出かけていくことが可能になった。その特質を、発明者たち自身もよく認識していた。リュミエール兄弟はシネマトグラフ事

---

[12] バザン「演劇と映画」大原宣久訳、前掲書、266頁。バザンによれば、舞台／スクリーンの求心的／遠心的の違いは、額縁に入った絵画とスクリーンのあいだにも見出すことができる。同書に収録されている「絵画と映画」を参照のこと。

業を拡大すべく、大勢の技術者たちを雇って撮影・現像・映写の技法を教授したうえで、世界各地に送り出した。1896年5月、モスクワのクレムリンで催されたニコライ二世の戴冠式に派遣された二人のカメラマンが、式の模様を撮影したのを皮切りに、特派員たちは欧州各国を始め、北米、南米、中国、東南アジア、そして日本にまで足を延ばし、リュミエール社のカタログはたちまち点数を増していった。「われわれはシネマトグラフによって三週間で全世界を所有するに至った」とのルイ・リュミエールの言葉が伝わっている[13]。

リュミエール社の特派員たちには、遠く離れた土地の映像を撮ってくることだけが求められたのではなかった。彼らはシネマトグラフ作品を何点も持参して上映会を開催した。上映会の入場料収入は地元の興行主とリュミエール社が折半する条件になっており、入場者数を把握してそれに見合った額の謝金を取り立てることも特派員たちの任務だった。こうして、リュミエール社は、製作と配給の両部門を兼ね備えた最初の映画会社となったのである。

各国での上映会が、フランスやベルギーと同様、あるいはそれ以上の熱狂を引き起こしたことが記録に残っている。ただし数年後には観客はシネマトグラフに飽き、リュミエール兄弟も製作意欲を失って特許を譲渡し、映画事業から撤退する。とはいえ、シネマトグラフが即座に、言語や文化の違いを超えた反響を得たことは、映画の衝撃力を十分に証し立てている。忘れてはならないのは、シネマトグラフの映像が非常に美しく、クリアであったという事実である。われわれは大昔の映画は古ぼけた不鮮明なものだったのだろうと思いがちだが、それはまったく不当な誤解である。つやつやのフィルムによって上映される映像は"獲れたて"の輝きを放っていた。しかるべく復元作業を経たシネマトグラフは、今日の観客をも嘆息させる新鮮な魅力を備えている。フランスの研

---

[13] Pinel, *op.cit.*, p. 61.

究者は、ロンドンで撮られた『街頭で踊る女たち』(1896年)は「チャップリンの映画を先取りしている」し、日本で撮影された『家族の食事』(1897年)(**図1-6**)の画面には「溝口健二を予告する澄明さ」があると述べている[14]。あながち的外れな評とは言えない。

図1-6　『家族の食事』　写真　ユニフォトプレス

　今日振り返ると、シネマトグラフの各国への伝播は、人類の文明における大きな変化と連動していたことがわかる。つまり世界の急速な拡張である。産業革命以降、移動手段の多様な発達や商品経済の拡大とともに、人々の生活圏は加速度的に広がっていった。社会と人間のあり方自体が未曽有の変動を経験し始めていた時期に、シネマトグラフはその動きをさらに刺激してやまない媒体として登場したのである。それを象徴する一本が、先に触れた『ラ・シオタ駅への列車の到着』だった。

　シネマトグラフ上映会で最も人気を呼ぶ"ヒット作"となったこの作品は、単純きわまる構図のうちに、さまざまな要素を凝縮していて、興味が尽きない。これが古典的なまでの完成度を誇る一場面を形作っている点については、諸家の評価が一致している。線路をフレームの対角線上に捉え、そこに列車が滑り込んでくるさまを写すことで、映像には奥行きが生まれる。シネマトグラフが焦点深度の深いレンズを備えていたおかげで、すみずみまできわめてクリアな画面が得られている。固定ショットの長回しのうちに、駅の全景ショットから始まって、機関車の迫力あふれる接近、そして停止した列車から降りてくる人々の表情まで

---

[14] Pinel, *op.cit.*, p. 80.

がつぶさに見て取れる。列車や乗客がカメラに近づいたり遠ざかったりする絶え間ない動きが、画面を活気づけ、次々に新たな注目すべき光景を出現させる。

「現在、映画が用いている連続的な総ての画面は、実際にこの『列車の到着』の中で用いられていた。」[15] リュミエール兄弟は（他のシネマトグラフ作品でも同様の例がみられるが）、幾度かこの作品を撮り直し、より効果的な画面構成を試みている。つまりそこには、なまな現実に対する「演出」への意志がすでにして明確に認められる。しかも同時に、「偶然」の要素がたっぷりと盛り込まれていることも感じ取れる。もくもくと吹き上がる蒸気機関車の煙、客車のなめらかに光る車体とそこに写し出される人々の影、プラットフォームに降り立った旅客たちの足取り。その全体が、いよいよ到来した移動と旅の時代[16] の象徴的表現となっている。シネマトグラフは旅への誘いなのだ。そして上映会の観客たちは、眼前に異国の人間や風物や出来事が繰り広げられることの面白さに歓喜した。いまや世界はあくなき視覚的欲望の対象となったのである。

5. イデオロギーの刻印

科学技術の進展、ブルジョワ市民階級の台頭、産業資本主義の成長。シネマトグラフは、19世紀末の西洋を特徴づけるそれら諸条件の重なりあいのもとに誕生した。つまり、機械的な複製技術の産物であるとはいえ、決してニュートラルな媒体ではありえなかった。それどころか、西欧的なイデオロギーを深く刻印されてもいたことは否定できない。

その点で、「全世界を所有するに至った」というルイ・リュミエールの言葉がいかにも示唆的である。彼自身はごく穏健で勤勉な発明家にして事業家であり、円満な家庭人だった。しかし彼は映画製作の技術を手

---

[15] ジョルジュ・サドゥール『世界映画史』丸尾定訳、みすず書房、1980年、18頁。

[16] 現在の世界の鉄道路線のうち約7割に相当する部分が1840年から1900年までに建造された。Pinel, *op.cit.*, p. 81.

にしたとき、自分の前にいわば世界征服の可能性が開けていることを、認識せずにはいられなかった。アメリカの批評家スーザン・ソンタグによれば、「写真を収集するということは世界を収集することである」。「写真を撮るということは、写真に撮られるものを自分の物にするということである。それは知識と思えるがゆえに力とも思える、世界との一定の関係に自分を置くことを意味する。」[17] その「一定の関係」は、映画においては軍国主義的、さらには植民地主義的と形容すべき性格をも帯びる。

　シネマトグラフは軍事演習や軍隊の行進、閲兵式等を繰り返し題材にした。1895年から1905年までに撮られた1428本の作品のうち、こうした「軍隊物」が約20パーセントを占めている[18]。あからさまに軍国主義的なトーンを帯びてはいないにせよ、それが兵役への敬意と尊重を国民に吹き込もうとする体制側の意向に見合うものであることは明らかだ。そしてこの時代、軍隊は帝国主義的な植民地戦略と切り離せないものだった。

　『天姥寺の前で小銭を拾い集める安南の子供たち』という題で知られるシネマトグラフ作品がある（図1-7）。フランスは19世紀半ば、ナポレオン三世が宣教師保護の名目で遠征軍を派遣したのを皮切りに、ベトナムへの侵略をもくろみ、19世紀末にはインドシナに対する植民地支配を確立した。この作品では、

図1-7　『天姥寺の前で小銭を拾い集める安南の子供たち』　写真　ユニフォトプレス

---

[17] スーザン・ソンタグ『写真論』近藤耕人訳、晶文社、1979年、10頁。
[18] Laurent Véray, *Aux origines de l'imagerie militaire : les vues Lumière（1896-1897）, naissance des cinémas militaires*, Septentrion, 2023.

優雅なドレスをまとった西洋人の女性2人が、寺院の前で現地の子ども
たち——大人も混じっている——に向かって小銭を投げ与え、それを子
どもたちが群がって拾い集める様子が記録されている。2人の西洋人女
性は、実は当時のインドシナ総督ポール・ドゥメールの妻と娘だった。

　同種のシネマトグラフが他にも残されており、植民地ではそうした慈
善的な"施し"の慣習があったのだろうと推察される。女性たちのお洒
落な帽子や白く輝くような装い、すらりとした立ち姿に対し、くすんだ
色の粗衣をまとった子どもたちが、地面にはいつくばる様子は屈辱的
で、支配・被支配の関係性を残酷に露呈させている。シネマトグラフは
そんな関係性を定着し、反復する。シネマトグラフがもつ「イデオロ
ギー装置としての側面」[19]がそこに見て取れる。

　しかし、イデオロギーに対する反省を促し、批判を醸成する基盤をも
シネマトグラフは与えてくれるだろう。小銭を拾う子どもたちの様子を
撮影したリュミエール社のカメラマンは、ガブリエル・ヴェール（1871-
1936年）である。いかにも露骨に西洋による統治の実態を表したこの
光景に対し、ひょっとするとヴェール自身、実は懐疑的な視線を向けて
いたのかもしれない。彼の人生について調べてみると、そう想像する余
地も生じる。

　ヴェールはリヨン大学を卒業後、リュミエール社での研修を経て、
ニューヨーク、さらにはメキシコ、キューバ、ベネズエラ、コロンビア
へ渡って撮影と上映を行った。一時帰国ののち、バンクーバー経由で
1898年、日本にやってくる。家族宛の手紙には「日本は素晴らしい国
です」「楽しく、優美な国日本」等と書かれ、手帳にも日本文化への礼
賛の思いが綿々と記されている。翌年、彼は香港からインドシナに向か
い、各地での撮影を続けた。帰国後、今度はモロッコに渡り、宮廷のお
抱え外国人教師となった。そしてついにフランスに帰ることなくカサブ

---

[19]　小松弘「シネマトグラフとは何だったのか」『映画伝来——シネマトグラフと
　〈明治の日本〉』吉田喜重、山口昌男、木下直之編、岩波書店、1995年、112頁。

ランカで生涯を終えたのである[20]。

シネマトグラフによる世界進出の申し子のようなヴェールだが、異文化に対する敬意と開かれた姿勢は生涯変わらないものだった。インドシナでの記録として『ナモ村落　駕籠から撮影されたパノラマ』(1900年) という作品を特筆しておきたい (図1-8)。ヴェールがベトナム北部の村トンキンを訪ねたときに撮影した作品で、彼が村を立ち去る際、追いかけてくる子どもたちを、駕籠の中から撮影している。移動撮影の最初期の例として知られる一編である。子どもたちははだしで、素っ裸の子もいる。だが、貧しい村の暮らしに植民地主義者が一方的にカメラを向けた記録というふうには感じられない。それは好奇心満々の子どもたちの笑顔が、あまりにくったくなく明るく、てんでばらばらに入り乱れて追い駆けてくる様子が、まばゆいほどの生命を湛えて輝いているからだ。

そんな彼らの姿をとおして、対象をまるごと受け入れ、肯定するカメラの力が伝わってくるように思える。カメラは本来、対象を冷徹に、客観的にとらえる道具であるはずだ。しかし『ナモ村落』のような短編を見るとき、対象を尊重し、慈しみ、愛惜する撮影者のまなざしによって画面が支えられていることが理解できる。

フランスの批評家ジャン＝ミシェル・フロドンによれば、「イメージ」(画像、映像) は本来、「自由を内包している」という。「それは決定不可能であり、それゆえす

図1-8　『ナモ村落　駕籠から撮影されたパノラマ』　写真　ユニフォトプレス

[20] 「ガブリエル・ヴェールの手紙」古賀太構成・訳、『リュミエール元年』蓮實重彥編、筑摩書房、1995年。ヴェールの人生については光田由里「ジレルとヴェール　世紀末日本を訪れた二人の映画技師」、『映画伝来』、44-82頁も参照。

でに、その性質からして対象を『救う』のである」。とりわけ、それが動画である場合、運動は「不決定状態を生み出し、固定された定義づけの問い直しを強くうながす」[21]。かみ砕いて言えば、映画は何よりも、対象をその生き生きとした姿において解き放つということである。ヴェールの残したシネマトグラフのうちに、植民地主義的な枠組みは確かにあるとしても、その枠に封じ込められない生命の姿を見て取ることは可能なのではないか。

　1900 年、パリでは万国博覧会が過去最大の規模で開催された。準備委員会総裁ピカールの掲げたモットーは「産業や科学、あるいは、植民地拡大と平和、共和国とアール・ヌウヴォ等々の極致」[22]であった。それらの価値のクロスする地点に生まれたシネマトグラフは、当然のことながらこの万博における呼び物の一つとなった。ヴェールがインドシナで撮ったシネマトグラフや写真作品は、シャン・ド・マルスの会場に建てられた「インドシナ・パビリオン」の「クメール洞窟」というスペースで公開された。まさに、洞窟での映像体験が創出されたのである。さらに特筆すべきは「巨大シネマトグラフ」と銘打たれた上映企画だった。15000 人収容可能のギャラリーに、縦 19 メートル、横 21 メートルの大スクリーンが設置され、毎晩シネマトグラフが上映された[23]。映画の世紀の華々しい幕開けである。

　ただし付け加えておかなければならないのは、5 月から 11 月までの期間中に 140 万人の観客を集めたとはいえ、それでも当初期待されたほどの動員ではなかったという事実である。たとえば屋外での「照明ショー」の総観客数はシネマトグラフをはるかに凌いで、280 万人近くに達していた。そのことは、単なる実写の上映だけでは動員力に限りが

---

[21] フロドン『映画と国民国家』野崎歓訳、岩波書店、2002 年、21-22 頁。

[22] 小玉齊夫「光と電気・1900 年パリ万国博覧会」『駒澤大學外国語部論集』60 号、2004 年、172 頁。

[23] Emmanuelle Toulet, « Le cinéma à l'Exposition universelle de 1900 », *Revue d'histoire moderne et contemporaine*, avril-juin 1986, p. 179-209.

あったことを意味している。映画が観客に対して真の訴求力を発揮するために必要だったのは、実写と「物語」との結合だった。

学習課題

1. シネマトグラフの発明に先立つ、あるいはそれとほとんど同時に発明された「動画」の技術にはどのようなものがあったか、調べてみよう。
2. ネット上で見ることのできるシネマトグラフ作品をいくつか見て、その特徴を考えてみよう。
3. シネマトグラフが当時の時代の人々に与えた驚きにはどのような要素があったか、考察してみよう。

参考文献

アンドレ・バザン『映画とは何か』（上・下）、野崎歓・大原宣久・谷本道昭訳、岩波文庫、2015 年。

トム・ガニング『映像が動き出すとき　写真・映像・アニメーションのアルケオロジー』長谷正人編訳、みすず書房、2021 年。

ジョルジュ・サドゥール『世界映画史』丸尾定訳、みすず書房、1980 年。

2 | 物語の技法
――文学から映画へ、映画から文学へ

野崎歓

《目標＆ポイント》　映画がストーリーを語る技法を開発していくことで「物語映画」として発展していった経緯と、そこで文学作品のアダプテーションが演じた重要な役割を概観する。その背景として、19世紀以来、小説が「可視化」への傾向を強めていたことを学ぶとともに、映画が文学に対して与えた影響を考察し、両者の双方向的な関係性を探る。
《キーワード》　ジョルジュ・メリエス、モンタージュ、D・W・グリフィス、セルゲイ・エイゼンシュテイン、小説、アダプテーション、谷崎潤一郎

----

1. リュミエールからメリエスへ

　誕生からほどなくして、映画はストーリーを語り始める。いわゆる「物語映画」（あるいは「劇映画」、英語ではナラティヴ・フィルム）が映画の主流になっていく。その進展には一人の劇場主が関わっていた。ジョルジュ・メリエス（1861-1938年）である。

　世界各地の都市と同じく、19世紀のパリにも、手品や奇術、幻燈といった見世物で観客を集める芝居小屋がいくつもあった。メリエスはパリにおけるその代表格だったロベール＝ウーダン劇場の舞台に立って、マジックの技を披露すると同時に、視覚的イリュージョンにもとづくさまざまな出し物を考案、上演していた。同劇場を買い取ってその経営者となった彼は、1895年12月28日、グラン・カフェにおけるシネマト

グラフの最初の公開上映の際、特別招待試写会に観客の一人として立ち会った。

「私たちは皆、腰を抜かしました。即座に私は叫びました。『これだ。これをやるんだ。すごい！』」[1]

「見世物」への飽くなき意欲に駆られた人物と出会ったことによって、シネマトグラフは広範な観客にアピールしうる「映画」への道を歩み出す。

　カメラに秘められた、視覚的娯楽としての可能性に夢中になったメリエスは、猛烈な勢いで短編を製作し始めた。まずは『エカルテ遊び』や『列車の到着』、『工場の出口』や『鍛冶屋』など、リュミエール兄弟の作品をそっくり真似て作ってみることからスタートしたが、やがて彼はトリック撮影のアイデアを得る。オペラ座広場で撮影したフィルムを映してみたところ、乗合馬車が不意に霊柩車になったり、歩いている男が突然女に変身したりしているではないか。これは撮影中、撮影機の故障でフィルムが一瞬停止したのち、すぐまた動き出した結果であったことが判明する。そんな偶然の出来事によって、メリエスは「止め写し」の技法を得た[2]。彼の前に「魔術映画」の領域が広がり出したのである。

　舞台上で彼は、悪魔がいろいろと悪さをする出し物を得意としてきた。いまや、悪魔の手管を映画で再現することができるようになった。劇構成をもつ最初の映画の一つとされる『悪魔の館』（1896年）では、王女の前に一人の若者が現れる。王女が手を差し出して握手すると、その瞬間、若者は悪魔に変身し、王女をさらっていく。扮装や大道具などは、みな演劇の流儀に従っている。さらにメリエスは「二重写し」のテクニックを開発した。一度撮影したフィルムを暗室で巻き戻し、ふたたび撮影するというシンプルな方法だが、そうやって得られる特殊効果により、映画の表現は超自然や空想の産物へと広がっていった。自身、演

---

[1]　マルテット＝メリエス『魔術師メリエス』古賀太訳、フィルムアート社、1994年、173頁。

[2]　メリエスとほぼ同時期、アメリカのエジソン社作品『メアリー女王の処刑』（アルフレッド・クラーク監督、1895年）でも「止め写し」が用いられていた。

技者でもあったメリエスは、主演作『幾つもの頭をもつ男』（1898 年）で自分の頭を取りはずしてみせ、『一人オーケストラ』（1900 年）では分身の術を用いて指揮をし、かつ諸々の楽器を演奏するといった奇想天外な活躍を見せた（図 2 - 1）。

図 2 - 1 『一人オーケストラ』 写真 ユニフォトプレス

　大型撮影スタジオを建設して本格的な製作体制を固めたメリエスが取り組んだ、最初の「超大作」が『シンデレラ』（1899 年）だった。シャルル・ペローの童話を映画化したものである。35 人の俳優を起用し、止め写しや二重写し、フェードアウト等の技法を駆使している。特筆すべきは、これがいくつかの場面をつなぎあわせた作品だったことだ。シンデレラの住む部屋や王宮での舞踏会を別々に写し、フィルムをつないで長編（とはいえまだ 6 分ほどだが）に仕上げたのである。

　こうして、1 分弱のスケッチだったシネマトグラフからの離陸が果たされた。リュミエール兄弟からメリエスへの移行は、現実の記録から、だれも見たことがない世界の創出と物語化への道を切り拓いた。そうした進展を象徴する一本が『月世界旅行』（1902 年）である。

　天文学者たちの乗り込んだ巨大な砲弾が、地球から月に向けて打ち込まれる。砲弾は見事、月面に命中。月は不快そうに顔をしかめる。月面の天文学者たちの頭上には星の神々——美女たちによって擬人化されている——が、レヴューの一場面のようにあでやかな姿を見せる（図 2 - 2）。天文学者たちは、カニのようなはさみを持つ月の住人たちに追

いかけられるが、なんとか逃げきり、砲弾に乗って地球に帰還。パラシュートで海に着水し、物語はフィナーレを迎える。

この映画はジュール・ヴェルヌの『地球から月へ』（1865年）と『月を回って』（1870年）、そしてH・G・ウェルズの『月世界最初の人間』

図 2－2 『月世界旅行』 写真 ユニフォトプレス

（1901年）といった小説に想を得ている。高額の製作費を注ぎ込み、撮影は 3 ヵ月間に及んだ。当時としては破格の大作で、全体は 30 の場面（すべてワンショット撮影）からなる。複数の場面をつなぎ合わせて一つの物語を生み出す手法が大規模に試みられている。

しかもそこには、カメラ操作にもとづく新たな撮り方への工夫が凝らされていた。月面に砲弾が着陸する場面を見てみよう。

夜空に雲が浮かんでいる。徐々にそれが大きくなり、月の顔立ちがはっきりと見えてくる。次の瞬間、月の右目に砲弾が突き刺さる。顔に石膏が塗りたくってあるらしく、砲弾がめりこむと同時に石膏が垂れ落ちる（図 2－3）そこで場面が切り替わり、月世界を

図 2－3 『月世界旅行』 写真 ユニフォトプレス

描いた書割を背景に、砲弾が着地して中から天文学者たちが下りてくるところが改めて映し出される。

　月への接近は、手押し車にカメラを載せて前進させながら撮影したものである。その結果、月面はクロースアップで捉えられることになる。それに加えて、月面を人面と二重写しにして表情を加えている。続く場面では、到着の瞬間をもう一度、別の構図で反復し強調するという念の入れようだ[3]。

　メリエスの創意工夫により生み出された撮影技法は、のちの映画監督たちによってさまざまに応用されるテクニックとなった。カメラを遠くから被写体に近づけていき、クロースアップでシーンを締めくくるという手法は、アルフレッド・ヒッチコック監督の作品で名場面をいくつも生み出している。『第3逃亡者』（1937年）のラストでは、カメラがホテルのダンスパーティー会場内に入り込み、そのままステージの奥まで進んで演奏中の楽団員の一人に接近、その顔を大写しにする。しきりに瞬きしているその男こそが主人公の探し求めている犯人なのである。『汚名』（1946年）のパーティーシーンでは、カメラは天井のシャンデリアの上からホール全体を眺め下ろしたのち、ゆっくりと下降し、ホールに立つヒロイン（イングリッド・バーグマン）に近づいていく。最後には彼女の左手のこぶしを画面いっぱいにクロースアップで映し、掌中に鍵を握りしめていることが示される。

　ほとんどの物語映画では、このようなカメラの動きは、他のショットと組み合わされて一つのシーンを形作り、そこにさらに複数のシーンが接続されていくことで物語が進行していく。映画の「文法」の根幹をなすそのつなぎ合わせが「モンタージュ」と呼ばれるものである[4]。メリ

---

[3]　同様の反復技法は、同年のエドウィン・ポーター監督の作品『アメリカ消防士の生活』でも用いられている（北野圭介『新版　ハリウッド100年史講義』平凡社新書、2017年、35頁に分析がある）。ポーターに関しては次章を参照のこと。

[4]　モンタージュはフランス語で「組み立て」を意味する名詞だが、フィルムをつなぎ合わせ編集する技法を指す映画用語として世界的に広まった。

エスの映画はほぼ常に、座席に大人しく坐った観客が舞台上の出し物を眺めているような撮り方になっており、一つのシーンは基本的にワンショットで撮られている。その点で現代の観客にとっては平板に感じられるかもしれない。映画史家ジョルジュ・サドゥールは、「演劇美学にとらわれていたメリエスは、画面、つまり視点の変化によるモンタージュを一度も使用していない」[5]と指摘している。

　逆に言えば、「視点の変化」をより積極的に作品に取り込んでいくことで、映画は今日われわれが考えるような映画になったのである。『月世界旅行』のワンシーンについては、こんなモンタージュがすぐさま思い浮かぶ。

　①月面に降り立った天文学者の姿を正面から写す。

　②天文学者の視点で、月面に広がる光景を写す。

　③天文学者の驚いた表情をクロースアップで入れる。

　④カニのような月世界人が登場。

　そんなふうに分割されたショットの連鎖によって、物語をきめ細かく視覚化することが、映画によるストーリー展開の基本になっていく。

2. モンタージュの革新

　そうしたモンタージュによる物語技法は、アメリカおよび旧ソ連で大きな進展を遂げた。それを代表する存在がD・W・グリフィス（1875-1948年）、そしてセルゲイ・エイゼンシュテイン（1898-1948年）である。

　劇団での活動を経て映画界に入ったグリフィスは、『ドリーの冒険』（1908年）で監督デビューして以来、数多くの作品をとおして映画表現の練り上げに貢献するとともに、映画の長尺化を果たした。『国民の創生』（1915年）では、ショット数は1500を越え、上映時間は3時間近くに及ぶ。単に数量的な増加が重要なのではない。そこには確固たる文

---

[5]　サドゥール『世界映画史』、25頁。

法に支えられた映画的な物語技法の完成が示されていた。南北戦争の歴史を背景とする『国民の創生』の物語前半では、戦闘が壮大なスケールで描かれている。思い切ったロングショットによる「引きの画面」で、ピータースバーグ包囲戦の全景を示し、ミディアムショットで北軍を迎え撃

図2-4 『国民の創生』 写真 ユニフォトプレス

つ南軍の様子を見せる。そしてミディアム・クロースアップ（人物の上半身を捉えるショット）で主人公の一人である青年ベン・キャメロンの勇ましい戦いぶりを際立たせる（図2-4）。サイズの異なるショットを次々と、ダイナミックに組み合わせたモンタージュによって、観客は戦いのさなかへと引き込まれる。

　さらに有名なのが、悪者に捕らえられた乙女エルジーとその家族を救い出すべく、ベンたちが馬を飛ばして駆けつける場面である。一方では軟禁されたエルジーたちの危難を描きつつ、他方では救出隊の疾走を勇ましく描く。異なる場所で生起している出来事の映像を交互に切り返して示し、かつ結び合わせることによってサスペンスを生み出す「クロス・カッティング」である。これは「ラスト・ミニッツ・レスキュー」とも呼ばれ、グリフィス作品に雄渾にして劇的なアクション感覚を吹き込んだ[6]。

---

[6] しかもグリフィスは、二つの場面それぞれの持続時間を徐々に短くし、息せき切ったリズムが出るようにモンタージュすることでいっそう緊迫感を高めていく。なおここでの悪者は黒人、救助隊は白覆面をかぶったKKK（クー・クラックス・クラン）団員たちである。表現技法の面では高く評価されながらも、『国民の創生』が人種差別的なイデオロギーを顕揚している点は公開当時から強く批判された。

いまではごく一般的に用いられている手法とはいえ、当時はきわめて大胆なやり方とみなされた。グリフィスは『国民の創生』に先立つ『歳月流れしのち』（1908 年）ですでに、船が難破して孤島に取り残された夫の姿と、留守宅で帰りを待つ妻の様子を交互にモンタージュして、遠く離れた空間をつなぎ合わせている。この編集を見て映画会社の首脳陣は、飛躍しすぎで客が理解できないと難色を示した。それに対しグリフィスは、文豪ディケンズだってそんなふうに書いているではないか、小説と映画と、それほど違いはないのだと答えたのだった[7]。

　グリフィスは元南軍の将軍の息子として生まれた。一家の没落とともに職を転々としながら文学的教養を培い、小説を書くかたわら演劇界に足を踏み入れた。「ニッケル」つまり五セント銅貨一枚で「活動写真（ムーヴィング・ピクチュア）」を見せる常設の映画小屋「ニッケルオデオン」が人気を博し始めた時期である。作家ならネタがあるだろうから、映画の仕事をしないかと誘われたとき、グリフィスは憤慨して「映画の仕事をしなきゃならんほど追い詰められちゃいないよ」と言い返したという[8]。食い詰めるよりはましと、仕方なく映画界入りしたのち、現場での懸命な探求をとおして、グリフィスは映画が文学に比肩する物語芸術となりうるという確信を抱いたのである。『歳月流れしのち』はイギリスの有名な詩人テニソンの物語詩『イノック・アーデン』（1864 年）を映画化したものだったが、大胆なモンタージュは映画会社首脳陣の危惧をよそに、観客に歓迎された。『国民の創生』は、一流作家とは言い難いトーマス・ディクソンの小説に基づいている。ピータースバーグの戦闘場面については、原作では数行の記述があるにすぎない[9]。そ

---

[7]　Richard Schickel, *D.W. Griffith : An American Life*, Simon and Schuster, 1984, p. 112.

[8]　グリフィスの名作の数々で主演女優を務めたリリアン・ギッシュの伝える逸話。『リリアン・ギッシュ自伝』鈴木圭介訳、筑摩書房、1990 年、71 頁。

[9]　邦訳はトマス・ディクソン・ジュニア『クー・クラックス・クラン　革命とロマンス』奥田暁代、高橋あき子訳、水声社、2006 年。

れをグリフィスは、叙事詩的と形容するに足る壮大なスペクタクルに作り上げた。映像が原作をはるかにしのぐ効果を発揮した一例である。

　他方、革命直後のソ連では、映画が共産主義プロパガンダの重要な手段と目された。若き映画人たちは世界の傑作を研究し、その知見を革命に奉仕する映画の製作に注ぎ込んだ。グリフィスの達成を正面から受け止めつつ、セルゲイ・エイゼンシュテインは観客の心理に揺さぶりをかけ、革命のイデオロギーを吹き込んで高揚させるためのテクニック（「アトラクションのモンタージュ」）の尖鋭化に努めた。その技法を突出した形で示したのが、『戦艦ポチョムキン』（1925年）における、オデッサ（現ウクライナ・オデーサ）の階段を舞台とする民衆虐殺のシーンである。

　帝政の横暴に抗議して立ち上がった人々を制圧するために、白い軍服を着た皇帝軍の兵士たちが、横一列になって整然と行進してくる。やがて一斉射撃の火ぶたが切られ、階段を下りて逃げようとする民衆が、一人また一人と倒れていく。その屍を踏み越えて、兵士たちは平然と無差別攻撃を続ける。若い母親が撃たれ、その手を離れた乳母車が、階段を勝手に下り始める。かごの中で泣きわめく赤ん坊の様子がクローズアップでとらえられる。加速していく乳母車、回り続ける車輪。それを見て叫ぶ若者。はたして赤ん坊の命は救われるのか？（図2-5）

図2-5　『戦艦ポチョムキン』　写真　Marka/UIG/ユニフォトプレス

　全体で6分間に及ぶこのシークエンスにおいて、おびただしい数のショットを次から次へとつなぎ合わせるモンタージュは、狂おしいほどの

沸騰状態に達し、観客に強烈な心理的体験をもたらす。モーション（運動）によってエモーション（感動）を生み出す映画の力を見せつけるかのような場面である。

3. 文学の翻訳装置

　表現技法を緻密に練り上げ、またスケールを拡大し長編化していくことで、シネマトグラフは新たな物語メディアとしての地位を確立し、現在のような「映画」となった。その際、既存の文学作品に題材を仰ぎ、それを原作とすることが映画にとって有効だったのはまぎれもない事実である。グリフィスの重要作品が文学作品のアダプテーション（翻案）であることはすでに見たとおりだが、それ以前、メリエスの時代から、映画は文学に依存し、文学を発想源としながら独自の表現を模索してきた。

　すなわち、メリエスは『月世界旅行』ののち『ガリヴァー旅行記』や『ロビンソン・クルーソー』を——まったくのダイジェスト版ではあるが——映画化し（いずれも 1902 年）、さらにはゲーテの『ファウスト』に想を得た作品（『地獄のファウスト』1903 年および『ファウスト博士の劫罰』1904 年）を立て続けに発表している。サイレント映画初期、文学作品のアダプテーションは花ざかりの状態となった（フランスではそのころ、「文学的映画」という表現が生まれている）。フランス文芸家協会は 1906 年に、作家の許可なくして映画化が行われることに対する抗議声明を出した。文学作品を映画によって再現する試みが盛んに行われ始めた状況に対抗しての反応である。

　フランスにおいて映画の一大産業化への道を押し進めたパイオニアの一人がシャルル・パテである。彼の製作会社では、バルザックの『あら皮』やゾラの『居酒屋』（いずれも 1909 年）、ヴィクトル・ユゴーの『ノートル＝ダム・ド・パリ』（1911 年）を始めとして、名作を次々に

映画化していった。文学史上の傑作ばかりではない。パテ社と覇権を争ったゴーモン社（現存する最古の映画会社）の製作による、ルイ・フイヤード監督の『ファントマ』シリーズ（1913-14年）は、人気大衆小説を原作の刊行直後に映画化した連作である（図2-6）。黒マントの怪盗がパリを舞台に繰り広げる謎と冒険の物語は、原作自体、世界各国語に翻訳されるベストセラーとなっていた。しかしファントマの名が極東の日本まで轟いたのは、小説が翻訳紹介されるよりも先に、映画のほうが公開されたからにほかならない。その結果、谷崎潤一郎が自らの小説において、「世界中の人間の好奇心を唆かしたFantomasやProtea」よりも「もっと身の毛のよだつやうなフイルム」[10]を思い描くことにもなったのである。

図2-6　『ファントマ』ポスター（1913年）　写真　ユニフォトプレス

　そうしたなりゆきは、映画がいわば文学の翻訳装置として強力な性能を備えていたことを証し立てている。ダンテやシェークスピアから現代の大衆小説まで、ありとあらゆる（と言いたくなるほど多様な）作品が映画の源泉となり、スクリーン上に投影されていった。映画史上の代表的監督たちの多くは、文学作品との対話を重ねながら傑作を撮り続けた。ジャン・ルノワール監督の『女優ナナ』（1926年、ゾラ原作）や『ボヴァリー夫人』（1933年、フローベール原作）。溝口健二監督の『瀧の白糸』（1933年、泉鏡花原作）や『山椒大夫』（1954年、森鷗外原

---

[10] 谷崎潤一郎「魔術師」（1917年）『谷崎潤一郎全集』第4巻、中央公論社、1981年、217頁。『ファントマ』と併記されている『プロテア』は女スパイの活躍を描く連作活劇で、1913年にフランスで公開されたのち同年、日本でも封切られた。

作）。ルキノ・ヴィスコンティ監督の『山猫』（1963年、ランペドゥーサ原作）や『ベニスに死す』（1971年、トーマス・マン原作）。ロベール・ブレッソン監督の『やさしい女』（1969年、ドストエフスキー原作）や『ラルジャン』（1983年、トルストイ原作）。あるいはアンドレイ・タルコフスキー監督の『惑星ソラリス』（1972年、スタニスワフ・レム原作）や『ストーカー』（1979年、ストルガツキー兄弟原作）。重要な例だけでも枚挙にいとまがない。監督たちは手応えのある小説と正面から取り組み、それを映画化するプロセスをとおして独自の映像表現をつかみ取り、精錬していった。

　逆に、小説のあり方の歴史的変遷を考えてみよう。小説は19世紀に近代的なありようを整え、人物および事物の細密な描写にもとづくリアリズムを基調とするスタイルを確立した。それ以来、小説に含まれるヴィジュアルな要素の比重は増す一方だった。つまり小説は映画を予告し、映画による「翻訳」を期待していたとさえ考えられるのである。

　リアリズム小説への大きな一歩を記したスタンダールの『赤と黒』（1830年）には、題辞にこんな言葉が掲げられていた。「小説、それは道に沿って持ち歩く鏡である」（第1巻第13章）。さらに、作者から読者に向けて直接語りかける形で、「ところで、諸君、小説とは大きな道に沿って運ばれる鏡ですぞ。あるときは青空を、あるときはぬかるんだ道を諸君の目に映し出す」（第2巻第19章）とも説明されている[11]。ここで言われている、道に沿って運ばれ、美しいものも醜いものも、現実がそうであるとおりに映し出す鏡とは、現代の読者にとっては動画のカメラを予告しているかのように感じられる。対象を正確に観察し、記述することへの執着がリアリズム小説の基調をなす。バルザックは自らの文学を「イメージ（画像、映像）の文学」と呼び、フローベールは「私は眼である」と述べて細密な描写に徹した[12]。彼らの写実主義を受けつ

---

[11] スタンダール『赤と黒』上、野崎歓訳、光文社古典新訳文庫、2007年、149頁および同書、下、280頁。

いだ作家ゾラは、写真術に夢中になってカメラを 10 台以上も買い込み、現像技術を習得して 7000 枚を超える写真を残した。

それらリアリズム小説の巨匠たちの作品を具体的に検討するなら、いまだ発明されていない映画への接近と言うべき事態を、随所に指摘することができる。異なる場所で生起している事柄の並行モンタージュ的な描写（フローベール『ボヴァリー夫人』）や、フラッシュバックを思わせる時間をさかのぼる構成（バルザック『ランジェ侯爵夫人』）など、19 世紀の小説は映画による物語技法をさまざまに先取りしている。何よりも、登場人物の姿かたちに関する視覚的情報をふんだんに提供するようになったことは、19 世紀小説の大きな特徴だった。「ファム・ファタル」（宿命の女、魔性の女）ものの源泉となった 18 世紀の有名な小説『マノン・レスコー』の場合、タイトルロールの女性主人公については「あまりに魅力的」[13] 等の形容に終始し、具体的な描写は皆無に等しい。ところが 19 世紀中盤から後半、バルザックやゾラになると、髪や目の色から服装の細部に至るまで描き出すのが当然のこととなる。

また、印刷術の進歩とともに、小説に挿絵を付すことが一般化し、視覚的情報を補強する手段となった。そして映画の登場により、小説はそれまでとはまったく異なる次元においてヴィジュアル化される可能性を得たのである。

4. 映画から文学へ

物語を伝達する新たなメディアとしての力を発揮することで、映画の人気は増していった。サイレント時代、映画は言葉に縛られない、映像のみによるストーリーテリングの面白さによって、きわめて広範な大衆の支持を獲得した。同時に、古典的な文学作品や世界の名作の「翻訳」

---

[12] マーティン・ジェイ『うつむく眼』亀井大輔他訳、法政大学出版局、2017 年、98 頁。ジェイによれば 19 世紀フランスの文化は「視覚中心主義的な欲望のスペクタクル」（105 頁）の広がりを特徴とする。

[13] プレヴォ『マノン・レスコー』野崎歓訳、光文社古典新訳文庫、2017 年、26 頁。

を提供し、いわばそれらの権威を借りる形で、映画は自らのステイタスを上昇させていった。

　映画をたんなる見世物ではなく、一つの芸術として認知させようとする動きが、シネマトグラフの発明から10年を経ずして起こってくる。フランスで創立されたフィルム・ダール（芸術映画）社は、有名作家にオリジナル脚本を依頼し、名門劇団であるコメディ・フランセーズの俳優たちを出演させて『ギーズ公の暗殺』（1908年）を製作した[14]。以後、文壇や演劇界の力を借りることで、映画を大衆向け娯楽として蔑視する上品な演劇観客にも見てもらおうとする方策が、欧米各国で講じられた。さらには、映画を芸術として正面から受け止め、芸術史上に位置づけようと試みる批評家も現れ始めた。イタリア出身の批評家リッチョット・カニュードは、1911年にパリで「第六芸術宣言」を発表、映画は「空間芸術」と「時間芸術」の融合したものであるとし、絵画・彫刻・建築・音楽・詩（＝文学）という既存の芸術ジャンルに加わった六番目の芸術と呼んだ。カニュードの採用した「空間芸術」「時間芸術」の二分法は、ドイツの詩人・思想家レッシングの芸術論『ラオコオン』（1766年）以来、定説となったものであり、五つの芸術分野はダランベールが『百科全書』序文（1751年）で唱えていたものである。さらに1919年に発表した「映画の教え」で、カニュードは既存のジャンルに舞踏を加えて、映画は「第七芸術」であると修正、以後この呼称が広く用いられることとなった[15]。

　注目に値するのは、この時期、映画が他の分野の芸術家たちに多大な影響を及ぼし始めたという事実である。ここでは文学との関係に話を絞るが、「映画は一個の新たな言語である」というカニュードの主張は、映画が文学者たちにとって、格別の興味をそそる対象となりうることを

---

[14] サン＝サーンスに依頼して、当時としては異例なことにオリジナルな伴奏音楽まで付けた。しかし残念ながら完成した作品はいささか退屈な出来栄えとなった。

[15] Fabio Andreazza, *Canudo et le cinéma*, Place, 2018を参照。カニュードの諸論考には、いまだ日本語による全訳が存在しない。

告げていた。

カニュードの親友だったフランスの詩人ギヨーム・アポリネールは、映画は詩人たちに「今日まで思いも及ばなかったほど、自由に振舞える」ような表現手段を与えてくれるはずだと語った。アポリネールの後輩の世代に属する詩人ジャン・コクトーは、自ら「シネマトグラフによる詩」の冒険に乗り出し、自作小説『恐るべき子供たち』の有名な雪合戦のシーンの再現を含む映画『詩人の血』（1930年）を完成させた。以後、フランスでは文学の最前線に立つ者たちが、同時に実験的な映画製作に乗り出すことが一種の伝統のように受け継がれていく[16]。

さらに重要なのは、文学の翻訳装置として機能した映画を、文学のほうが模倣し、映画のように書くというやり方が徐々に広まっていったことである。最初はまず詩人たちが、映画に接近することで実験的な創作を企てた。

スイス出身の詩人ブレーズ・サンドラールの詩集『天使N-Dが撮影した世界の終末』（1919年）は、映画のシナリオのように番号をふった断章から成り立っている。その内容は文字どおり、地球滅亡を題材としている。人間が消滅したのち、地上が凍えて、あらゆる生物が死に絶えるさまを天使がカメラで撮ったという設定である。「コマ落とし」や「高速度撮影」を駆使してアポカリプスを写し、すべてが終末に達したその瞬間、フィルムが逆回転し始め、万事は旧に復して作品は終わる。そんな空想上の、夢の映画を、文学作品として提出しているのだ[17]。

小説家たちにとっても、映画のナラティヴ（話法）は大きな刺激を与えた。ジョン・ドス・パソスの『U.S.A.』は20世紀初頭のアメリカ社会を総体的にとらえようとした野心作だが、一つのパートが「カメラ・アイ」と題されていることは象徴的である。アメリカ現代小説は映画の

---

[16] 野崎歓『夢の共有――文学と映画と翻訳のはざまで』岩波書店、2016年、第7章「新しい『言語』を求めて――フランス文学と映画」を参照のこと。

[17] Blaise Cendrars, *La Fin du monde filmée par l'Ange N. - D.*, Sirène, 1919. フェルナン・レジェによる挿画入りの視覚的な愉しみに満ちた一冊である。

存在を前提として成立し、映画的な美学を我がものとしている。フラン
スの批評家クロード＝エドモン・マニーは、フォークナー、ヘミング
ウェイらには映画の手法の「意識的もしくは無意識的な模倣」[18] が認め
られると主張している。それらアメリカ作家たちの作品は、やがてフラ
ンスのサルトルやカミュの小説の書き方にまぎれもなく影響を与えた。
さらにはサルトル、カミュらの文学が世界的に反響を広げていったのだ
から、20 世紀の世界文学史の一つの原動力として、映画は決定的な重
要性をもったと言える[19]。

5. 谷崎潤一郎と映画

　そうした関係性の核心にあったのは、映画による「魅惑」の体験であ
る。日常とは異なる光景を目の前に繰り広げてみせる映画は、観客に
とって新鮮な喜びを与えるとともに、さらなる欲望をかきたてるメディ
アとなっていく。映画が発揮する魅惑を受け止め、自らの文学創造に
とっての糧とした作家として、谷崎潤一郎の例を考えてみよう。

　1886 年、東京の日本橋で生まれた谷崎は、自伝によれば 11 歳のと
き、つまり早くも 1897 年に、自宅近くの演芸場で活動写真の映写を見
ている。以後、映画の隆盛とともに育った彼は、当時最先端の娯楽に多
大な興味を抱き、小説の題材として幾度も取り上げている。

　「秘密」（1911 年）には、浅草六区に実在した最新の映画館「三友館」
が登場する。そこでは、「暗中にシヤキシヤキ軋みながら目まぐるしく
展開して行く映画の光線の、グリグリと瞳を刺す」刺激に、「恐ろしく

---

[18] マニー『アメリカ小説時代　小説と映画』三輪秀彦訳、フィルムアート社、1983
　年、9 頁。また、アメリカの思想家フレドリック・ジェイムソンによれば、映画
　とかかわりのない作家にさえ「映画的なもの」が無意識のうちに刻印されてい
　る。『目に見えるものの署名――ジェイムソン映画論』椎名美智他訳、法政大学
　出版局、2015 年、3 頁。
[19] 映画を専門的に学んだのちに小説家となった作家たちが各国で活躍しているのは
　興味深い事例である。ミラン・クンデラ、ガルシア＝マルケス、ミシェル・ウエ
　ルベック、阿部和重といった名前がすぐに思い浮かぶ。

混んでいる場内」の観客が酔いしれる様子が描き出されている[20]。「人面疽」(1918年)では『人間の顔をもった腫物』なる題名の呪われたフィルムをめぐる奇怪な因縁話が語られる。その異常な作品に主演した女優「歌川百合枝」は「欧米の女優の間に伍してもおさおさ劣らない、たつぷりとした滑らかな肢体と(中略)美貌」[21]の持ち主とされている。初期の谷崎作品における女性美の造形が、映画女優のイメージをいかに強く意識したものだったかがうかがえる。

その総決算と言うべき傑作が『痴人の愛』(1925年)だった。謹厳な会社員だったはずの「河合譲治」は「ナオミ」という名の少女への愛欲に溺れ、徐々に人生を狂わせていく。「ナオミよ、ナオミよ、私のメリー・ピックフォードよ、お前は何と云う釣合の取れた、いい体つきをしているのだ」と譲治は心のうちで恋人に呼びかける。そして「映畫でお馴染の、あの活潑なマックセンネットのベージング・ガールたちを想い出さずには居られませんでした」と語るのである[22]。

図2-7 メアリー・ピックフォード 写真 ユニフォトプレス

メリー(一般的表記はメアリー)・ピックフォード(図2-7)は、サイレント期に「アメリカの恋人」(America's Sweetheart)と呼ばれるほどの人気を誇った女優である。1910年代半ばから、アメリカの映画製作の中心となったハリウッドでは、人気スターを主軸とする製作が推進された。その威光がはるか異国の人間にまで及んでいた事実を、谷崎作品はまざまざと伝えている。そ

---

[20] 谷崎潤一郎『刺青・秘密』新潮文庫、1981年、100頁。
[21] 『金色の死 谷崎潤一郎大正期短篇集』講談社文芸文庫、2005年、105頁。
[22] 谷崎潤一郎『痴人の愛』中公文庫、2006年、44頁。

して谷崎はハリウッド的スターシステムに対抗するかのように、メアリー・ピックフォードに負けない魅力を放つ女を、自らの小説で創造しようとした。

その間に谷崎は、映画製作にも乗り出している。1920年、映画の輸入および製作を目的とする大正活動写真株式会社（大活）が設立される。同社は、ハリウッドで修行を積んだトーマス栗原こと栗原喜三郎を撮影所長に迎え、谷崎を脚本部顧問として雇い入れる。その後の一年半のあいだに、谷崎は七本の作品の製作に携わった。真夏の鎌倉由比ガ浜を舞台に、「人面疽」のヒロインについて言われていたように「日本の婦人には珍しいほど活溌」な娘を主人公とする『アマチユア倶楽部』（1920年）は、まさにハリウッドの「ベージング・ガール」すなわち「水着美人」たちを念頭におきながら、やがて『痴人の愛』のナオミに結晶するような女性像を提示したものだった。

さらには、泉鏡花の原作を谷崎が翻案し、栗原が監督した『葛飾砂子』（1920年）や、上田秋成の『雨月物語』の一編を同じコンビで映画化した『蛇性の淫』（1921年）は、溝口健二が後年に鏡花や秋成の原作を映画化した傑作に迫るような出来栄えだったのかもしれない。残念なことにそれらの大活作品は、いっさい現存せず、残された脚本や当時の好評ぶりから幻のフィルムを想像するほかはない。大活は1922年に映画製作を中止し、やがて解散する。その後、谷崎が直接的に映画にかかわることはなかった。

映画界への参入は、小説家としてスランプに陥っていた大正期の谷崎にとって、一種のあがきだったとする見方もある。だが、のちの作品を見渡しても、イメージによる魅惑の体験としての映画が、谷崎の文学に残した深い痕跡はまざまざと見て取れる。先に触れたとおり、『痴人の愛』は大正期の用語で言う「愛活家」ないし「シネマニア」の物語とい

うべき側面をもっていた。また、ハリウッドに対抗すべき日本固有の主題および映像美の探求という、大活時代に試みられた方向性は、のちの谷崎のいわゆる日本回帰期の小説へ引き継がれていく。『盲目物語』（1931 年）や『春琴抄』（1933 年）で扱われている盲目性は、一見、映像へのこだわりとは相容れない主題かと思える。ところが実際には「超越的な視覚性」への希求がそれらの作品をつらぬいている。晴眼で見た春琴の面影を永遠に留めるべく、自らの目を潰す佐助の行動において、「イメージへの執着」[23] はむしろ究極に達しているとも考えられるのだ。

晩年に至っても、『過酸化マンガン水の夢』（1955 年）では「日比谷映画劇場」で観たアンリ＝ジョルジュ・クルーゾー監督『悪魔のような女』（1955 年）に触発された夢を記述したり、『瘋癲老人日記』（1961 年）ではロベール・ブレッソン監督の新作に触れたりと、映画への旺盛な関心は衰えず、それが文学創造にとっての刺激となっている。その点で、谷崎潤一郎はまさしく、20 世紀という映画の世紀にふさわしい小説家だった。主題においても描写においても、映画という新たな芸術表現を一つのモデルとして意識しないわけにはいかなかった点で、谷崎は世界文学史上の多くの作家たちと連携していた。

谷崎の代表作『細雪』（1946-48 年）はこんなふうに始まる。

「『こいさん、頼むわ。───』

鏡の中で、廊下からうしろへ這入って来た妙子を見ると、自分で襟を塗りかけていた刷毛を渡して、其方は見ずに、眼の前に映っている長襦袢姿の、抜き衣紋の顔を他人の顔のように見据えながら、

『雪子ちゃん下で何してる』

と、幸子はきいた。」[24]

こうして、四人姉妹の物語『細雪』は、次女・幸子の一言から始まる。そのとき幸子は鏡台に向かって坐り、外出に備えて化粧をしてい

---

[23] 佐藤未央子『谷崎潤一郎と映画の存在論』水声社、2022 年、224 頁。
[24] 『細雪』新潮文庫、2011 年、6 頁。

る。そこへ「こいさん」（末娘を指す大阪の商人言葉）こと妹の妙子が
やってきて、鏡に映り込んだ。その鏡像に向かって幸子は呼びかける。
それから視線を自分の顔に戻し、「他人の顔のように」それを見つめて
次のせりふを述べたのである。

　ここに見て取れるのは、サイレント時代にすでに確立されていた「視
線つなぎ」（アイライン・マッチ）の技法に相当するような描写だ[25]。
幸子は坐って鏡を見ているだけである。しかし鏡面に向けた彼女のまな
ざしをとおして、妙子が導入され、両者のやりとりが始まる。固定
ショット内のかすかな視線の動きによってアクションが生み出される、
映画的な感覚に満ちた冒頭部分と言えるだろう。

　純然たる日本的な伝統美の世界を描き出す『細雪』だが、その文章は
しばしば、映画と競いあうような描写に支えられている。そうした例
は、さまざまな作家について容易に指摘できる。いわば映画と文学は互
いに模倣しあい、翻訳しあっている。しかしながら、両者が完全に混じ
りあい、融けあうことは決してないことも忘れるべきではない。一方は
文字、他方は映像（そして音声）によって物語を作り上げる。根本的に
異なる手段を用いるがゆえに、両者のあいだには「表出効果の差異」[26]
が厳然として存在する。それにもかかわらず、文学から映画へ、映画か
ら文学へと向かう相互の創造的な行き来はやむことがない。両者は物語
芸術の大きな領野を共有しているのである。

---

[25]　登場人物の表情を示したのち、その人物の視線の先にあると想定される対象を写
　　すことで、連続した場面を作り出す編集技法のこと。なお、複数存在する『細
　　雪』映画版のうち、市川崑監督作品（1983年）のみはこの場面の再現を試みて
　　いる。

[26]　菅野昭正『小説と映画の世紀』未來社、2021年、166頁。

学習課題

1. インターネット上で視聴可能なジョルジュ・メリエスの監督作品を鑑賞し、どういう点が「古臭く」感じられるか、また現代の映画に通じる点はどういう点かを考えてみよう。
2. 小説を題材とする映画について、どういう点が小説と異なっているか、またどういう点が映画ならではの要素と感じられるかをまとめてみよう。
3. 自分の好きな作家の小説に関して、「映画的」と感じられることがあるとしたらどんな場合か、またその理由は何かを具体例にもとづいて考察してみよう。

参考文献

北野圭介『新版　ハリウッド 100 年史講義』平凡社新書、2017 年。
『リリアン・ギッシュ自伝』鈴木圭介訳、筑摩書房、1990 年。
菅野昭正『小説と映画の世紀』未來社、2022 年。

3 | 西部劇と国民神話の創生

宮本陽一郎

《目標＆ポイント》　アメリカの劇映画の始祖のひとつとされる作品が、『大列車強盗』（1903 年）という西部劇であることは、一見ごく自然なことに思える。しかし西部フロンティアにアメリカの国民精神を見出すという歴史観は、この映画の公開のわずか十年前にフレデリック・ジャクソン・ターナーによって提起されたばかりのものであった。新たな国家像の創出に、映画という（当時の）ニューメディアはどのように貢献したか。

《キーワード》　西部劇、フロンティア理論、国民的記憶、アトラクションの映画、銃社会

----

1. 歴史、神話、記憶

　アメリカ映画を構成するさまざまなジャンルのなかにあって、西部劇は例外的な位置を占めると言ってよいだろう。西部劇を抜きにアメリカ映画を語ることはできないし、私たちがアメリカ的なものを考えるときに西部劇の世界は直ちに連想されるところである。西部劇はアメリカ映画の代名詞であり、アメリカ的文化の代名詞とさえ言える。

　本章で取り上げるエドウィン・S・ポーター監督の『大列車強盗（The Great Train Robbery）』は、1903 年に公開されている。しばしば最初の西部劇、そして最初の劇映画と称される作品である。今日の映画研究のなかでは、そのいずれに関しても厳密な意味での「最初」ではないことが明らかになっているが、しかしこの作品のもつ象徴的な意味合

いを物語っている。エジソンのキネトスコープの一般公開から9年、
リュミエール兄弟の『工場の出口』『ラ・シオタ駅への列車の到着』の
公開から8年しか経っていない。わずか14のシーンで構成される上映
時間12分のこのサイレント映画は、西部劇・劇映画の礎石として象徴
的な意味を持つことは疑いえない。

　しかしこの作品を文化史のなかで位置づけるとしたら、この作品の公
開の10年前、1893年7月12日にシカゴ万国博覧会で、歴史家フレデ
リック・ジャクソン・ターナーが「アメリカ史におけるフロンティアの
意義（The Significance of the Frontier in American History）」と題す
る講演を行っていたことも忘れるわけにはいかない。今日でこそアメリ
カ合衆国の国民性を語るときに、「フロンティア」という言葉はただち
に連想される言葉であるが、そのようなアメリカ像を決定的なものとし
たのが、ターナーのこの講演である。ターナーは次のように述べる。

　　フロンティアにおける生活の状況から、深い意味を持つ知的な特性
　が生み出された。……結果的にアメリカ的知性はその驚くべき特性を
　フロンティアから与えられたのである。鋭く好奇心旺盛な知性と結び
　ついた荒々しさや力強さ、解決策を見つけることに長けた実践的で創
　意に満ちた思考、具体的物象を把握する才能、芸術性には欠けるが大
　きな目標を達成する力強さ。落ち着きない、じっとしていられないエネ
　ルギー。良きにつけ悪しきにつけ、何にも勝る個人主義。自由のもたら
　す高揚と愉悦。これらはみなフロンティアの属性、あるいはフロンティ
　アがあるがゆえにフロンティア以外の場所で生み出された特性である。[1]

ターナーはこの講演のなかで、アメリカ合衆国の国民性の起源を西部フ
ロンティアに見出し、そしてアメリカ史を西部開拓史として語り直して

---

[1]　Frederick Jackson Turner, "The Significance of the Frontier in American History," *The Frontier in American History* (Henry Holt and Company, 1920), p. 37.

いるのである。

　これは大胆な転換である。それまで合衆国の歴史は東部ニューイング
ランド植民地を起源として語られてきたのに対し、ターナーは西漸運動
にアメリカ史の起源を見出したのである。これは一つの歴史解釈として
は説得力があるが、客観的な事実とは言い難い。19世紀のアメリカは、
西部フロンティア開拓によって建設された西進論の国家であると同時
に、プランテーション経済を南に向けて拡張しようとする南進論の国家
でもあった。それにもかかわらず、ターナーは、アメリカ的国民性の
ルーツを西部フロンティアに見出す新たな歴史観を提示したのである。

　1890年代のアメリカは、危機の時代だった。産業資本主義の勃興に
より、鉄鋼王アンドルー・カーネギーや石油王ジョン・ロックフェラー
のような大富豪を生むいっぽう、大都市には新たな貧困層が溢れ、階級
格差が限界にまで拡大した。またイタリアやアイルランドをはじめとす
る国々からの移民が増加し、人種的多様性・民族的多様性が増してい
た。こうした状況のなかで、貧困・疫病などさまざまな社会問題に直面
していた。そして1898年の米西戦争を機に、アメリカ合衆国はヨー
ロッパ列強とともに、帝国主義による領土拡張戦争に参入することにな
る。そのようななかで、アメリカ合衆国を再定義し国民意識を活性化す
るようなイデオロギーが必要とされていた。そのようななかにあって、
ターナーのフロンティア理論は合衆国の過去と未来をつなぐ重要な役割
を果たしたのである。

　しかし国民意識は、理論やイデオロギーから直接生み出されるもので
はない。国民意識は、マリタ・スターケンが指摘するように国民的記憶
と呼ぶべきものを通じて創出される。そして国民的記憶は、「記念碑、
パブリック・アート、ポピュラー・カルチャー」「文学作品から、商品
や運動」まで含む多様な文化的記憶を通じて醸成されると、スターケン

は論じる[2]。たとえば戦後日本の国民意識が形成されるプロセスについて考えるなら、政府の政策や歴史学者の歴史観から直接国民意識が形成されるわけではなく、戦争に関わるさまざまな記念行事や記念碑や記念館、さらには1945年8月15日に関わる映画やテレビドラマを今日まで絶え間なく生産することを通じて、国民的記憶が醸成され、それを通じてはじめて国民意識と呼ぶべきものが生まれるのである。

　ターナーが新たな歴史観とそれに基づくアメリカ人像を、シカゴ万国博の会場で発表したとき、万国博会場の隣ではウィリアム・コーディー（通称「バッファロー・ビル」）なる人物が「バッファロー・ビルのワイルド・ウェスト」というショーを開催していた（図3-1）。このショーは、万国博覧会の催し物ではなかったが、しかしその内容においては明らかに連携するものであった。当時まだアメリカの国歌には制定されていなかった「星条旗（The Star-Spangled Banner）」の斉唱から始まり、ロデオ、投げ縄、射撃などの実演により西部開拓史を実演し、最後にリトル・ビッグ・ホーンの戦いにおけるカスター将軍の最期を再演する演目で幕を閉じるというプログラムは、万国博覧会が謳歌する産業大国アメリカを下支えする国民的記憶にほかならなかった。64ページに及ぶプログラムは、西部開拓史の概説にほとんどのスペースをあてている。その序文の末尾で、総支配人ジョン・M・バークが「この上演は、いかなる意味でも「サーカス」のような性格を持つものではなく、新しく、驚異的で、教育

図3-1　ウィリアム・コーディー（通称「バッファロー・ビル」）　写真　ユニフォトプレス

---

[2] マリタ・スターケン『アメリカという記憶——ベトナム戦争、エイズ、記念碑的表象』岩崎稔ほか訳（未來社、2004年）、17頁。

的である」と強調しているのは、ゆえなきことではない[3]。コーディーの上演や詳細なプログラムは、もちろん歴史教育ではないが、観客に新たな国民的記憶を伝えようとする熱意がそこには漲っている。

　プログラムの表紙（図3-2）が物語るように、「バッファロー・ビルのワイルド・ウェスト」には、すでに西部劇の原型を見出すことができる。それは荒野と大草原を舞台とし、バッファロー・ビルのような伝説化した実在の人物やカスター将軍のような歴史的人物を主要登場人物とする物語世界である。物語は何よりもアクションを通じて語られる。プログラムの左下に「歴史的スケッチ集（Historical Sketches）」とあるように、それはいくつかの情景を並置することによって綴られる歴史である。その歴史の意味するところは弱肉強食の原理であり、この世界の秩序は銃によって守られる。

図3-2　「バッファロー・ビルのワイルド・ウェスト」のプログラム表紙　写真　ユニフォトプレス

2. スペクタクルとアトラクション

　フレデリック・ジャクソン・ターナーのフロンティア理論や、後の第26代大統領シオドア・ローズヴェルトがほぼ同時期に著した『西部開拓史（The Winning of the West）』（1885-1894年）は、アメリカ史を書き換え、産業大国としてのアメリカを支える神話としてのフロンティアを構築した。

---

[3] Staff of "Buffalo Bill's" Company, *Buffalo Bill's Wild West and Congress of Rough Riders of the World* (The Company, 1893), p. 4.

こうした新しいアメリカ史が書かれた時代は、スペクタクル文化（見世物文化）の全盛時代でもあった。商品の殿堂としてのデパートメント・ストアやジオラマは 19 世紀末の産んだ文化装置であるし、またこの時期は博物館展示の全盛時代の幕開けともなった。「バッファロー・ビルのワイルド・ウェスト」、そして何よりも隣接して開催されていた万国博覧会は、そうしたスペクタクル文化の典型的な表れと言える。映画というメディアはそのような時代と文化のなかで誕生した。

　公開から 120 年以上たった現代から見るなら、わずか 14 のシーンで構成される上映時間 12 分のサイレント映画『大列車強盗』に欠如しているものを列挙することはたやすい。色彩や音響や台詞がないばかりでなく、登場人物の性格づけや心理描写もない。犯罪の動機も社会的背景も描かれていない。『大列車強盗』のプロットは、『明日に向かって撃て（Butch Cassidy and the Sundance Kid）』（1969 年）のなかのひとつのエピソードとして再演されているが、そこでは列車に積まれた金庫を守ろうとする人物にウッドコックという名が与えられ、絶妙なコミック・リリーフとして機能している。さらにはウッドコックと主人公たちとのあいだの奇妙な友情までもが描き込まれる。こうした物語的な奥行きは、『大列車強盗』には確かに欠落している。

　しかしこうした情報量の少なさのゆえに『大列車強盗』を過去の遺物と言えるだろうか。情報量を故意に抑えた物語は、現在の私たちの文化のなかにも脈々と生きていることを忘れるわけにはいかない。テーマパークのアトラクションは、そのような故意に情報量を抑えた「ゆるい」物語によって構成される。すでに来園者が知っている物語からいくつかの場面を抽出し、そのなかを来園者たちがボートやカートやミニチュア列車に乗って移動していく、いわゆる「ライド系」のアトラクションは、そのような物語の現在的な例といえるだろう。来園者は「い

つ」も「どこ」も「なぜ」も明らかではないジャングルのなかを船に乗って周回し、そして物語的な欠如は弁士によって即興的に補われる。こうしたライド系アトラクションの魅力は、物語が隙間なく展開されているかどうかにあるわけではなく、個々の場面がいかにアトラクションとしての驚きを来園者に与えるかにかかっている。今日の記念碑や記念公園においても、歴史的な事件を隙間のない連続性として物語化することは意図されない。むしろいくつかの情景、あるいは一つの情景を抽象し、それに空間的な表象を与えることが意図される。

　今日のテーマパークにおけるライド系アトラクションの起源を辿っていくなら、19世紀末から20世紀初頭の見世物文化に辿り着くことになる。とりわけ、ニューヨーク州のコニー・アイランドに誕生した遊園地群は、ディズニーランドをはじめとするテーマパークの原型と言える。フレデリック・トンプソンがデザインした「月への旅（A Trip to the Moon）」というアトラクションは、1901年にバッファローで開催された「パンアメリカン博覧会」で公開された後、翌年からコニー・アイランドのルナ・パーク遊園地の呼び物となっている（図3–3）。

　このような視点から見るなら、『大列車強盗』のような初期映画は、今日の私たちが親しんでいる劇映画の原始的な祖型というよりは、19世紀末から20世紀初頭のスペクタクル文化の先端としてとらえることが可能になるだろう。また初期映画の表現モードは、決して遠い過去に消え去っていったものではなく、テーマパークの

図3–3　「月への旅」を描いた1904年の絵葉書　写真　ユニフォトプレス

アトラクションといったかたちで現在も生き続けているのである。

　初期映画研究の泰斗であるトム・ガニングは、「アトラクションの映画（Cinema of Attraction）」という概念を提唱し、次のように述べている。

　　リュミエールとメリエスとのあいだにさまざまな違いを見出すことができるが、しかし彼らを物語的映画作りと非物語的映画作りという二分論においてとらえるべきではない……。そうではなくて、この二人をあるひとつの見方のもとに統合するべきである。それは、映画を物語を語るための手段というよりも、観客にある一連の光景を提示するための手段としてとらえることである。そのような光景は、……幻覚的な力とエギゾティシズムによって観客を魅了する。……私はこのような映画の初期的な概念を、「アトラクションの映画」と呼びたい。この概念が、映画を1906-1907年まで支配していた。[4]

ガニングは、D・W・グリフィスの登場により物語が支配的要素となって以降も、「アトラクションの映画」は淘汰されてしまったわけではなく、アヴァンガルド的な実験映画やミュージカル映画のなかに踏襲されてきたと論じている[5]。ガニングの論を敷衍するなら、今日のTVコマーシャルやミュージック・ビデオやネット動画のなかにも、「アトラクションの映画」の系譜を読み取ることが可能だろう。

3. 空間と運動

　このように見るなら、『大列車強盗』は公開当時の観客が新聞や大衆

---

[4]　Tom Gunning, "The Cinema of Attraction[s] : Early Film, Its Spectator and the Avant-Garde," *The Cinema of Attractions Reloaded*, ed. Wanda Strauven (Amsterdam University Press, 2006), p. 382.

[5]　本書第6章で論じるバスビー・バークリーのミュージカル映画は、ガニングの言うところの「アトラクションの映画」の際立った例と言える。

小説を通じてすでに馴染みのある事件から、14 の光景を抽出してスクリーンに再現し、そのなかを観客が列車とともに、あるいは強盗団と追跡隊の乗っている馬とともに移動していく、ライド系アトラクションとしてとらえることが可能である。

『大列車強盗』は、近々の話題であった西部におけるホールド・アップ事件をその素材にしている。1900 年 8 月のブッチ・キャシディーとその一味による、ユニオン・パシフィック鉄道の列車に対する襲撃強奪事件などに関する新聞や雑誌の報道を通じて、当時の観客は十分な量の情報をすでにもっていた。『大列車強盗』はそうした情報を大々的に割愛し、14 の情景を抽象する。そのそれぞれにおいて、観客たちは新聞報道からは読み取ることのできない、さまざまなディテイルを目の当たりにすることになる。

たとえば鉄道駅の電報室を舞台にした最初のシーンでは、強盗団の二人組が電信技師を縛り上げ猿轡を嚙ませる手順が、カメラの前で実演される（図 3 - 4）。物語が唐突に始まりそして背景や動機が描き込まれていないだけに、この手順がワンショットで切れ目なく描かれている部分の克明さが印象的なものとなる。物語的密度がより十全な後の映画のなかでは、こうした手順はショットに切り分けられ、目の前でひとりの人間が縛り上げられているアクチュアリティーは希薄になることだろう。

同様にシーン 4 では、強盗団が炭水車から機関室に忍び

図 3 - 4　『大列車強盗』（1903 年）より

入り、機関士を襲撃するプロセスが克明に浮かび上がる（図3-5）。列車の進行方向に向けられたカメラは、画面の手前から奥へと向かう二つの縦の動き——機関車の移動と、機関室に忍び寄る強盗の身のこなし——を、このショットは印象的に描き出している。画面の手前から登場し、

図3-5 『大列車強盗』（1903年）より

画面の奥に向かって移動していく二人の強盗の動きは、いうまでもなく劇場空間ではありえない。劇場空間では登場人物は舞台の左右いずれかの袖から登場するしかないからである。

　身体の動きに対するリアリズム的な眼差しは、この時期のエドウィン・S・ポーターの作品を特長づける。同じく1903年に『大列車強盗』に先駆けて公開された『アメリカ消防夫の生活（Life of an American Fireman）』では、消防士たちが火災報知器の通報を受けてから火災現場で赤ん坊を救出するまでの身体の動きと、同じように正確に訓練された消防車を牽引する馬たちの一糸乱れぬ動きだけを抽象して描き出している。ジョナサン・アウアーバックは、そうしたショットとショットは、人間の身体がひとつの空間から別の空間へ移動していく過程を記述する「空間的因果性（spatial causality）」によって配列されており、後年の映画のように時間軸上で因果関係を整理していく映像言語とは異なる文法に基づいていることを指摘している[6]。

　シーン14「ダンスホールの室内」は、まさにこの点において興味深い。ダンスホールで客たちがスクエア・ダンスを踊り、そこに入ってき

---

[6] Jonathan Auerbach, *Body Shots : Early Cinema's Incarnations* (University of California Press, 2007), p. 100.

た新参者らしき男が踊りを踊らされ、男たちがその足元に銃を乱射して囃し立てる場面（図3-6）は、その前後のシーンと繋がりをもたない。プロットのうえでは浮き上がっている。しかし身体をめぐるドラマとしてこの映画を見るなら、この場面は無意味ではない。シーン13では、縛り上げられ床に横たわる電信技師の姿が映し出され、そしてシーン15は撃ち殺された強盗団のひとりの動かぬ死体で閉じられる。身体の運動と停止をいわば対位法のようにつなげていくこの映画の構成原理から言えば、踊っている人間たちの自在な体の動きは、ここに置かれるべき必然性を帯びているのである。

　身体の運動と停止という主題は、この作品のいたるところに刻みつけられている。シーン6「客車の外」は、強盗団によって客車から降ろされそして列車の前に並ばされた乗客たちが描かれる。とは言え、この映画は乗客たちの不安や恐怖、あるいは強盗たちの物欲や非情さといった心理には、きわめて無関心である。ドラマはそれとは別の次元で展開される。この場面が描いているのは、銃によって脅されて動きを奪われた乗客たちの身体感覚、そして耐えきれなくなり逃走しようとしてカメラ

図3-6　『大列車強盗』（1903年）より

図3-7　同左

に向かって走ってくるひとりの乗客、そしてその乗客が強盗によって射殺され、まったく動きを失った死体になるという、身体的なドラマである（図3-7）。運動と静止とのあいだの対位法が、この作品のドラマを構成している。

4．列車、映画、そして電報

　映画が誕生した時代は、人間を取り巻く時空間が大きく変化した時代であった。それゆえに、身体と運動を描くリアリズムは、初期映画の主題であったと考えることができるだろう。

　時空間の大きな変化をもたらした要素のひとつが、鉄道だった。とくにアメリカ合衆国では、1869年に大陸横断鉄道が開通し、19世紀末までに大陸を横断する鉄道網が整備された。そのことは、人々が生きる時空間を根底から変えてしまうものだった。ヴァルター・ベンヤミンは、「複製技術時代の芸術」（1936年）のなかで、そのように変容した時空間を表象するのが映画というメディアにほかならないと主張した。

> 　……映画は途方もないほどの、そして予期することもなかった自由な活動の余地をわれわれに約束してくれることになるのだ！　酒場や大都市の街路、オフィスや家具つきの部屋、町や工場は、絶望的なまでにわれわれを取り囲んでいるように思われた。そこに映画がやって来て、この牢獄の世界を十分の一のダイナマイトで爆破した。その結果、われわれはいまや、飛び散った瓦礫のあいだで悠々と冒険旅行を行うのだ。クローズアップすることで空間が引き伸ばされ、スローモーションによって運動が引き伸ばされる。[7]

ベンヤミンにとってのモダニティー（近代的体験）は、近代以前の静止

---

[7]　ヴァルター・ベンヤミン『ベンヤミン・アンソロジー』山口裕之編訳（河出文庫、2011年）、328-29頁。

状態と対比される「運動」によって特徴づけられ、それは「予期することもなかった自由な活動の余地」のある時空間として認識される。映画はそのような時空間を表象すべくして生まれたメディアだった。『大列車強盗』で列車とともに疾走する強盗たちは、そのような時空間を生きる人間たちの姿でもあったのだろう。『ラ・シオタ駅への列車の到着』と『大列車強盗』という初期映画の代表作が、ともに列車と映画というふたつのテクノロジーの出会いから生まれたことは偶然ではない。

しかし、『大列車強盗』には電報というもうひとつのニューメディアが登場していることにも注目する必要があるだろう。『大列車強盗』の物語は、駅の電報室から始まる。そして強盗一味は、電報のメッセージを偽造したメッセージに置き換えることにより犯行におよぶのである。『大列車強盗』は列車強盗の物語であると同時に、電報のコミュニケーション・ネットワークへのハッキングの物語である。

ある意味では、列車や映画以上にラディカルに、電報は人々の住まう時空間を変容させた。ジェイムズ・W・ケアリーが指摘するように、電報の発明により初めてコミュニケーションと輸送とが切り離されたのである[8]。電報が発明されるまでは、コミュニケーションが成り立つためには、たとえば郵便を配達するというかたちでの空間的な移動が必要とされたが、電報は空間移動なしにメッセージをどこにでも伝達できるようになった。これは空間の意味を変容させずにはおかなかった。

ケアリーは同時に、電報がアメリカ産業史上初の市場独占を産んだことにも注目する。

　……電報は最初の偉大なる独占資本を生んだ。ウェスタン・ユニオン社である。ウェスタン・ユニオン社は最初のコミュニケーション産業の帝国であり、この後産業界に相次いで誕生するさまざまな帝国の原

---

[8] James W. Carey, "Technology and Ideology: The Case of the Telegraph," *Prospects* 8 (1983): p. 305.

型と言える。電報は鉄道とともに、複雑な企業体をマネージするためのテクニックが初めて編み出されるためのお膳立てをしたことになる。ただし電報に関していうなら、それが市場独占という形態をとったのである。[9]

大陸横断鉄道の開通に先駆け、ウェスタン・ユニオン社は1861年には大陸横断通信に成功し、市場独占体制を築く。ある意味では、鉄道よりも早く、ウェスタン・ユニオン社の電報通信網は西部を征服していたのである。

電報は、エドウィン・S・ポーターにとって、格別の関心事であったようで、先に言及した『アメリカ消防夫の生活』においても、電報が重要な役割を担っている。最初のシーンは、消防署でまどろんでいる消防士が、どこかで赤ん坊を寝かしつけようとしている母親の姿を夢見る合成ショットとなっている（図3-8）。それに続く第2ショットは、この作品の唯一のクロース・アップで、街頭の電報を用いた火災報知器がほぼ画面いっぱいに映し出される（図3-9）。その扉には"Fire Alarm Telegraph Station"

図3-8 『アメリカ消防夫の生活』（1903年）より

図3-9 同上

---

[9] Carey, p. 303.

というレタリングが見える。やがて誰のものともわからない手が伸びてきて、扉に記された指示の通りの手順で、火災報知器のスイッチを入れる。ここから物語が起動し、次のシーン3では消防署の消防士たちがいっせいにベッドから起き上がり消火に出動する。

『アメリカ消防夫の生活』のなかで、電報はいかなる意味でもネガティブにとらえられているわけではない。しかし火災報知器のクロース・アップだけで構成されたシーン2は、幻想的なシーン1とも、止まることのないアクションの連続であるシーン3以降とも、明らかに異なるトーンと撮影方法が採られている。到底、火事現場から飛んできた人間の手とは思えない落ち着いた手つきで、あまりにも手順通りに匿名の手が火災報知器のスイッチを入れる様がスクリーンに映し出される。あたかも映画館の観客に電報式火災報知器の使い方を学ばせるかのような印象を与える。

『アメリカ消防夫の生活』においても『大列車強盗』においても、電報は作品の冒頭に登場し、物語を起動させる役割をもち、いったん物語が動き始めるとスクリーンから姿を消す、ある意味では不気味な存在である。

『大列車強盗』における電報テクノロジーの位置づけは、『アメリカ消防夫の生活』よりいっそう問題ぶくみである。この作品の視覚的な意味での主人公は、最初から最後まで運動し続ける強盗たちの身体であろう。縛り上げられて床に横たわる電信技師や、銃で脅され身動きが取れない列車乗客たちと一体化しながらこの映画を鑑賞することは困難である。そうであるとするなら鉄道会社と電報会社のコンツェルンは、主人公たちに敵対する勢力となる。

　鉄道会社と電報会社の連携は、現実社会において大きな問題となっていた。とくに「泥棒男爵」と揶揄された南北戦争以降の大富豪のなかの代表格であるジェイ・グールドは、大陸横断鉄道であるユニオン・パシ

フィック鉄道と、電報のウェスタン・ユニオン社の両方を傘下に収め、西部を支配した。

そもそもフレデリック・ジャクソン・ターナーがフロンティア理論を提唱したのは、「泥棒男爵」たちの独占資本主義によって合衆国の国家像が歪められていくことに対する危機意識から生み出されたものであった。ターナーは独占資本の非人間的な支配に対抗して、「良きにつけ悪しきにつけ、何にも勝る個人主義」の温床としてのフロンティアというビジョンを掲げたのであった。

5. リアリズム

エディソン社は、この時期の制作映画について、詳細な解説書を提供している。これは作品を上映する際の上映主に情報を提供する機能を担っていた。『大列車強盗』についても14のシーンそれぞれに標題がつけられ、その内容が解説されている。シーン14の解説は以下の通りである。

シーン14「リアリズム」 無法者集団の頭領であるバーンズの等身大の映像。観客一人一人に向かって真正面から狙いを定めて、銃を発砲する。(この効果は距離を短縮してみせる撮影方法によってえられる。) その結果生まれる興奮は絶大である。この部分の映像を本編の最後に用いるか最初に用いるかは、上映技師の判断に委ねられる。[10]

真正面に向かって発砲する男をとらえたワンショットだけで構成されるこのシーン (**図3-10**) を、映画のエンディングにおいても冒頭においてもよいという指示は驚くべきもので、初期映画において上映主がどれだけ多くの自由裁量の余地を持っていたかを物語っている。また映画本編を見るだけでは、銃をカメラに向かって発砲する男が、列車強盗団の

---

[10] George C. Pratt, *Spellbound in Darkness : A History of the Silent Film* (New York Graphic Society, 1966), p. 36.

首領であることも「バーンズ」という名であることもわからない。こうした情報も上映主と弁士の判断によって補うことも補わないことも自由だったことがうかがわれる。「バーンズ」という名は、首領を演じた俳優ジャスタス・D・バーンズの名前をそのまま転用している。

図3-10　『大列車強盗』（1903年）より

　この二つのことから、この解説文はシーン14が作品の内側にあると同時にストーリーの外側にもあると受け止めていたことがわかる。プロットの外側にあるからこそ、このショットを冒頭においてもエンディングにおいても差し支えなく、また発砲する人物を俳優の名で呼ぶことにも違和感がなかったのである。

　『大列車強盗』は、しばしば最初のストーリーを持った映画として（誤って）語られ、また当時のエジソン社の文書にも「映画観客は、興味深いストーリーを語る長尺の映画を楽しむ能力を培ってきた」という認識が示されている[11]。しかしシーン14は、ストーリーのある映画という方向性に抗うかのようである。その点では、このシーンはガニングが提起した「アトラクションの映画」という概念にはるかに近い。ガニングは、「アトラクションの映画」の際立った特徴として、カメラ目線の使用を挙げている。

　　［俳優たちがカメラを見つめるという行為］は、後に映画のリアリスティックな幻想を台無しにするものとして受け止められるようになっ

---

[11] Pratt, p. 36.

たが、初期映画においては嬉々として用いられた。カメラに向かって
にやりとするコメディアンから、魔術映画のなかで恭しく観客にお辞
儀をする魔術師まで、こうした映画は可視性を強調し、またフィク
ションの閉じた世界から身を振り解いて観客の注目を自分自身に集め
ることを厭わないものなのである。[12]

『大列車強盗』のラストシーンは、カメラ目線であるばかりか、カメラ
に向かって、さらには観客に向かって、俳優が銃を発砲するというあり
えない現実を可視化するものである。それはまさに「アトラクションの
映画」であり、やがて映画界を支配することになるリアリスティックな
物語世界への最後の抵抗とも言えるだろう。

　『大列車強盗』のエンディングは、この作品の道徳的な立ち位置を曖昧
にするものでもある。このエンディングでは、犯罪者が犯罪の報いを受
けて罰せられるわけでも、壮絶な死を遂げるわけでもない。このエン
ディングは物語的世界に抵抗するのみならず、法治国家という理念にも
抵抗するかのようである。『大列車強盗』の描く世界をコントロールす
るのは、鉄道と電報を掌握した独占資本の力でも、法による支配でも、
ピューリタン的な道徳による支配でもない。そうではなく銃によって秩
序が維持される世界である。

　その意味ではこのラストシーンは、先に言及した「バッファロー・ブ
ルズ・ワイルド・ウェスト」のプログラムのなかの「文明の利器として
のライフル」という一項に通じるものがある。

　　「ペンは剣よりも強し」というありきたりな言い方がある。それと同
　じくらいに真実であるのは、弾丸が文明のパイオニアであるというこ
　とである。なぜならライフルは森を切り拓いた斧や家庭の聖書や学校

---

[12] Gunning, p. 382.

の教科書と手を携えてきたからである。……ライフルの弾丸なしに私
たちアメリカ人は、自由で団結したアメリカ、強いアメリカを手にす
ることはなかったのである。[13]

銃によって築かれる文明、武力によって維持される平和という逆説は、
フレデリック・ジャクソン・ターナーやシオドア・ローズヴェルトの思
想を支える信念でもある。この信念を再確認すること、あるいはこの信
念を問い直すこと、その是非を議論することが、『大列車強盗』をルー
ツとして生み出された西部劇というジャンルの核心である。

学習課題

1. 初期映画のなかで〈列車〉が時代精神を象徴する存在であったとす
   るなら、現在の映像文化のなかでそのような位置を占めるものは何
   かを論じなさい。
2. 戦後日本の国民的記憶が、テレビドラマのなかでどのように生成さ
   れまた更新されてきたかを論じなさい。
3. 現在の動画サイトでバズ現象を生んでいる動画が、どのような映像
   言語によって構成されているかを論じなさい。

参考文献

トム・ガニング『映像が動き出すとき──写真・映画・アニメーションのアルケオ
　ロジー』長谷正人編訳、みすず書房、2021 年。
チャールズ・マッサー『エジソンと映画の時代』岩本憲児編・監訳、森話社、2015
　年。
加藤幹郎『列車映画史特別講義──芸術の条件』岩波書店、2012 年。

---

[13] *Buffalo Bill's Wild West*, p. 22.

4 | 普遍的言語の夢
──サイレントからトーキーへ

野崎歓

《目標＆ポイント》　発明時、音声再現の性能を持たなかった映画は、サイレ
ントのまま目覚ましい発展を遂げた。1920 年代末に到来したトーキーは、
映画にとって何をもたらしたのか。技術の革新によって映画が大きな岐路に
直面したことを、具体的な事例をとおして学ぶとともに、映画にとって音声
はいかなる意味を持つのかを考える。
《キーワード》　サイレント、トーキー、映画音楽、チャップリン、キートン

1．映画、テクノロジー、資本主義

　本来、興行師としての資質をもたないリュミエール兄弟は、シネマト
グラフ上映によって成功を収めたのち、映画技術の商業利用からは早々
に手を引いた。一方、アメリカではエジソンが、映画業界に独占的な支
配を及ぼそうと野望を燃やし、競合他社に対し攻勢をかけた。映画撮影
にかかわるさまざまな特許を武器に、多くの映画会社を傘下に収めて
「トラスト」を形成し、利益を独占する仕組みを作り上げた。
　1910 年代に、エジソンは特許をめぐる戦いを激化させ、「武器を使っ
た暴力沙汰」さえ辞さなかった[1]。新興の製作会社は、エジソンの支配
を逃れようと東部から新天地をめざして西部に向かい、カリフォルニア
まで達してハリウッドに集結することとなった──としばしば、伝説的
に語られる。これはいささかハリウッド映画流に脚色された話であり、

---

[1]　ケヴィン・ブラウンロウ『サイレント映画の黄金時代』宮本高晴訳、国書刊行
　　会、2019 年、42 頁。エジソンのトラストに対しては 1917 年に連邦裁判所で違法
　　判決が下された。

第4章　普遍的言語の夢——サイレントからトーキーへ　｜　**71**

実際には何よりも、戸外での撮影に適した南カリフォルニアの気候や景観、そして当時は東部に比べて人件費がはるかに安かったことが、映画プロダクションを引きつけたのである[2]。つまり、「映画の都」が誕生した背景には経済的な原因が強く作用していた。以後、アメリカ西海岸での映画製作を、東部の銀行資本が操るという構図が確立された。

　映画の歴史は、テクノロジーの進展や資本主義の論理に左右されながら曲折に満ちた道のりをたどっていく。その重大な例が、トーキーへの移行である。

「サイレント映画はサイレントにあらず」[3]。映画自体に音声はついていなかったものの、サイレント期の映画館は音に満ちていた。そのことは初期映画の営業形態と深く結びついていた。アメリカの例で考えてみよう。初期、まだ長尺化していなかったころ、映画が上映されたのは、主としてヴォードヴィルの劇場だった。ヴォードヴィルとは歌やダンス、コント、奇術、アクロバット等の出し物により、大衆の人気を博していた演芸場である。そのプログラムに組み込まれた映画には、劇場に付属しているオーケストラないしピアノ、オルガン等の演奏がBGMとしてつけられる場合があった。さらに1905年以降、ヴォードヴィル劇場の入場料が25セントほどだったのに対して、はるかに安い5セントで映画を見せる常設映画館「ニッケルオデオン」が人気を博すようになり、急速に広がっていった。そこではヴォードヴィル以来の伝統を引きついで、映画の合間に伴奏にあわせて合唱する、観客参加型の音楽パフォーマンスが行われていた。しかし、グリフィス監督の作品に代表されるような長編物語映画が作られるようになると、スクリーン上のドラマの展開にひたすら目を凝らす、「没入型」の鑑賞が主流になる。安普請のニッケルオデオンが下火になる一方、演劇の劇場の向こうを張って、舞台つきの巨大な映画上映館が続々と建設されていった。映画が大々的な

---

[2]　David A. Cook, *A History of Narrative Film*, Norton, 3rd ed., 1996, p. 41.

[3]　ブラウンロウ、前掲書、389頁。

資本投下の対象となったことを象徴するような、5、6千人もの収容人数を誇る「映画宮殿（アメリカではムーヴィー・パレス、イギリスではピクチュア・パレス）」が隆盛を見た。

「映画宮殿」においても、サイレント映画は沈黙の中で上映されてはいなかった。上映前、館内では「序曲」が奏せられ、本編の長編映画には、物語の展開にあわせた伴奏がつけられた。ただし、一本の映画のために特別な音楽の作曲を依頼するのは例外的なことだった。「キュー・シート」と呼ばれるパターン化された伴奏音楽集が用意されており、それを楽隊が適宜、演奏したのである[4]。

興味深いのは、そうした音楽に包まれた上映において、観客は映画自体がサイレントであることには不満を感じず、「せりふ」の欠如を嘆く声が出なかったことである。映像と音声を同期させる技術上の開発は、エジソンを始めとして20世紀初頭、多くの技術者によって手掛けられていた。1920年代半ばには、電話会社AT&Tの製造部門であるウェスタン・エレクトリック社が、レコード盤に録音する「サウンド・オン・ディスク」方式の「ヴァイタフォン」を開発。同時期に、学生時代から音の記録の実現に情熱を燃やしてきた科学者セオドア・ケースによって、フィルム自体に録音する光学式サウンドシステム「ムーヴィートーン」も発明された。だが、大手映画製作会社はそれらの技術を取り入れようとしなかった。設備投資に見合う利益が得られる保証はなかったし、何よりも無声映画は、観客を引きつける魅力を十分に保ち続けていたのである[5]。

他社に先んじてサウンド化へと向かう決断を下した映画会社は、当時

---

[4] サイレント上映館における音楽については、加藤幹郎『映画館と観客の文化史』中公新書、2006年、および細馬宏通『ミッキーはなぜ口笛を吹くのか──アニメーションの表現史』新潮選書、2013年を参照のこと。

[5] なお、日本では活動弁士が独自の発展を遂げ人気を博したが、「純映画劇」をめざす立場から弁士撤廃を唱える者たちもいた。アーロン・ジェロー「弁士について──受容規制と映画的主体性」角田拓也訳、黒沢清他編著『映画史を読み直す』岩波書店、2010年、117-160頁を参照のこと。

の製作会社の中で弱小の位置にあったワーナー社だった。「破産の一歩手前」で「万策尽きたこの会社は、万一の幸運を狙って」[6]新技術ヴァイタフォンに手を出した。同社の製作による『ドン・ファン』（アラン・クロスランド監督、1926年）は、初めて映画に同期させた音楽がつけ

図4-1 『ジャズ・シンガー』プレミア上映の様子 Copyright Universal Images Group/写真 ユニフォトプレス

られた作品。さらに、ブロードウェイのヒットミュージカルに基づく『ジャズ・シンガー』（同監督、1927年）は、音楽に加えて主演俳優のせりふが同時録音で入れられた初の作品である（図4-1）。これらが熱狂を巻き起こし、観客は「歌手の歌詞と唇の動きが一致するのを見て驚嘆」[7]した。ハリウッドの潮流は一変し、各社は雪崩を打ってトーキー導入に向かったのである。

　それにしても、単に映画音楽つきというだけの『ドン・ファン』はもちろんのこと、「世界初のトーキー」とされる『ジャズ・シンガー』にしても、実際のところ音声によるせりふはごく一部（合計で2分間ほど）で、あとは字幕が用いられ、実質的には依然、サイレント映画だった。それを観客は——アメリカのみならず、『ジャズ・シンガー』が輸出された各国でも——大喜びで迎えたのである。注目すべきは、作品中で発された最初の一言だ。映画前半、アル・ジョルソン扮する主人公の歌手が、酒場で食事する客たちを前にステージで歌う。一曲歌い終わり、拍手が沸き起こったそのとき、ジョルソンは客たちを制して言う。「ちょっと待って、ちょっと待って。お楽しみはこれからですよ！」

6　サドゥール『世界映画史』丸尾定訳、みすず書房、1994年、195頁。
7　同書、196頁。

(Wait a minute, wait a minute. You ain't heard nothin' yet!)

　このささやかな、くだけた口語のフレーズこそは、いわばトーキー誕生の息吹を伝える象徴的な意味を担った。直訳すれば「みなさんはまだ何も聞いていませんよ！」と言ってショーへの期待をあおるせりふは、実際にジョルソンがステージで決まり文句にしていたものだったという。それを撮影時にアドリブ的に口にしたのである。映画から音が出ても何も驚かない現在のわれわれが見直しても、このシーンでの彼の発話はごく自然で、即興性を感じさせる。その点にこそ『ジャズ・シンガー』のもたらした衝撃の理由があった。トーキーの革新性とは、音声をなまの「現実」として、不意に映画のうちに出現させたことだったのである。

2.　サウンドの時代

『ジャズ・シンガー』のプレミア上映に立ち会った「ライフ」誌の記者は「私は不意に、サイレント映画の終わりが近づきつつあることに思い至った」と感想を記した[8]。同作品が商業的に大成功を収めたのち、ワーナーは続いて『紐育の灯』（ブライアン・フォイ監督、1928 年）を製作。1 時間に満たない長さの作品だったが、「ファースト・"オール・トーキング"・ピクチャー」と銘打って興行することで、製作費（2 万 3 千ドル）の 40 倍以上の興行収入（100 万ドル）を叩き出した。いまや「トーキー」（という語も用いられ始めた）の集客力は証明され、大手の映画会社もトーキー製作へ向けて舵を切った。

　そのことを何とも不本意な事態と感じる映画人たちも多かった。何しろ当時、サイレント映画は全盛期を迎えていたのである。その認識は、現在に至るまで映画研究者のあいだで共有されている。アンドレ・バザンは「一九二八年、サイレント芸術は絶頂にあった」と書き、アメリカ

---

[8]　Scott Eyman, *The Speed of Sound*, Simon and Schuster, 1997, p. 141.

の映画史家スコット・エイマンは「サイレント映画は芸術的、商業的成功の頂点にあった」と記している[9]。それが突然、外的な原因によって、深刻な変化を余儀なくされたのである。

最初期のトーキー作品は、現場での生録音に頼っていたため、撮影スタジオにはたちまち混乱が生じた。そのてんやわんやぶりは、のちに『雨に唄えば』（スタンリー・ドーネン、ジーン・ケリー共同監督、1952年）で愉快に活写されている（図4-2）。豪華絢爛たるミュージカルを得意としたMGMの作品中でも、指折りの傑作として知られるこのミュージカルは、

図4-2 『雨に唄えば』公開時ポスター　写真　ユニフォトプレス

まさに映画製作がサイレントからトーキーに移行した時期を取り上げて、何がどう変わったのかを描き出す。録音装置が轟音に近いほどのノイズを出すため、録音は装置ごと巨大な防音ケースに収納して行われた。マイクの指向性が狭かったため、俳優がせりふを言う際に横を向くと、もう音が拾えなくなった。ついマイクの位置を忘れてせりふを言ってしまうので、マイクを仕込んだ花瓶を真ん前に置いて録音したりした。それら、技術の未発達ゆえにスタッフが強いられた苦心惨憺が、そのままギャグのネタとして用いられている。

そもそも、『雨に唄えば』の原案は、MGMにおけるミュージカルのプロデューサーおよび作詞家として中心的な役割を果たしてきたアーサー・フリードによるものである。そして作中で用いられている曲の多

---

[9]　バザン「映画言語の進化」野崎歓訳、『映画とは何か』上、岩波文庫、103頁および Eyman, *op. cit.*, p. 11.

くは、トーキー初期の作品で使われた曲をリバイバルさせたものだった。たとえば表題曲「雨に唄えば」は、1929 年の MGM 作品『ハリウッド・レヴィユー』（チャールズ・ライスナー監督）で披露されたナンバーだった。つまり『雨に唄えば』は、一大ジャンルをなすに至ったミュージカル映画が、自らのルーツに立ち返って過去を懐かしむ作品という側面をもつ。

　だが、『雨に唄えば』には愉快な懐旧譚に留まらない苦さも秘められている。劇中に登場する、人気絶頂の女優リナ・ラモントには、ひどい悪声に加えて、音痴で歌がまったく歌えないという弱点があった。サイレントではもちろんそれは何の欠点にもならなかった。だがトーキーとともに一気に「声」が解禁され、さらには『ジャズ・シンガー』以来、あたかも映画俳優は作中で歌を披露するのが当然とでもいうかのような風潮が生じたせいで、リナは吹替歌手の助けを得なければならなくなった。人気にあぐらをかいて高慢そのもののリナは、吹替歌手キャシーの貢献など歯牙にもかけず、プレミア上映では観客たちに、自分が歌ったのだと思い込ませて喝采を受ける。しかしキャシーに味方する男優らの力でリナの偽りは暴かれる。一方、キャシーにはスターとしての将来と男優との恋の成就が約束される。

　ハッピーエンドの影に描かれているのは、スター女優の挫折と転落であり、おそらく彼女のキャリアはここで途絶するのだろうと思わされる。現在の観客にとっては、いかにも性格が悪く、中身のからっぽな女という設定とはいえ、リナに対するこの映画の扱い方は、やや冷酷と感じられるかもしれない。それだけではなく、大げさに言えば、リナは「サイレント映画」そのものが突如、退場を命じられた状況を具現する存在とも思える。せりふもなく、歌も入らないような映画は、もう生き残れないというわけである。

なお、『雨に唄えば』とよく似たストーリーをもつ映画が、『雨に唄えば』の6年前にフランスで公開されていた。有名歌手エディット・ピアフが主演した『光なき星』（マルセル・ブリステーヌ監督、1946年）である（図4-3）。そこでは、歌えないスター女優と吹替歌手のあいだの葛藤のドラマが、『雨に唄えば』に先立って展開されていた。そのことは、同じような状況がトーキー移行期において国の違いを問わず生じていたことを示唆している。

図4-3 『光なき星』ポスター（1946年） 写真 ユニフォトプレス

それは映画が、20世紀初頭から世界的に押し寄せていた「サウンド」をめぐる大規模な技術革新と、それに伴う文化の変容に取り残されつつあったこと、その遅れを大急ぎで取り戻さなければならなかったことを意味している。電話や蓄音機、そしてラジオといった新たなテクノロジーおよびメディアが、1920年代にはすでに行き渡り始め、音声のコミュニケーション、および録音・複製の技術面において格段の進歩をもたらしていた。サイレント映画は、そうやって外濠を埋められたあげく、ついに陥落したともいえるだろう。

3. 普遍的言語としての映画

サイレント映画について、いかにも古臭く、もはや見る価値のない骨董品だと思い込んでいる向きも多いだろう。それはまったくの誤解であることを認識する必要がある。「映画言語」の基本的な要素が、グリ

フィスに代表される意欲的な監督たちの作品によって確立されたのち、十数年間でサイレント映画は著しい成長を遂げ、傑作を次々に生み出していった。しかもそれらの作品は、国境を超えて熱心な観客を獲得し、また諸国の作品が互いに影響を及ぼし合うことで、映画表現の国際的な成熟がもたらされていたのである。

　その豊穣なる作品群のごく一端を示してみよう。ロベルト・ヴィーネ監督の『カリガリ博士』（1920 年）やフリッツ・ラング監督の『メトロポリス』（1927 年）など、ドイツ映画は狂気の主題や SF 的ヴィジョンを大胆に展開し、光と影の演出を凝らしたいわゆる「表現主義」により、広範な影響を及ぼした。フランスでは、アベル・ガンス監督が機関士の悲劇的な愛の物語を描いて、3 時間を超える『鉄路の白薔薇』（1923 年）や、ナポレオンの生涯をトリプル・エクラン（三つの映写機で同時に三面のスクリーンに投影）等を駆使して活写した 5 時間を超える『ナポレオン』（1927 年）を完成、グリフィスに比肩しうる叙事詩的才能を発揮した。一方、ハリウッド作品では、モーセが紅海を渡る際の、海面が二つに割れる場面で名高いセシル・B・デミル監督の『十誡』（1923 年）や、古代ローマの戦車競走を 42 台のカメラを回して撮影したフレッド・ニブロ監督の『ベン・ハー』（1925 年）といった、スペクタクル大作で観客の度肝を抜いた。他方、フランク・ボーセイギ監督の『第七天国』（1927 年）は屋根裏部屋を "天国" に見立てた労働者の男女のラブロマンスによって、ハリウッド的メロドラマの至純の境地を示し、ドイツからハリウッドに渡った F・W・ムルナウ監督の『サンライズ』（1927 年）は、若い夫婦の危機を、流麗なカメラワークを駆使した繊細な演出で鮮やかに描き切った。

　これらの作品は、ほとんどタイムラグなしで日本でも封切られ、溝口健二や小津安二郎といった若い映画人たちをいたく刺激した。やがて日

本から国際的に高く評価される映画が続々と生み出されていく土壌がそこに形成された。

こうしたサイレント映画を、画面の状態ができるだけ良質なソフトを探し求めて虚心に観るならば、一つの表現形式が誕生してわずか20～30年のうちに、かくも輝かしい傑作が続々と生みだされたことに、目を見張る思いがするはずだ。

その達成の意義について、ハンガリー出身の思想家ベラ・バラージュが著書『視覚的人間』で次のように論じている。彼は映画が文字中心の「概念の文化」とは異なる、「視覚の文化」をもたらしたことを強調する。「ここでは精神は直接肉体となり、言葉を発しなくなり、可視的になる。」もちろん、映画といえどもサイレントの場合、説明的な字幕を必要とした。しかしそれは「いずれは消滅すべき」定めにあるとバラージュは予想した。「全人類は今日すでに何度も忘れ去られた表情や身振りによる言語を再び習得しようとしている。（中略）人間は再び眼に見えるものになるだろう。」[10]

バラージュによれば、その「言語」は音声言語とは異なり、母語の違いによって理解を妨げられないという特質を持つ。どこの国の観客であれ、同じ映画を説明抜きで理解し、楽しむことができる。「映画芸術こそバベルの呪いからの救済を我々に約束しているかのようである。」バベルの呪いとは言うまでもなく、旧約聖書の『創世記』の挿話を指している。天にまで届く巨大な塔の建築を目指す人間たちの傲慢をこらしめるため、神はそれまで単一だった人間の普遍的言語を混乱させ、互いに理解できないようにした。ところが、「世界の国々の映画館のスクリーンの上に今や最初の国際言語、つまり表情と身振りの言語が姿を現している」とバラージュは高らかに宣言した。

多くの映画人たちもまた、そうしたヴィジョンを共有していたのだろ

---

[10] バラージュ『視覚的人間』佐々木基一・高村宏訳、岩波文庫、1986年、29-30頁。原著初版は1924年。

う。だからこそ、トーキーに対する抵抗感には当初、激しいものがあった。サイレント期に、エリック・サティやマルセル・デュシャンといった芸術家たちを登場させた前衛短編『幕間』（1924年）で名を馳せたフランスのルネ・クレール監督は当時、こう書きつけていた。

「"トーキー"――"恐るべき怪物""自然に反する創造"」「映画芸術を愛する人々にとって、この野蛮な侵入。」[11]

4. 喜劇映画の黄金時代

では、クレールの訴える映画の「自然」（nature）＝「本性」はどこに求めるべきなのか。それを最もよく体現した人物が、チャールズ・チャップリンである。何しろ彼は、およそ映画が上映されるありとあらゆる国で熱烈に愛された、まさしく「国際言語」というべき存在だった。彼こそは身振りですべてを語ることができた俳優であり、その一挙手一投足のことごとくが、笑いと共感をもって世界の観客に迎えられた。ベラ・バラージュは『視覚的人間』の美しい一節をチャップリンに捧げている。

「彼は陸に上がった白鳥みたいに、夢見るような偏平足でよちよち歩いていく。（中略）失われた楽園の憂愁が彼の悲惨のおかしみの背後にほのみえる。彼は見も知らぬ、無残なものの中に投げ出された孤児のようであり、途方に暮れている。彼は自分が生きているということに許しを乞うような、人の心を打つ困惑した笑いを浮かべている。」[12]

チャップリン演じる街角の放浪紳士は、すばしこい身のこなしを生かしたギャグの数々で客席の哄笑を引き起こす。しかし自らはむしろ困ったような顔をして、はにかみがちに微笑むのが常だ。たとえば『街の灯』（1931年）で、盲目の娘をひそかに助け続けたあげく、自分がぼろをまとったホームレスの男であることを娘に知られたときのチャップリ

---

[11] ルネ・クレール『映画をわれらに』山口昌子訳、フィルムアート社、1980年、162頁および178頁。それぞれ1927年および1929年に書かれた文章である。

[12] バラージュ、前掲書、187頁。

ンの表情には、まさに「自分が生きているということに許しを乞うような」切なさがこもっている。しかもそこには、人間としての矜持もにじんでいる。『黄金狂時代』（1925 年）や『モダン・タイムス』（1936 年）が示すとおり、掘っ建て小屋をもパラダイスと思いなして愉快に暮らすだけの強靭な楽天性と、急場をしのぐ才覚を彼は備えている。日々、虐待や侮辱にさらされながらもへこたれないそのパワーは、素っ頓狂なふるまいの数々をとおして思いがけず示されるからこそいっそう、観客を喜ばせ、共感を呼び起こす。バラージュの言うとおり、「彼がどんなにナンセンスなことをやらかそうと、どういうわけかつねに彼は、どこか正しいのだと感じられるのである。」[13]

　チャップリンは現実社会の不公正に対してみごとに「ナンセンス」を突きつける。それは彼の偉大な才能の表れであるとともに、ハリウッド映画の誇る伝統の結晶でもあった。西部劇や犯罪物、メロドラマといった他のジャンルにも増して、ドタバタ喜劇（スラプスティック・コメディ）こそは、サイレント期のハリウッドが、他のどんな国にも増してその真髄を発揮した分野だった。アメリカで映画が作られ始めてから最初の 12 年間の作品のうち「三分の一近くが喜劇映画」[14] だった。新興の娯楽は、笑いを求める庶民の願望に応えることで地盤を固めていったと言える。やがて、キーストン社を率いて大々的に喜劇映画製作に乗り出したマック・セネットが、アメリカに巡業公演にやってきていたイギリスの寄席芸人チャップリンに目を留め、自社作品でデビューさせた。さらに、ハロルド・ロイドやバスター・キートンらが登場し、ハリウッド・コメディは黄金時代を迎えることとなる。

　成功の要因は大きく二つ考えられる。一つは、彼らがそろって驚異的な身体能力の持ち主であり、しかもその能力をいきいきとカメラの前で展開する即興的才能に長けていたことである。キートンの名場面として

---

[13]　同書、189 頁。
[14]　ロバート・スクラー『アメリカ映画の文化史（上）』鈴木主税訳、講談社学術文庫、1995 年、216 頁。

知られる『キートンの蒸気船』(1928年) の一場面。暴風によって建物のファサードがまるごと倒壊し、背後から倒れかかってくるが、キートンはちょうど窓枠の部分に立っていたので事なきを得る。スリルと驚愕と笑いが同時に襲ってくる瞬間である (図4-4)。あたかも、その場で突如生じた出来事であるかのように感じられるだけに、観る者は呆然とさせられ、笑うほかなくなる。眼鏡キャラクターのロイドが高層ビルを素手でのぼっていくはめになる『ロイドの要心無用』(1923年) の"高所コメディ"についても、同様のことが言える (図4-5)。あるいはチャップリンが絶壁の上から転げ落ちそうになっている山小屋の中で悠然と食事をする光景(『黄金狂時代』) や、高所で綱渡り芸をしながら邪魔な猿たちと格闘する一幕 (『サーカス』1928年) 等も、ことごとく、荒唐無稽そのものであると同時にリアルなのだ。

図4-4 『キートンの蒸気船』
写真 Mary Evans Picture Library/ユニフォトプレス

図4-5 『ロイドの要心無用』
写真 ユニフォトプレス

　それらの例はいずれもが、「コメディはその場で生まれるもの」であり、「サイレント・コメディは生きのよさが身上であった」[15]ことを証し

---

[15] ブラウンロウ、前掲書、508頁。

立てている。コメディアンたちの、身体を張った理屈抜きのアクションこそは「生きのよさ」の根源だった。

　ハリウッドにおけるサイレント喜劇の成功のもう一つの理由は、それが無駄のない、きびきびした、優雅とさえ言えるようなスタイルで撮影・編集されていたことである。その点でもチャップリンの諸作は特筆に値する。彼の観客の多くは、放浪紳士のいつもながらの不運や、不屈の活躍に目を奪われ、カメラワークやカメラアングルにことさら気を取られることはない。いわば「透明」な撮影が実現されているかのようである。チャップリン自身、映画製作の問題については自伝で、「単純なアプローチ、それが結局いちばんよいのだ」とごく控えめに述べている。だが現場での経験に裏打ちされた確固たる信念をそこに読み取るべきだろう。「わたしの場合、カメラ操作はもっぱら俳優の動きを楽にするような演出（コレオグラフィ）に基づいて決定される。カメラが床に据えられたり、俳優の鼻先をうろうろしたりするとき、演技をしているのは、それはカメラであって、俳優ではない。カメラがのさばり出してはいけないのである。」[16]

　カメラを優先させるのは本末転倒で、カメラの前にいる者をこそ尊重し、その「動き」を最優先して撮影すべきだ。そうした志向性が貫かれているからこそ、チャップリンの喜劇は運動の記録というシネマトグラフ本来の特質を最高度に示し、その純粋なあり方に達しているように思われる。人間の視覚に最も近いとされる標準レンズを用いて撮られ、固定したカメラによるフィクスの画面にこだわるチャップリン作品は、主人公がときに示す激しい動きとは裏腹に、ほとんど静謐な落ち着きを示している。

　完全主義者として知られるチャップリンは、完成形の数十倍ものフィルムを惜しげもなく消費し、テイクを繰り返した。しかし彼の作品には

---

[16] 『チャップリン自伝（下）』中野好夫訳、新潮文庫、1992 年、143 頁。

あらかじめせりふやト書きを記した「台本」は存在しなかった[17]。おおまかなストーリーを練ったのち、現場でスタッフと活発に意見を交換し、アイデアを出し合いながら各シーンを作り上げていく。トーキーの出現は、そうやって培われてきた映画作りの方法全体を危機にさらすものだった。

5. サイレント映画の教え

　トーキー導入とともに、まずミュージカル映画や音楽映画が各国で大流行した。その後、映画音楽はジャンルとして進展を遂げ、作品を見たことはなくてもテーマ音楽は知っているといったケースも多く生じるほどになった。しかし、悲しい場面には短調のメロディ、勇ましい場面にはマーチを、といった音楽の付け方は、サイレント時代の「キュー・ノート」形式の延長線上にあるとも言える。

　一方、音楽以外の「音」、いわゆる効果音に関しては、トーキーならではの斬新な工夫が凝らされていった。ギャングの放つマシンガンの銃声がギャング映画の呼び物となり、キングコングの雄叫びが怪獣映画の豊かな未来を告げ知らせた。それぞれの場面にどのような音響効果を加えるべきか、作り手にとっては常に意識すべき問題となった。

　しかし、何よりも決定的な変化は「せりふ」の導入である。普遍言語の夢から覚めた映画人たちは、ふたたびバベル的な言語分裂状態に戻されたことを嘆いた。それが産業や興行上の要請による変化であることが、彼らの誇りを傷つけた。とりわけ米英以外の映画人にとって、事態は深刻なものと映った。「世界中の約四万の映画館のうち二万館がアメリカにあり、さらに英語圏の国々に四、五千館あることを念頭に置く必要がある。原則的には二万五千館がアメリカのトーキー映画を手を加えずに受け入れることができるのだ。今や、これらの映画館はポンドやド

---

[17]　ロイドやキートンの場合も同様だった。ブラウンロウ、前掲書、567 頁を参照。

ルで潤っている。ヨーロッパでは言語の多様性がトーキーの大作の実現をはばんでいる。」[18] ルネ・クレールのそんな嘆きは、フランスの芸術派監督の単なるぼやきではすまない。第一次大戦後、世界の映画産業においてアメリカ映画は優位を確立していた。トーキーへの移行とともにそれは揺るぎないものとなり、以後今日に至るまで、各国の映画製作はハリウッドの大作群を相手どっての戦いを強いられ続けている。

　だが、トーキーへのなしくずし的な移行に対し、ハリウッドのただなかにあって抵抗した人物もいた。ほかならぬチャップリンその人である。1920年代に入って自らのプロダクション会社を持ち、思いどおりの映画製作が可能な体制を整えたチャップリンは、最初の長編作品『キッド』（1921年）や、自身の出演しないシリアスな心理ドラマ『巴里の女性』（1924年）、サイレント映画史上で最大の収入を上げた作品とされる『黄金狂時代』、そして『サーカス』を発表し、1928年には第1回アカデミー賞名誉賞を受賞していた。彼がトーキー技術による「せりふ」の導入を拒もうとしていたことは、まさにトーキーへの以降が始まった時期に撮られた『街の灯』によく示されている。

　放浪紳士と花売りの少女の交流を描く作品の冒頭には「コメディ・ロマンス・イン・パントマイム」という字幕が掲げられ、せりふに一切頼らない「無言劇」であることが告げられている[19]。チャップリンの演じる主人公（「放浪者」とクレジットされているだけで、名前はない）」は、町を歩けば悪童たちの嘲笑の的にされている、しがない身の上である。それでも、家賃が払えず追い立てを食らおうとしている盲目の少女と祖母を何とか援助し、さらには目の手術代を捻出してやろうと奮闘する。少女はその未知の救い主の姿を、憧れを込めて思い描く。また主人公、大富豪が泥酔のあげく自殺を図る場面に遭遇し、その命を救う。以後、大富豪は酔ったときだけ主人公を恩人としてちやほやし、素面に

---

[18] クレール、前掲書、181頁。1929年に書かれた文章である。

[19] ただし効果音が付された「サウンド版」作品である。またチャップリンは音楽については意欲的で、『巴里の女性』以後すべての自作の音楽を自ら作曲している。

戻ると冷たく突き放す。そんな物語のすべては、せりふ抜きで描き出される。ユーモアとペーソスの絶妙に入り混じる展開ののち、クライマックスでの言葉のやり取りは、ごく簡素な3枚の字幕で処理されている。娘のまなざしを受け止めるチャップリンの表情は、音声言語が欠如している

図4-6 『街の灯』　写真　Charles Chaplin/Photofest/ユニフォトプレス

からこそ、すみずみまで豊かなエモーションで満たされている（図4-6）。「人間がいつか完全に眼に見えるものになれば、どんなに言語が異なろうと、人間はつねに人間自体を認識するに至るだろう」[20]というバラージュの言葉に呼応するようなクロースアップなのである。

　さらに5年後の『モダン・タイムス』でも、チャップリンの抵抗は続く。この作品でついにチャップリンは、自らの「声」を初めて登場させた。ただしそれは、酒場で「デタラメ語」の歌詞による歌を披露する場面のみであり、相変わらずせりふはいっさいない。工場でベルトコンベアーの作業に追われる主人公が、自分自身、機械のように自動的な動きをし始めて止まらなくなったり、自動給食マシーンの実験台にされたりする有名な場面など、せりふをつけても邪魔にしかならないような身体的表現の雄弁さが際立つ。

　しかし『独裁者』（1940年）に至って、ついにチャップリンは初めて完全なトーキー作品を撮り、せりふのある役を主演した。音声の導入は、ヒトラーの横暴とナチスによるユダヤ人迫害に対し警鐘を鳴らし、人々に平和を訴えたいという熱烈な希求に発したものだった。独裁者ヒ

---

[20] バラージュ、前掲書、38頁。

ンケルと同じチョビ髭、瓜二つの容姿ゆえに取り違えられたユダヤ人の床屋（両者ともチャップリンが演じている）は、大群衆を前に演説させられるはめになる。ラジオをとおして世界に送られるはずのその演説で、床屋は覚悟を決めて反ファシズム、反戦争の

図4-7　『独裁者』　写真　ユニフォトプレス

思いを語りかける。チャップリンが6分間にわたりクローズアップで語り続けるその場面が収録されたのは、1940年6月24日のこと[21]。ナチスがパリに侵攻した直後の、きわめて大胆な、勇気ある「発言」だった。それはまた、映画が完全にトーキーのものとなったことが世界に告げられた瞬間でもあった（図4-7）。

　その点で、チャップリンも結局は軍門に下ったのだろうか？「サイレントの芸術は死滅した」と、バラージュは『視覚的人間』から四半世紀後に悔しげに綴っている。映画は結局、「撮影された演劇」になってしまったと[22]。ルネ・クレールはたちまちトーキーに転じ、シャンソンをたっぷり取り入れた『巴里の屋根の下』（1930年）で人気監督となった。新技術に懐疑的だったエイゼンシュテインを始めとする世界の監督たちも、トーキーで才能を発揮し始めた（さもなければ、映画界から姿を消していった）。

　日本で最初の本格的トーキー作品とされるのは、五所平之助監督の『マダムと女房』（1931年）である（図4-8）。主役の若い妻を、その後日本映画を代表する女優となる田中絹代が演じている。田中は「下関なまり」があるために最初はキャスティングされていなかったが、むし

---

[21] デイヴィッド・ロビンソン『チャップリン』（下）宮本高晴・高田恵子訳、文藝春秋、1993年、208頁。
[22] バラージュ『映画の理論』佐々木基一訳、281頁（原著1949年）。

ろなまりが「案外愛嬌があっていい」と、観客に好評を博したという[23]。ローカルな特徴を含め、声や言葉のリアルさが映画に魅力を付加する要素となったわけである。それはまさに、映画が普遍言語の夢から覚めて、バベル的状況のただなかに降り立ったことを意味している。実際、世界

図4-8 『マダムと女房』監督五所平之助　写真　国立映画アーカイブ/1931年　松竹映画

でさまざまな異なる言語が話されているという現実を体感させてくれる点にトーキーの本領がある。われわれは映画をとおして各国のなまの言葉に触れ、その響きを味わうことができる[24]。

　だが、バベル以後の言語的分裂を引き受けることが映画の務めの一つとなったとしても、それはサイレント映画が「滅びた」ことを意味するわけではない。というのも、音を獲得することで映画は、新たに「沈黙」を発見したとも考えられるからだ。サイレント期には、画面から音がしないのが当然だったが、トーキーになると逆に、音がするのが当然のこととなる。音が途切れ、何も聞こえなくなったり、せりふが発されなくなったりするのは、ほとんど異常な——テレビであれば即座に「放送事故」とみなされかねない——事態となる。しかし映画においては、それこそが、トーキーがサイレントに改めて接近する貴重な機会を形作る。

　せりふに頼らず、言葉による説明を避けて、目に見えるものによって物語を生み出すことは、映画の成否を握る重要性を持ち続けている。それが端的に感じられるのはアクション映画である。カーチェイスや敵と

---

[23] 佐藤忠男『日本映画史Ⅰ 1896-1940』岩波書店、1995年、331頁。
[24] 同時に、なまの音の録音に留まらない「サウンドデザイン」が現代の映画を支えていることを認識しておく必要がある。ミッジ・コスティン監督のドキュメンタリー映画『ようこそ映画音響の世界へ』（2019年）が示唆に富む。

の一騎打ちといった固唾を呑む場面が、ぺらぺらとせりふを喋り立てながら繰り広げられることはあまり考えられない（その際、まさに「キュー・ノート」的な音楽や効果音が、安易につけられがちではあるが）。それはアクションが本来、身体的なものであり、言語の介入がそこに停滞を生じさせるからだ。香港映画のスターであるジャッキー・チェン（成龍）が、キートンやロイドの名場面を自作に取り入れたのも、そうしたアクションの本源に立ち返ろうとしてのことだった。

　しかし、サイレント的な演出の重要さは、活劇に限られるものではない。人間の心の深みに沈潜するとき、あるいは社会の抱える問題に対峙するとき、映画には必ずや言葉を失い、沈黙に直面する瞬間が訪れるのではないか。20 世紀後半以降の傑作の数々に触れるなら、寡黙さが際立つ作品の多さを実感せずにはいられない[25]。近来の東アジア映画の目覚ましい達成は、言葉数の少なさから最大の情感を生み出す技法に支えられている[26]。せりふを極力削ることに、監督たちは今もなお挑戦し続けている。

　ドイツのヴィム・ヴェンダース監督が東京で撮った日本映画『PERFECT DAYS』（2023 年）では、公園のトイレ清掃員の孤独な男の日々が丹念に描かれている。役所広司の演じる平山という男の暮らしには、朝起きてから夜寝るまで、人と会話する機会がほとんどない。映画が始まってしばらくすると、いったいどこまでせりふなしのまま続くのかといぶかしくなる。とはいえその状態はむしろ、平山と観客のあいだに、言葉によらない濃やかな交流を作り出す。観客は、その親密さを下手なせりふで壊さないでほしいと願うようにさえなるだろう。

　「言わぬが花」、あるいは「沈黙は金」といった成句は、映画にとって

---

[25] たとえばジャン゠ピエール・メルヴィル、ロベール・ブレッソン、アンドレイ・タルコフスキー、アッバス・キアロスタミ、アキ・カウリスマキといった多様な監督たちの作品で「沈黙」が重要な役割を果たしている。

[26] 台湾映画のホウ・シャオシェン（侯孝賢）、ツァイ・ミンリャン（蔡明亮）の作品が注目に値する。野崎歓「台湾映画における寡黙さの話法」『アンドレ・バザン　映画を信じた男』春風社、2015 年を参照。

本質的な重要性をもつ。トーキー以降の映画人たちもそのことを深く認識している。それゆえ、サイレント映画はトーキーのうちによみがえり続けているのだ。

学習課題

1. サイレント期の名作とされる映画を一本観て、それが名作とされるゆえんはどこにあるのかを考えてみよう。
2. 自分の好きな映画の中で音楽や音がどのように用いられているかを分析してみよう。
3. 「沈黙」の場面が際立つ映画を探し出し、それがどのような効果を上げているかを考えてみよう。

参考文献

ケヴィン・ブラウンロウ『サイレント映画の黄金時代』宮本高晴訳、国書刊行会、2019年。

加藤幹郎『映画館と観客の文化史』中公新書、2006年。

ベラ・バラージュ『視覚的人間』佐々木基一・高村宏訳、岩波文庫、1986年。

ロバート・スクラー『アメリカ映画の文化史』（上・下）、鈴木主税訳、講談社学術文庫、1995年。

5 | 民衆の敵、最高の検閲官
——古典ギャング映画の生と死

宮本陽一郎

《**目標＆ポイント**》 古典ギャング映画（1931-34 年）。あるジャンルを語るときにその生年と没年を明記することができるというのは、稀なことである。古典ギャング映画は大恐慌とニューディール政策のはざまの混乱期に誕生し、1934 年の自主検閲制度の施行とともに消えていった、きわめて短命なジャンルである。本章はこのジャンルのごく短い歴史をたどることを通じ、大衆文化としての映画と検閲制度とのあいだの関わりを論じる。
《**キーワード**》 古典ギャング映画、ジャンル、自主検閲制度、ヘイズ・オフィス

----

1. 古典ギャング映画の復活

『俺たちに明日はない（Bonnie and Clyde）』（1967 年）が公開されたとき、この作品はアメリカ映画の新しい時代の幕開けとして受け止められ、『イージー・ライダー（Easy Rider）』（1969 年）、『卒業（The Graduate）』（1967 年）、『明日に向かって撃て（Butch Cassidy and the Sundance Kid）』（1969 年）といった作品とともに「ニュー・ハリウッド」「ニュー・アメリカン・シネマ」と呼ばれるようになった[1]。『俺たちに明日はない』が「新しい」と感じられたのは、もっぱら男女二人組のギャングであるボニーとクライドが、機関銃の一斉掃射を浴びて死んでいくエンディングの印象に負うところが大きい（**図5-1**）。主人公た

---

[1] 日本では「アメリカン・ニューシネマ」という用語が一般的だが、アメリカではこの表現が用いられることは稀である。

ちのこのように凄惨な死で終わる映画は、ハリウッド映画の常識を覆すものと感じられた。

しかしこれは事実の半分でしかない。この映画に先立ち、1930年代はじめにそのような凄惨なエンディングをもつ映画、つまり本章で論じる古典ギャング映画が一世を

図5-1　『俺たちに明日はない』(1967年) より　写真　Avalon/ユニフォトプレス

風靡していたのである。それにもかかわらず、『俺たちに明日はない』のエンディングが「新しい」と感じられたのは、1934年から施行された自主検閲制度（ヘイズ・オフィス・コード）が、犯罪描写と暴力描写に厳しい制約を課していたからである。そしてそれにもかかわらず『俺たちに明日はない』という作品が1967年に登場しえたのは、ヘイズ・オフィス・コードが1964年以降段階的に見直され、1968年のレイティング・システムへの移行により廃止されたからにほかならない。『俺たちに明日はない』は「ニュー・アメリカン・シネマ」の誕生であると同時に、古典ギャング映画の再生でもあった。

2. ジャンルの誕生

本章では、古典ギャング映画というジャンルを論じることになる。この短命なジャンルを代表するのは、マーヴィン・ルロイ監督『犯罪王リコ (Little Caesar)』(1931年) とウィリアム・ウェルマン監督『民衆の敵 (The Public Enemy)』(1931年)、ハワード・ホークス監督『暗黒街の顔役 (Scarface: The Shame of a Nation)』(1932年) の3本であ

る。このジャンルはどのようにして誕生したのか。

　ジャンルを論じる際に大切なことは、その中心ではなく周縁に注目することである。ジャンルの中心に注目してそのジャンルの平均的な特徴（舞台設定、人物設定、時代設定、プロット形式など）を記述したところで、それは大きな発見にはつながらない。それ以上に、ジャンルは定式を繰り返すことによって生き延びるのではなく、なんらかのかたちによって定式から逸脱することにより生き延びるのである。

　またジャンルは、ある日突然虚空から誕生するわけではない。ジャンルは、それに先立つジャンルから派生して生まれるものである。そのような発生の系譜は、ジャンルの境界線に痕跡をとどめるものである。古典ギャング映画に関していうなら、このジャンルがその発生段階で密接な関係をもったジャンルは、社会派映画（Social Consciousness Films）である。とりわけ古典ギャング映画とほぼ同時に制作されたマーヴィン・ルロイ監督の『仮面の米国（I Am a Fugitive from a Chain Gang）』（1932 年）、ウィリアム・ウェルマン監督の『飢ゆるアメリカ（Heroes for Sale）』（1933 年）のような社会派映画は、古典ギャング映画と多くの要素を共有している。そしてルロイとウェルマンは、これらの社会派映画と同時期に、ワーナー・ブラザーズ社でそれぞれ『犯罪王リコ』と『民衆の敵』を生み出しているのである。

　古典ギャング映画が社会派映画に隣接したジャンルであることを踏まえるなら、古典ギャング映画のシナリオが左翼の映画人たちによって書かれたことも不思議ではない。『民衆の敵』の原作者ジョン・ブライトと、『犯罪王リコ』の脚本を担当したフランシス・エドワード・ファラゴーはともに共産党員であった。とくにジョン・ブライトは、共産党ハリウッド支部の創立メンバーであり、1950 年代には非米活動委員会のブラックリストに名前が載りメキシコに亡命している[2]。また『犯罪王

リコ』で主演したエドワード・G・ロビンソンと『民衆の敵』のジェイムズ・キャグニーも、左翼系の政治団体と関わりがあった。

3. 代弁される大衆

　それ以上に注目すべきことは、古典ギャング映画と社会派映画は、プロットのうえでも共通点をもつという点である。先に挙げた2本の社会派映画に共通するプロット・パターンは、第一次世界大戦の帰還兵士たちが、その愛国心にもかかわらず、大恐慌時代のアメリカ社会に裏切られ悲惨な運命を体験するというものである。帰還兵士たちの不満はこの当時、アメリカの社会秩序を覆しかねない、現実の政治勢力となっていた。とりわけ帰還兵士たちが特別支給金の支払いを政府に要求するために結成した「ボーナス・アーミー」の運動は、1932年夏に首都ワシントンで最大規模の武力衝突にまで発展し、この事件は再選をめざしていたフーヴァー大統領にとって致命傷となった（**図5-2**）。帰還兵士たちのアメリカ社会に対する不満は、大恐慌直後のアメリカの一般大衆の不満を象徴するものでもあった。「失われた世代」の帰還兵士たちは、いわば大衆の代表となったのである。

　帰還兵士の受難というプロットは、古典ギャング映画の代表作のなかの一本である

図5-2　首都ワシントンで戦うボーナス・アーミー（1932年）　写真　ユニフォトプレス

---

[2] Larry Ceplair & Steven Englund, *The Inquisition in Hollywood : Politics in the Film Community, 1930-1960* (U of California P, 1979), p. 80, p. 399 ; Brian Neve, *Film and Politics in America : A Social Tradition* (Routledge, 1992), p. 77 参照。

『民衆の敵』に巧みに取り込まれ、古典的なギャングスター・ヒーローの性格付けに重要な役割を果たしている。『民衆の敵』の主人公トム・パワーズの性格が、帰還兵士である兄マイク・パワーズとの対照において定義されていることは注目に値する。アイルランド系のスラム街の家庭に生まれたこの兄弟は、対照的な人生を歩むことになる。弟トム・パワーズが少年時代から非行に走り、弱肉強食の都会でしたたかに生き抜いていくのに対し、兄は模範的アメリカ人として家庭を守り禁欲的に働きながら、不況下の社会で夢を裏切られ貧困に甘んじることになる。しかし、ギャング抗争のなかで惨殺された弟トム・パワーズの死体が生家に投げ込まれる壮絶な幕切れで、この対照的な兄弟の感情はひとつになる。弟の死体の前にひざまづいた兄がやがてカメラをまっすぐに見つめるショット

図5-3　ギャングスターと帰還兵士。『民衆の敵』（1931年）より

は、きわめて強烈なインパクトを観客に与える。帰還兵士とギャングスターはお互いの分身である（図5-3）。

　大恐慌によってアメリカ社会に裏切られた模範的な市民と、ギャング抗争のなかで弱肉強食の競争原理に裏切られた凶悪なギャングスターとが重なり合うとき、それは大恐慌時代のアメリカ大衆の怒りを映し出す

鏡となる。

「大衆」は直接自らを語ることはできない。自らを語る特権的な声を持たない人々が「大衆」である。それゆえに「大衆」は代弁者を必要とする。ある場合には、チャールズ・チャップリンのようなスターが声なき大衆の代弁者となり、またある場合にはアドルフ・ヒトラーのようなポピュリスト的独裁者が声なき大衆の代弁者となる。大衆を代弁することは、ラディカルな政治思想をもつ映画人たちの心情にもかなったものであったし、同時にハリウッドの映画産業の商業的な関心にもかなうものであった。

　ワーナー・ブラザーズ社が大恐慌期に制作した社会派映画および古典ギャング映画は、この二つの勢力の意外な協調関係によって生み出された大衆文化といえるだろう。　大恐慌時代の「大衆」の不満が、ラディカリズムと映画産業に媒介された結果として、古典ギャング映画は1920年代史を書き直すことになる。アル・カポネのような現実のギャングスターや、古典ギャング映画のなかの架空のヒーローたちを生み出した社会的な背景は、いうまでもなく1920年から施行された禁酒法とジャズ・エイジの快楽主義的な消費文化とのあいだの矛盾であった。禁酒法の施行は、アメリカのピューリタン的な禁欲主義が消費経済の快楽主義に対して支配力を確立したことを意味する。古典ギャング映画の描く1920年代は、禁酒法推進派のイデオロギーに挑戦するものといえる。禁酒法を逆手にとって台頭するギャングたちの成功物語を等身大以上に描いてみせること自体、禁酒法推進派の価値観に対する挑戦であった。『民衆の敵』の場合さらにそれを帰還兵士の受難の物語と重ね合わせつつ1920年代史を語り直すことになる。古典的ギャング映画が制作されたのは、1933年に禁酒法が廃止される直前の時期であることは偶然ではない。『民衆の敵』は、「1909」「1915」「1917」「1920」という4

つの年号を示す字幕によって区切られている。そこで語られるアメリカ史は、禁酒法推進派によって権威づけられたアメリカ史ではなく、抑圧された大衆の視点から語り直された民衆史といえる。

4. 古典ギャング映画の多声性

　たとえばオペラの舞台では、さまざまな登場人物たちが、それぞれの心情を異なるメロディーに乗せて歌いながら、全体としてひとつに解け合い、ひとつのドラマティックな音響の渦を生み出す。オペラの舞台は多声的である。そのような意味において古典ギャング映画は多声的である。大恐慌のなかで生き残ろうとする映画産業と、左翼思想に共感する映画人たちという、本来相容れないふたつの勢力がハーモニーを奏でたところに古典ギャング映画は誕生した。

　そもそも古典ギャング映画は異種言語混交を、その際立った特徴として発生したジャンルである。古典ギャング映画が、ミュージカル映画と並んで、トーキー技術をいちはやく商業化したワーナー・ブラザーズ社によって生み出されたことは決して偶然ではない。古典ギャング映画をそれに先行するサイレント時代の犯罪映画と区別するのは、サウンドトラックに刻み込まれた機関銃の音や疾走する自動車のタイアのきしる音である（図5-4）。それ以上に重要なのは、トーキー技術によって都会のギャングや不良少年たち

図5-4　炸裂する機関銃と移民英語。『暗黒街の顔役』（1932年）より

の使う俗語表現や、イタリア系移民やアイルランド系移民の訛りを直接取り込むことが可能になった点である。

そもそも世界初のトーキー長編映画とされる『ジャズ・シンガー(The Jazz Singer)』(1927年)で最初に声を獲得したのは、アル・ジョルソンが演じるユダヤ系の青年歌手だった。しかもこの映画のクライマックスで、アル・ジョルソンは顔を黒塗りにして黒人に扮し「マイ・マミー」を絶唱するのである(図5-5)。トーキー技術は、アメリカの非主流階層がその表象を獲得する新たな機会をもたらした。

図5-5 黒人ジャズ・シンガーに扮したユダヤ系の青年歌手。『ジャズ・シンガー』(1927年)より　写真 ユニフォトプレス

古典ギャング映画というジャンルの多声性を考えるときさらに興味深いのは、古典ギャング映画が大恐慌時代のアメリカ大衆の反体制的な感情を代弁しうるジャンルであったのと同時に、体制側の価値観も代弁している点である。つまりギャング映画は、産業資本主義経済を支えてきたソーシャル・ダーウィニズムに基づく弱肉強食の原理を極端なかたちで劇化する。1920年代は、映画産業を含め、あらゆる産業分野において企業の吸収・合併・淘汰が進み寡占体制が確立されていった時期だが、ギャング映画のなかに描かれるギャングたちの権力抗争は、まさに絶え間ない組織の吸収・合併・淘汰という形をとる。大衆を搾取することにより肥大し、ついには大恐慌を招いていったアメリカの独占資本主義社会のイデオロギーを、最下層に置かれた移民系都市労働者たちが転

図5-6 ギャングスターたちの壮絶な死。『犯罪王リコ』(左) と『暗黒街の顔役』(右) より

用して、階級秩序を逆転させるという下克上の物語もまた、古典ギャング映画を成り立たせる重要なストーリー・ラインのひとつである。そして資本主義の精神によって過剰に駆り立てられたギャングスターは、最後にはそれによって裏切られつつ死んでいく。

　古典ギャング映画を古典ギャング映画たらしめている、ギャングスターの壮絶な死の場面には、大恐慌時代の一般大衆のやり場のない怒りと資本主義に対する懐疑が凝集される (図5-6)。そのような怒りは、やがてニューディール政策を通じて、それでもなんとかなるはずだという前向きで現状肯定的なイデオロギーに取り込まれていくことになる。大恐慌によって表面化した大衆の怒りと不満が、ニューディール政策の肯定的なイデオロギーのなかに回収されるまでの短い期間にこそ、ハリウッド映画の諸ジャンルのなかでも例外的な、悲劇としての形式を持ったギャング映画がジャンルとして成立しえたといえるだろう。

5. 調停のアリーナ——古典ギャング映画と自主検閲制度

　このようにして大恐慌期の大衆の怒りと不満を媒介するチャンネルとなった古典ギャング映画は、1934年の自主検閲体制の確立によりあっさりと姿を消すことになる。1930年2月に起草され1934年7月15日から適用されるようになった、MPPDA（Motion Picture Producers and Distributors of America）の自主検閲規約を見ると、「一般指針」の具体的適応第一項は「法秩序に対する犯罪」とされており、「犯罪、悪事、悪徳、ないし罪に対して観客の共感が決して向けられてはならない」と規定される[3]。自主検閲体制のターゲットにされたのは、ポルノグラフィー以上にギャング映画だったのである。この規定を遵守すれば、ギャングスターの台頭と悲劇的な死を描いた古典ギャング映画は、そのままのかたちでは制作できなくなる。

　すでに1932年に『暗黒街の顔役』が公開されるに際し、自主検閲制度の推進母体となるヘイズ・オフィスは、作品の結末を改変して別バージョンを作るように指導している[4]。オリジナル版の結末では、主人公トニー・カモンテが警官隊との銃撃戦のすえ蜂の巣のようになって路上で激烈な死を遂げるのに対し、改訂版ではトニー・カモンテは素直に警官隊に逮捕され、裁判官により弾劾され死刑宣告を受ける（図5-7）。さらにこの改訂版には、陰惨きわまりない処刑シーンまでつけ加えられている。検閲制度をとっていた多くの州では、この改訂版が公開された。これは自主検閲制度によるジャンルの書き換えの象徴的な例といえるだろう。

---

[3]　"Code to Govern the Making of Talking, Synchronized and Silent Motion Pictures," rpt. in John Eugene Harley, *World-Wide Influences of the Cinema : A Study of Official Censorship and the International Cultural Aspects of Motion Pictures* (U of Southern California P, 1940), pp. 292-96.

[4]　Gregory D. Black, *Hollywood Censored : Morality Codes, Catholics, and the Movies* (Cambridge UP, 1994), pp. 129-31.

しかし、自主検閲制度による古典ギャング映画の消滅は、権力による大衆文化の抑圧という単純な図式でとらえられてはならない。自主検閲体制は国家権力による検閲とは本質的に異なるものである。そしてこれから明らかにするように、自主検閲体制を推進し成立させた勢力は決して一枚岩ではなく、ジャンル

図5-7 改変された『暗黒街の顔役』の結末より

としての古典ギャング映画同様に多元的なイデオロギーの葛藤・対立・仲介・調停によって生み出されたものである。しかも、自主検閲規定の起草（1930年）から実施（1934年）までの期間は、古典ギャング映画が制作された期間とほぼ一致する。従って両者のあいだの関係は、二つの対抗する勢力のあいだの単純な抑圧／抵抗の関係としてではなく、両者が折り合いをつけ、落としどころを模索していく、調停のプロセスとして理解されなければならない。

　古典ギャング映画という多声的なジャンルの興味深い点は、映画のなかに、やがて自主検閲制度の確立により古典ギャング映画というジャンルを抹殺してしまう勢力の言葉までもが、明確にその痕跡を留めている点である。三本の古典的ギャング映画には、興味深い前書きおよび後書きの字幕が付けられている。これらの表面的な機能は、ギャング映画の暴力描写と犯罪者を主人公としていることとに対する道徳的な批判をかわすことにある。それはギャングスターという犯罪者をヒーローとしながら、いや実はそうではないと強弁するという、ある意味で語るに落ち

たものである。たとえば『民衆の敵』の場合、次のような前書きと後書きが付されている。

　『民衆の敵』の作者たちが意図するのは、今日アメリカ社会のある種の階層に実在する環境をありのままに描くことであって、ギャングや犯罪者たちを賛美することではない。『民衆の敵』は基本的には実話であるが、すべての登場人物等の名前は全くのフィクションである。

　トム・パワーズの末路は、すべてのギャングの末路である。「民衆の敵」はひとりの人間ではないし、単なる登場人物でもない。それは遅かれ早かれ我々民衆が解決しなければならない問題である。

本編の内容とこれほどまでにあからさまに隔たった口上を付け加えなければならなかったことは、ギャング映画というジャンルが当時のアメリカにおいていかに危険な存在でありえたか、またギャング映画というジャンルがいかに激しい対立の磁場に成り立ったジャンルであったかを物語るものといえる。

　こうした前書きあるいは後書きのなかで、映画制作者の側がどのようなレトリックを用いて批判をかわしているかも注目に値する。こうした批判をかわすために、敵対するイデオロギーを代弁しつつ、それを別の方向に屈折させるという巧みな戦略を取っている。『暗黒街の顔役』には次のような前口上がつけられている（図5-8）。

　この映画は、アメリカにおけるギャング支配を、そして我々の安全と自由に対するとどまるところのない脅威に対する政府の甚だしい無関心を告発するものである。

この映画に描かれた出来事はすべて実際に起きた事件に基づいている。そしてこの映画の意図するところは、政府に対して「こうした問題にどう対処するのか？」と問うことである。

政府とはみなさんの政府のことです。みなさんはどう対処するのですか？

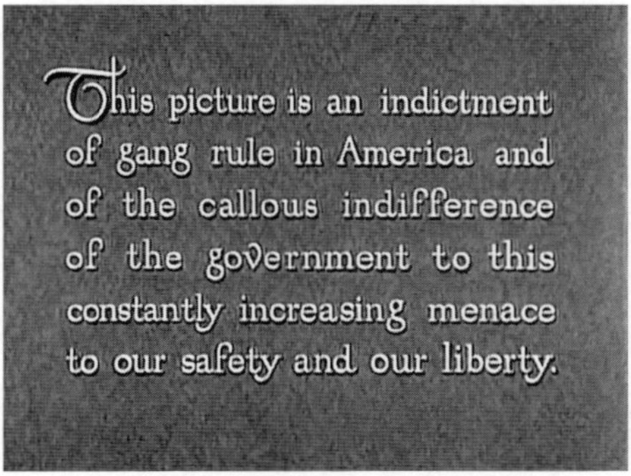

図5-8 『暗黒街の顔役』より前口上の字幕

この字幕が映画の冒頭で映し出されるときには、バックグラウンド・ミュージックも殺伐としたテーマ音楽から手のひらをかえしたように、健全で幸せな音楽に変わる。そして、アル・カポネをモデルにした「スカーフェイス」ことトニー・カモンテの暴力と台頭と死を描いたこの映画が、実は政府に現状改革を求める健全な市民の声であると、この前書きは主張するのである。

このように体制側からギャング映画に対して向けられるであろう批判をそっくりそのまま代弁して、なおかつそれをギャング問題を放置する政府への批判という形で、逆に体制側に投げ返すというレトリックは『民衆の敵』の後書きにも見られる。『民衆の敵』の後書きは、主人公は一人の登場人物ではなく一つの対処すべき状況であると主張する。ギャング映画の危険さを、政府に社会改革を求める建設的な言説に見事に置き換えている。

本音からあからさまに乖離した建前を語る前書き・後書きのレトリックは、ギャング映画というジャンルを支えるイデオロギーとそれを抑圧

しようとするイデオロギーとのあいだの対立がやがて折り合いをつけ、ひとつの調停に至るまでのプロセスの痕跡としてとらえることができるだろう。そしてこうしたある意味では見え透いたレトリックは、実際に検閲当局との交渉のなかで効果を持ったことが、当時の資料から伺い知ることができる。『民衆の敵』について調査を行ったヘイズ・オフィスの調査官オーガスト・ヴォルマーは、次のように書き記している。

　私にとってこの映画のなかで最も衝撃的だったのは、前口上と後書き、とりわけ後書きのほうである。この後書きにおいて問題はギャングスター個人ではないことに観客の注意を喚起し、そしてギャングを生み出した要素を完全に取り除かない限り、ギャング問題は解決しないことをきわめて明確にしている。この結論は挑戦的であり、それゆえに教育的な価値も持っている。[5]

この調査官にとって、『民衆の敵』の後書きは見え透いた言い逃れなどではなく、実際にこれに説得され納得しているのである。

　夢を裏切られた大恐慌時代のアメリカ人たちにとってのヒーローであるギャングスターを、「民衆の敵」あるいは「国家の恥」（『暗黒街の顔役』の副題）と敢えて呼ぶタイトル自体のなかに、すでに意図された曖昧さを読みとることが可能である。こうした映画の主人公をヒーローとして受けとめる「民衆」にとって、本当の「敵」はどこに存在するのか、また本当の「国家の恥」とはギャングスターなのかそれとも大恐慌を招いた権力者たちなのかという、逆説的な問いかけを、こうしたタイトルは内包することになる。

---

[5]　August Vollmer, "Letter to Will Hays," *The Will Hays Papers*, Cinema History Microfilm Series, ed. Douglas Gomery (University Publication of America, 1988), Part 2, Reel 5.

6. 「最も偉大な検閲官」——カトリックの文化闘争とギャング映画

　1934年に確立されるヘイズ・オフィス・コードによるハリウッドの自主検閲制度は、次の四つの勢力によって促されたものといえる。

①州政府による検閲。
②リージョン・オブ・ディーセンシー（Legion of Decency）：カトリック教会によって作られた圧力団体。
③ヘイズ・オフィス：1922年に前郵政公社総裁であったウィル・ヘイズを迎えてハリウッドに設けられた、自主検閲と映画業界の綱紀粛正を目指す機関。
④ブリーン・オフィス：1931年に創立された、ヘイズ・オフィス体制を実現するための実働部隊。

この四つの勢力はそれぞれ異なる階級のイデオロギーを背景としており、異なる利害を持っている。

　このうち、検閲という言葉でわれわれが普通に理解しているものは、州政府による検閲制度であり、これは政府による監視機構のひとつとしての性格を持っていた。これの推進母体となる全米検閲委員会（National Board of Censorship）は、ニューヨークのプロテスタント系の中上流階級によって構成されている。

　これに対し、リージョン・オブ・ディーセンシーは1934年にカトリック教会の内部に作られた組織である。カトリック勢力はリージョン・オブ・ディーセンシーが発足する以前から、道徳的に問題のあると考えた映画をボイコットするなどの運動を展開してきた。同じく公序良俗を大義としてかかげながらも、こうした運動は州政府による検閲とは

本質的に異なるものとしてとらえられるべきである。なぜなら、州政府
による検閲は、アメリカ社会の主流派が文化的秩序を維持するために設
けた監視機構であるのに対し、リージョン・オブ・ディーセンシーはア
メリカ社会の非主流派であるカトリック系の勢力が、彼らの文化的な発
言力を拡張するために設けた圧力団体なのである。リージョン・オブ・
ディーセンシーの活動目標は、必ずしも州政府による検閲強化を求める
という方向にはいかない。リージョン・オブ・ディーセンシーの真の目
的は、圧力団体としての活動を通じて、非プロテスタントの少数派であ
るカトリック教会が文化的な発言力を獲得することであった。カトリッ
ク勢力は、映画についての道徳を主張することが、彼らのアメリカ社会
内部での存在感を獲得するための手段となりうることを見抜いていたと
いえる。

　三番目に挙げたヘイズ・オフィスは、もともと喜劇俳優ロスコー・
アーバックルによる殺人事件など相次ぐスキャンダルによって批判され
るようになったハリウッドの映画業界が、産業団体としての利害を守る
ために、プレスビテリアン派の前郵政公社総裁であったウィル・ヘイズ
を東部からコミッショナーとして迎えて創設した組織である。ヘイズ・
オフィスにとって公序良俗それ自体は目的ではない。ヘイズ・オフィス
の目的は、ハリウッドの映画産業の社会的信頼を守ることであり、州政
府の検閲や圧力団体のボイコットに合わない安全な規格商品を送り出
し、映画に投下された資本を守ることであった[6]。

　ヘイズ・オフィスの成立に至る過程のなかでも、アメリカ社会におけ
る旧勢力と新興勢力のあいだの葛藤が大きな要因となっている。つまり
映画自体が新興産業であったし、それを担っていたのは非主流派のユダ
ヤ系市民であった。ヘイズ・オフィスの設立は、西部の新興勢力によっ
て担われた新興産業が、産業界のなかで市民権を獲得していくためのプ

---

[6]　Leonard J. Leff, "The Breening of America," *PMLA* 106 (1991) : pp. 433-34 を
　　参照。

ロセスだったのである。

　政府による検閲に反対することは、ヘイズ・オフィスの基本的な立場だった。検閲規定の執筆者の一人であるマーティン・クウィグリーは、『映画における品位』（1937年）のなかで、政府による検閲が実質的な効果を持たず、また官僚の恣意性が介入する危険性をはらんでいることを指摘したうえで、次のように述べる。

　　［映画における品位という］問題についてつぶさにそして徹底的に考察した結果……次のような結論に到達した。悪い映画の悪い影響を抑制するための正しい方法は、映画を正しく作ることである。つまり映画製作の現場において正しく映画を作ることだ。映画が製作された後に行われる方法は、すべて非力で不確かであることが明らかになった。[7]

同様にウィル・ヘイズは、ヘイズ・オフィスの指針を説明した1931年4月6日付けの「ヘイズ氏の声明」と題する文書のなかで、「自主規制に向けての努力により映画産業が手にする成功は、法令や政治的な検閲や独裁制の横暴によって達成されるいかなる産業発展や社会改革にも勝るものである」と論じる。そして、自主検閲体制によるギャング映画の規制が必要なのは、「最も偉大な検閲官——つまりアメリカの一般大衆」がこうした映画を批判しているからだと説明している[8]。映画産業を、政府の干渉から守ることが、ヘイズ・オフィスの究極の目的だったのである。

　きわめて興味深いのは、「最も偉大な検閲官——つまりアメリカの一般大衆」の声の代弁者としてヘイズ・オフィスが選んだのは、カトリック系の圧力団体や聖職者たちだった点である。自主検閲体制の成立過程

---

[7]　Martin Quigley, *Decency in Motion Pictures* (Macmillan, 1937), p. 49.

[8]　Associates of Motion Picture Producers, Inc., "Statement by Mr. Hays," *The Will Hays Papers*, Part 2, Reel 5.

のなかでの、ウィル・ヘイズとカトリックのあいだの協力関係は注目に値する。政府検閲に対抗する自主検閲制度を確立し、それを「アメリカの一般大衆」による検閲として権威づけるために、ヘイズ・オフィスはリージョン・オブ・ディーセンシーを頂点とするカトリック勢力を味方につけることを選択した。ヘイズ・オフィスは自主検閲体制規定の執筆を、ダニエル・ロードとマーティン・クウィグリーの二人に委嘱しているが、ダニエル・ロードはカトリック系神父である。そして1934年春にピークを迎えるリージョン・オブ・ディーセンシーの活動は、ヘイズ・オフィス体制の確立へ向けての援護射撃として、重要な役割を果たした。一方リージョン・オブ・ディーセンシーにとっては、政府に検閲強化を求めるよりも、自主検閲体制に間接的に参画する方が、自らの発言力を強化するうえでははるかに有効だったのである。その結果、アメリカのカトリック教会の司祭たちは、1936年6月にローマ教皇庁から「とりわけあなたがたアメリカ合衆国の尊敬すべき諸兄は、あなたの国の産業界に社会的責任を認めさせ受け入れさせたと、胸を張って主張することができるでしょう」という賛辞を受けるまでの影響力となったのである[9]。

　さらにヘイズは、検閲規定に照らしてハリウッドの映画製作を現場で統制し指導していく役割を、アイルランド系移民労働者の出身でカトリックのジョゼフ・ブリーンに委ねる。ハリウッドの映画会社がヘイズ・オフィスの認可を受けるためには、ブリーンの審査を受ける必要があった。そしてブリーンは、シナリオ段階から映画製作に介入して助言を行い、どのようにシナリオや演出を変更すれば認可が得られるかを指導していく。結果的にブリーンの助言は単なる表現統制の域を超えて、ハリウッド独自の映画表現を積極的に作り上げていくことになる。レナード・J・レフは、ブリーンと映画製作者たちのあいだの交渉過程を

---

[9]　Quigley, p. 83.

第5章　民衆の敵、最高の検閲官──古典ギャング映画の生と死　│　**109**

詳細に分析したうえで、ブリーンはハリウッドの映画作家たちの敵というよりは、ハリウッド映画の性や政治の表現方法を成熟させた功労者として評価する[10]。ヘイズ・オフィス体制の成立のプロセスにあって注目に値するのは、ハリウッドの映画産業とカトリック系の圧力団体という、二つの新興文化勢力のあいだの協力と調停によって、この体制が生み出されたという点である。

　ジャンルとしての古典ギャング映画をイデオロギー的に定義する試みのなかで、同時期に進行した自主検閲体制の形成に目を向けなければならないのは、単にギャング映画が規制の主要なターゲットとなったからだけではない。それ以上に重要なのは、映画の倫理をめぐって展開された新興カトリック勢力の文化闘争は、古典ギャング映画そのもののなかにも映し出されたという点である。

　そもそもギャング映画とは、貧困なイタリア系移民やアイルランド系移民が、こうした移民勢力の締め出しを間接的な目的としていた禁酒法を逆手に取って、経済力と影の政治力を獲得していく闘争のドラマにほかならないからだ。ギャング映画というジャンルの輪郭は、映画の内側で展開される新興勢力の階級闘争と、映画の外側で展開された新興勢力の文化闘争というふたつの闘争によって定義されたといってよいだろう。ジャンルとしてのギャング映画は、こうした闘争する勢力の調停の場にほかならない。

　1934年の自主検閲体制確立は、映画というメディアおよび大衆娯楽における道徳という二つの領域における主導権をめぐって、さまざまな勢力が争奪戦を繰り広げた末に、ある意味での領土分割が完了し、ひとつのシステムのなかで安定を見たことを意味する。ハリウッド映画産業がメジャー・スタジオによる寡占体制を確立したのと同じ時期に、ヘイズ／ブリーン・オフィスによる自主検閲システムが成立したのは、決し

---

[10]　Leff, p. 444.

て偶然ではない。そのいっぽうで検閲規定（プロダクション・コード）の適用と、映画制作の現場とのあいだの仲立ちを行ったジョゼフ・ブリーンは、「プロダクション・コード・ツァー（Production Code Czar)」と呼ばれ、帝王のような権力を持つようになるのである。このようにして古典ギャング映画は死に、文化産業としてのハリウッド映画が誕生するのである。

7. ギャングスターたちの残像

ヘイズ／ブリーン体制の成立とともに、古典ギャング映画は姿を消す。しかし、ギャング映画は単純に消え去るのみではない。ギャング映画は消え去るというよりは、むしろ巧妙に書き換えられていくのである。

ヘイズ／ブリーン体制確立直後に、古典ギャング映画の二大スターであるジェイムズ・キャグニーとエドワード・G・ロビンソンをそれぞれ主役として、『Gメン』（ウィリアム・キーリー監督、1935年）と『弾丸か投票か』（ウィリアム・キーリー監督、1936年）が制作される。この二つの映画はほとんど荒唐無稽といってよいようなかたちでプロダクション・コードを遵守する。つまり『Gメン』の場合はキャグニーをあっさりとギャングと戦うGメンの役に、『弾丸か投票か』の場合はロビンソンを刑事の役にすえてしまうのである。相変わらず都会の暗黒世界の闘争を描き、そしてギャング映画の二大スターに相変わらずのタフガイ・ヒーローを演じさせながら、単純に主役を体制側に書き換え、そして中産階級の正義感を表層のメッセージとして被せてしまうのである。これは古典ギャング映画の前口上に見られたレトリックをさらに徹底させ、プロットそのものまでも書き換えてしまったものと考えてよいだろう。

さらに興味深いのは、古典ギャング映画のプロットが書き換えられていくプロセスそのものを物語化してしまった、『汚れた顔の天使（Angels with Dirty Faces)』（マイケル・カーティーズ監督、1938年）である。

この映画では、キャグニーは再びアイルランド系のスラムに育ったタフなギャングスターを演じている。ところが

図5-9 ギャングスターとカトリック系神父の合意。『汚れた顔の天使』（1938年）より　写真　Warner Bros./Photofest/ユニフォトプレス

この映画の結末では、電気椅子による処刑を前にしたキャグニーの前に、幼馴染みのカトリックの神父が現れて意外なことを依頼する（図5-9）。このカトリック神父は、キャグニーに臆病者として死ぬことを求めるのである。彼の惨めな死に様を新聞記事で知ったスラム街の非行少年たちが改心して、神父に導かれて退出するところで、この映画は終る。ギャング映画のプロットは、カトリックの神父によって見事に（余りにも見事に）青少年教育映画に書き換えられることになる。

さらに第二次世界大戦後になると、古典ギャング映画よりはるかに過激な犯罪映画が登場する。『白熱』（ラオール・ウォルシュ監督、1949年）と『拳銃魔』（ジョゼフ・H・ルイス監督、1950年）はその例である。ヘイズ・オフィス体制下にありながら、なぜこうした映画が可能になったのかは興味深い問題である。明らかに読みとることのできる一つの戦略は、この二つの作品が主人公を精神異常者として括っていることである。1950年代の主流文化が、反体制的なイデオロギーを狂気と結

びつけて医学的に隔離しようとしたのを逆手に取るようにして、大衆文化の側は狂気を口実として主流文化の価値観に対抗するサブカルチャーをスクリーンに投影したと考えることができる。古典ギャング映画の前口上に見られた、体制側のイデオロギーを代弁しながら、それを反体制的なメッセージに屈折させるという戦略は、1950年代の犯罪映画に引き継がれている。

　テオドール・アドルノが「文化産業再考」で指摘したように、大衆文化は「大衆のなかから自然に発生する」文化なのではない[11]。大衆は自らを表象することも自ら独自の文化を生み出すこともない。「大衆文化」なるものが存在するとしたら、それは自らを表象する手段を持たない「大衆」が、それ以外のさまざまな勢力によって代弁されたあとに、その効果として発生する残像に過ぎない。

---

[11] Theodor Adorno, "Culture Industry Reconsidered," *New German Critique* 6 (Fall 1975): p. 12.

第 5 章 民衆の敵、最高の検閲官──古典ギャング映画の生と死 | **113**

学習課題

1．自分にとって関心のあるジャンルについて、それが他のどのような
　　ジャンルとの関わりを持ちながら発生したかを考察しなさい。文
　　学、音楽、コミックなど映画以外の分野におけるジャンルを取り上
　　げて構いません。
2．現代のネット社会において、暴力表現・性表現・誹謗中傷などをど
　　のように規制すべきか、あるいは規制すべきではないか、あなた自
　　身の考えを述べなさい。
3．2．であなたが提案した規制方法について、どのような批判や反論
　　がありうるか考えなさい。そしてあなたと同じ立場をとる人々とそ
　　れに反対する人々が、ネット社会で共存していくためにはどのよう
　　な調停方法があるかを論じなさい。

参考文献

加藤幹郎『映画　視線のポリティクス──古典的ハリウッド映画の戦い』筑摩書
　　房、1996 年。
オルテガ・イ・ガセット『大衆の反逆』佐々木孝訳、岩波文庫、2020 年。
Grant, Barry Keith. *Film Genre Reader IV*. University of Texas Press, 2012.

6 マシーン・エイジ・ダンシング
——バズビー・バークリーのミュージカル映画

宮本陽一郎

《目標＆ポイント》 「大衆文化」そしてとりわけハリウッドの際立った特質のひとつが現実逃避であるとするなら、演出家バズビー・バークリーによる1933〜1935年の4本のミュージカル映画は、その最たる例といえるだろう。大恐慌の傷跡も深い1933年、映画『1933年のゴールド・ディガーズ』の冒頭のナンバーは「ウィー・アー・イン・ザ・マニー」つまり「お金がざっくざっく」である。しかしこれほどあからさまな世忘れのエンターテインメントも決して単純に生まれたわけではない。

《キーワード》 バズビー・バークリー、ミュージカル映画、マシーン・エイジ、大衆操作

---

1. バズビー・バークリー

バズビー・バークリー（Busby Berkeley）の名は、とりわけ彼が1933年から1935年にかけてワーナー・ブラザーズ社で発表した、『四十二番街（42nd Street）』、『1933年のゴールド・ディガーズ（Gold Diggers of 1933）』、『フットライト・パレード（Footlight Parade）』、『デイムズ（Dames）』、『1935年のゴールド・ディガーズ（Gold Diggers of 1935）』などの古典的なミュージカル映画によって知られている[1]。このうちバズビー・バークリーが作品全体を監督しているのは『1935年のゴールド・ディガーズ』のみであり、それ以外の作品では彼

---

[1] 公開時の邦題はそれぞれ『四十二番街』『ゴールド・ディガーズ』『フットライト・パレード』『泥酔夢』『ゴールド・ディガーズ36年』であるが、本章では混乱を避けるため原題を直訳した表記を行う。

第6章　マシーン・エイジ・ダンシング——バズビー・バークリーのミュージカル映画　｜　**115**

はレヴュー・シーンの演出だけを担当しているに過ぎず、ハリウッドの
映画作家たちのなかにあって異例なスペシャリストと言える。バズ
ビー・バークリーの一連のミュージカル映画は、一方においてトーキー
映画第一号とされる『ジャズ・シンガー』以降、低迷状態にあった
ミュージカル映画を、一気にジャンルとして確立すると同時に、大恐慌
で不振にあえいでいたワーナー・ブラザーズ社を復興させる救世主的な
役割を果たした。

　バズビー・バークリーの映画は、もっぱら大恐慌の過酷な社会現実を
忘れるための最も馬鹿げた、現実逃避的な、それゆえに最もハリウッド
的なエンターテイメントとして、アメリカの大衆文化の記憶に深く刻み
込まれている。たとえば前章でも言及した『俺たちに明日はない』（1967
年）のなかで、主人公たちが映画館に入って、彼らを追いつめていく映
画館の外の現実を束の間のあいだ忘れて浮かれる場面があるが、この場
面で一瞬スクリーンに現れるのが、『1933年のゴールド・ディガーズ』
冒頭のあまりにも有名な「ウィー・アー・イン・ザ・マニー」というナ
ンバーである。いまでもラスヴェガスのカジノでジャック・ポットが出
たときに鳴る音楽の定番は「ウィー・アー・イン・ザ・マニー」である
という。

　しかしその一方においてバズビー・バークリーの特徴的な演出スタイ
ルは、フェルナン・レジェの『バレー・メカニック』のようなアヴァン
ガルド映画と比較されたり、あるいはレニ・リーフェンシュタールの
『意志の勝利』のようなプロパガンダ映画のキッチュな美学と結びつけ
る見解も示されてきた[2]。

　ハリウッドの最も脳天気でそれゆえに非政治的な娯楽の一典型が、ア
ヴァンガルドやナチスのプロパガンダといった、一見かけ離れた文化領
域と結びつけられてしまうという、ある意味では不可思議な現象を引き

---

[2]　Richard Striner, "Machine-Dance: An Intellectual Sidelight to Busby Berkeley's Career," *Journal of American Culture* 7 (1984): pp. 60-68.

起こすのは、ひと目でそれとわかる演出スタイルである。画面を埋め尽くしたコーラス・ガールたちの徹底的に規格化された身体が、機械的な精密さで幾何学模様を作り上げていくさまは、今日にあっては朝鮮民主主義人民共和国のマスゲームにかろうじてその形骸をとどめる身体美学

図6−1 『1933 年のゴールド・ディガーズ』（1933 年）

の、ほとんど偏執的な表れといえるだろう（図6−1）。

　バズビー・バークリーの作り出す空間はハリウッド的なリアリズムによって定式化された劇空間とはかけ離れた、スクリーンの外に指示対象をもたない抽象空間を作り出す。最もハリウッド的な娯楽を、同時に最も非ハリウッド的なものとしているのは、複数性と幾何学的な美への偏執とでも呼ぶべき美学である。

2．忘れられた男

　バズビー・バークリーのミュージカルを大衆に大恐慌という現実を忘れさせるための娯楽とみなすのなら、『1933 年のゴールド・ディガーズ』こそ、その最も典型的な例といえる。この映画の冒頭ではジンジャー・ロジャーズがレヴューの舞台に登場し、有名な「ウィー・アー・イン・ザ・マニー」を歌う。ジンジャー・ロジャーズは、カメラをまっすぐに見つめてあたかも大恐慌時代の観客に直接語りかけるかのように、大恐慌は終わり金が戻ってきたと次のように歌い始める（図6−2）。

憂鬱もさようなら
涙もさようなら
いいニュースを大声で教えてあげる
どっかに消えていたドルが戻ってきたのよ
……
お金がざっくざっく
お金がざっくざっく

図6-2 『1933年のゴールド・ディガーズ』（1933年）より

この救いがたい楽天主義に説得力を与えるのは、貨幣をかたどったプラカードだけを身につけたレヴュー・ガールたちの半裸の身体である（図6-3）。ハリウッドの生み出したありとあらゆる悪趣味のなかでもこれは突き抜けたものといえるだろう。
　しかし物語はそこでは終わ

図6-3 同上

らない。この崇高なまでに悪趣味な場面は、舞台装置を差し押さえに来た警官たちの乱入によって中断され、まさに登場人物たちが大恐慌の現実に引き戻されるところから物語は始まる。『1933年のゴールド・ディガーズ』はそれ自体として大恐慌の現実を忘れるためのエンターテイメントであるというよりは、むしろそうした年忘れ世忘れのエンターテイメントが作り上げられるまでの紆余曲折をめぐる物語なのである。

これに関して興味深い事実は、オリジナルのシナリオでは中断された「ウィー・アー・イン・ザ・マニー」のステージがめでたく実現されるところでフィナーレになるという型どおりの結末が用意されていたのに対し、実際に完成した映画では、それが失業者たちの悲哀を主題にした「忘れられた男」というナンバーに置き換えられているという点である[3]。もちろんこの「忘れられた男」というナンバーは、社会的な現実を見据えるリアリズムとはほど遠いものではあるが、忘れるべき社会的現実とそれを忘れるまでのプロセスの両方が、この映画のなかに痕跡をとどめている点は無視されるべきではない。

『1933年のゴールド・ディガーズ』のフィナーレに置かれた「忘れられた男」は、フーヴァー大統領からフランクリン・D・ローズヴェルト大統領への政権交代、ニューディールの誕生に決定的な役割を果たしたある歴史的事件、つまり前章でも言及した1932年のボーナス・マーチを直接の題材としている。この事件は、大恐慌で失業した退役軍人たちが、第一次世界大戦の補償金の繰り上げ支給を求めて「ボーナス・エクスペディショナリー・フォーシズ」（ボーナス・アーミー）という組織を結成し、そして1932年の5月と7月に首都ワシントンで一万人規模のデモを行ったものである。フーヴァー大統領はボーナス・アーミーを共産党の煽動による暴動と断定し、ダグラス・マッカーサー将軍の指揮する軍隊に鎮圧を命じる。「ワシントンの戦い」と呼ばれる7月28日の武力衝突で、ボーナス・アーミーのキャンプは完全に焼き払われ、2名の死者を含む多くの死傷者を出す。大恐慌の犠牲者として象徴的な存在となっていたボーナス・マーチを武力で鎮圧したことにより、フーヴァー大統領に対する国民の支持は一気に失われた。その結果としてこの年に行われた大統領選挙ではフランクリン・D・ローズヴェルトが地滑り的な勝利を収める。

---

[3] Arthur Hove, ed., *Gold Diggers of 1933* (Madison : U of Wisconsin P, 1980), p. 184.

第 6 章　マシーン・エイジ・ダンシング——バズビー・バークリーのミュージカル映画　｜　**119**

　ウォルター・W・ウォーターズが「われわれは貧しい、しかし数以外になんの力もないわれわれが集団として議会に陳情に行くことはできる」[4] といって組織したボーナス・マーチは、大衆がその数と集団性だけを頼りに自らを表現し、それが結果的に大きな政治的な力を持った例といえる。この大衆蜂起が、中西部の庶民的階級の出身である大統領の政権を終わらせ、そしてシオドア・ローズヴェルト大統領を輩出したエリート一族の血を引く大統領の四期に渡る政権を生み出したことは皮肉である。

　この政権交代を促したのは、政治的な実態をもった階級や組織である以上に、フランクリン・D・ローズヴェルトが選挙運動中に「忘れられた人々」と呼んだ名もなき人々の力だった。フランクリン・D・ローズヴェルトは、大統領選挙運動中に行った一般に「忘れられた人々」演説として知られている 1932 年 4 月 7 日の演説のなかで、「この不幸な時代にあっては、忘れられた人々、つまり組織を持たないがしかし社会にとって不可欠な経済的ユニットとなる人々のためのプランが必要である。それは……ボトム・アップのプランでなければならず、トップ・ダウンであってはならない。そしてもう一度経済のピラミッドの底辺をなす忘れられた人々に信頼を置くようなものにしなければならない」と述べている。

　とりわけこの退役軍人たちの運動に対する国民の共感を強めたのが、「1917 年に声援を受け、1932 年に嘲られ（"Cheered in' 17, Jeered in '32"）」というスローガンだった。これは退役軍人たちのマーチを、大恐慌によって国に裏切られたという感覚を持つ多くの大衆、つまり「忘れられた人々」にとっての象徴的な存在とした。

　『1933 年のゴールド・ディガーズ』のフィナーレは、この「1917 年に声援を受け、1932 年に嘲られ」というスローガンをそのまま物語化し

---

[4]　Walter W. Waters and William C. White, *B.E.F. : The Whole Story of the Bonus Army* (New York : Arno Press, 1969), p. 13.

て見せる。バズビー・バークリーの演出は、国に裏切られ浮浪者に転落した帰還兵士の悲哀から始まり、それを黒人女性の歌うブルースで増幅し、第一次世界大戦の戦場に声援に送られて旅立つ兵士たちの姿、戦場での体験、大恐慌の悲哀を回想し、そして最後には退役軍人たちの行進を彼の専売特許ともいうべき機械仕掛けの回転舞台で幾何学的な運動に抽象化し、さらには最後のショットでは、まるでタービンかあるいは歯車のような抽象的デザインに昇華する（図6-4）。

図6-4 『1933年のゴールド・ディガーズ』（1933年）より

　ボーナス・マーチというあまりにも生々しい前年の政治的な事件が、幾何学的機械的な模様にまで美学化されるとき、それが十分にこの年忘れ世忘れの映画のフィナーレになりうることを、この映画の制作者たちは見抜いていたのである。実際当時のジャーナリズムはこのフィナーレを誰もが共感しうる愛国的なものと評価している。「私の忘れられた彼氏を思い出して」という歌詞にもかかわらず、ボーナス・マーチはこの幾何学的機械的構図の美のなかで忘れられるのである。「ウィー・アー・イン・ザ・マニー」の忘却への願望は見事に結実する。

3. 忘却とテクノロジー

　しかし、なぜ『1933年のゴールド・ディガーズ』のフィナーレで、機械のイメージが立ち現れるのだろう。

第 6 章　マシーン・エイジ・ダンシング——バズビー・バークリーのミュージカル映画　｜　**121**

　忘却と機械——それは 1933 年に始まるフランクリン・D・ローズ
ヴェルト大統領のニューディール政策の根底にある論理だった。ローズ
ヴェルトは選挙運動中のキャンペーン・ソングとして「幸せな日々がま
たやってきた（Happy Days Are Here Again）」を選んでおり、その歌
詞は「ウィー・アー・イン・ザ・マニー」と共通した楽天的なトーンを
持っている。大恐慌の現実を忘れて幸せな日々を思い描こうというメッ
セージは、ローズヴェルト大統領の就任演説のなかのあまりにも有名な
一節「唯一恐るべきものがあるとすれば、それは恐怖だけである」への
伏線でもある。つまり恐慌の最大の原因は先行きへの不安や恐れであ
り、それを克服すること、それを忘れることこそが最も有効な経済復興
政策だという主張である。少なくとも 1932 年から 1933 年のアメリカに
あっては、現実を忘れるということは単なる逃避願望以上の政治的な意
味をもっていたのである。

　機械というイメージもまた、ローズヴェルト政権のニューディール制
作のなかで、重要な役割を果たしている。1932 年の大衆の蜂起を 1933
年に機械のイメージに昇華し、それが大恐慌以降の未来を象徴するとい
う美学は、実際にローズヴェルト政権が用いた政策のひとつである。
ローズヴェルトは大統領に就任すると多くのプランナーやエンジニアを
採用して「ニューディール」つまり過去の政治システムと決別した新し
い政治システムを印象づけ、さらに産業社会の未来を強く宣伝する「セ
ンチュリー・オブ・プログレス」博覧会を 1933 年に開催する。

　現在を「マシーン・エイジ」つまり機械の時代としてとらえ、それが
輝かしい未来を約束しているという考え方は、すでに 1920 年代から
あった。一例を挙げるなら、1927 年 5 月にニューヨークで、「マシー
ン・エイジ展（Machine-Age Exposition）」と題する展覧会が開催さ
れ、そのポスターを画家フェルナン・レジェが製作している（**図**

6-5)。ローズヴェルト政権は、「マシーン・エイジ」の美学を国民の先行きへの「恐怖」に対する解毒剤として、積極的に活用したのである。

「マシーン・エイジ」の思想を最も先鋭なかたちで体現し、ニューディール期のアメリカの政治に大きな影響を与えたのはテクノクラシーを求める運動であった。「マシーン・エイジ」の未だかつてない規模の生産力を前提とすれば、本来恐慌はありうべからざる状況であり、「エンジニア」が経済システムを調整して計画経済を導入すれば問題は解決するはずだとする考え方

図6-5 「マシーン・エイジ展」博覧会カタログの表紙
写真 ユニフォトプレス

は、広範な説得力を持った。当時の代表的な歴史家のひとりであるチャールズ・ビアード、そしてそもそも「ニューディール」という言葉の生みの親であった『ニュー・リパブリック』誌の編集長スチュアート・チェイスも、熱心なテクノクラシーの代弁者であった。ビアードは当時の各方面の論客を集めて、機械と科学の強力な影響力をまえにして現代文明の行方を占おうとする論文集『人類はいずこへ』(1928年)のエピローグで、機械によって促された現代社会の集団性が個人の尊厳を脅かしているとはいえ、「人間の自由と喜びを獲得する能力は全体としては封建時代のそれに比べて勝りこそすれ劣るものではない」と述べ、機械文明に対する悲観論を退ける[5]。

こうした運動の最も極端な推進者としてハワード・スコットを挙げることができる。ハワード・スコットは「テクノクラシー・インコーポ

---

[5] Charles A. Beard, ed., *Whither Mankind : A Panorama of Modern Civilization* (Longmans, Green & Co., 1928), p. 408.

第6章　マシーン・エイジ・ダンシング——バズビー・バークリーのミュージカル映画　│　**123**

レーテッド」なる政治組織をつくり、その機関誌『テクノクラシー』を
はじめとする多くの刊行物を出版し、挑発的なレトリックで経済革命を
要求する。スコットの最も大胆な主張は、もともと寡少な物資を分配す
るためのシステムであった金本位制度を廃止し、それに代わりエネル
ギー本位制を施行することであった。このシステムにあっては金券に代
わり「エネルギー券（Energy Certificates）」が国家の生産力の総計に
基づいて発行され、個人の生産力に従って分配される。この通貨は譲渡
が認められず、したがって金融システムは存在せず、金融資本家たちの
投機によって経済が停滞することはありえない。エンジニアたちの手で
統制された経済は、熱力学法則に従って理想的に機能する[6]。スコット
らはファシズムやソビエトの社会主義は否定する立場をとるものの、こ
うした改革は資本主義と自由主義経済を覆すことになり、全体主義への
傾斜を強める。

　機械、エンジニアリング、そして忘却は、ローズヴェルトのニュー
ディールを支えるイデオロギーということができる。ロイ・シェルダン
とエグモント・アレンズが 1932 年に発表した『コンシューマー・エン
ジニアリング——繁栄のための新たなテクニック』は、ある意味で
ニューディールの経済政策を先取りした著書といえるが、そのなかで次
のように述べられている。

　　……忘却が……この国の生活に満ち溢れている。毎日衣服や家具や自
　　動車や美容の最新ファッションが、1600 万人もの熱心な観客を前に
　　スクリーンに映し出される。新聞に喧伝され、雑誌の挿し絵となり、
　　ラジオで解説され、最新の流行と最新の機具が人々の生活のなかに
　　……怒涛のごとく流れ込む。これこそ現代アメリカのテンポと呼ぶべ
　　きものである。[7]

---

[6]　Howard Scott, *Technocracy* (Technocracy, Inc., 1933), pp. 15-21.
[7]　Roy Sheldon and Egmont Arens, *Consumer Engineering : A New Technique for Prosperity* (Harper and Brothers, 1932), p. 53.

そしてシェルダンとアレンは、「今日のビジネス界にあっては、忘却はポジティブな力として認識される」と述べ、こうした大規模な忘却をもたらす「コンシューマー・エンジニアリング」こそが「新たな繁栄」をもたらすと結論づけるのである。

4. マシーン・エイジ・ダンシング

このように、バズビー・バークリーのスタイルを特徴づける機械の美学は、1932年から1933年にかけて映画の外で展開した政治と無視することのできないかたちで連動していた。

こうした美学、つまりマシーン・エイジの美学の先駆的な形はイタリアの未来派の一連の宣言のなかに見ることができる。「幾何学的機械的輝きと数学的感性、1914年」と題するマニフェストのなかで、マリネッティは「幾何学的機械的」な新しい美がもたらすのは衛生学的な忘却であり希望と欲望であり、統制された力とスピード、光、秩序、規律、方法であると述べる。

新しい矛盾に満ちた感覚の混沌のなかから、いま新たな美が生まれ出た。われら未来派は古い美を捨てて代わりにこの新しい美を受け入れるだろう。それを私は幾何学的機械的な美と呼ぶ。
その不可欠の要素は、衛生学的忘却、希望、欲望、統制された力、スピード、光、意志の力、秩序、規律、方法である。大都市の感覚。筋肉とスポーツの崇拝から生まれる、攻撃的楽観主義。……電気と機械の情熱的模倣……。[8]

そして未来派の芸術家たちはそうした美学の萌芽をヴァラエティー・シアターに見出す。マリネッティは前年に発表した「ヴァラエティー・シ

---

[8]　F.T. Marinetti, "Geometric and Mechanical Splendour and the Numeric Sensibility 1914," *Futurist Manifestos*, ed. Umbero Appolino (Viking, 1970), p. 154.

アター、1913年」のなかでヴァラエティー・シアターを驚異と「身体的な狂熱」の空間に変えることを提案する。

> 未来派ハヴぁらえてぃー・しあたーヲ、驚愕ト記録破リト身体的ナ狂熱ノ劇場ニ変貌サセルコトヲ要求スル。[9]

こうした美学の導入は、大衆化し秩序を失いつつあるかに見える産業社会に、新たな全体性をもたらすための切り札として機能することになる。「衛生学的な忘却」と「統制された力」の探求は実際にこのあとイタリアに出現するファシズムやドイツのナチズムの政治の根幹をなすことになるし、アメリカにおいてはニューディールによる産業社会の再編を支えるイデオロギーを構成する。

バズビー・バークリーのミュージカルがニューディール時代のエンターテイメントと呼べるとすれば、それは単に歌えや踊れの脳天気な娯楽であるからではなく、ニューディールのイデオロギーを構成する美学を最も典型的に示しているからにほかならない。またバズビー・バークリーのスタイルのなかに執拗なまでに機械のイメージが表れ、そしてそれがときによってはアヴァンガルド芸術のようにも、またときにはナチスのプロパガンダ芸術のようにも見えるというのは決して偶然ではない。ヒットラーのお気に入りだったという『フットライト・パレード』のなかの「滝のほとりで」と題されたナンバーでは、レヴュー・ガールたちがベルトコンベアのイメージやタービン・エンジンのイメージを作り出す。完璧に統制された集団を指向する人間の身体は機械を模倣してやまない（**図6-6**）。

これほど精妙なレヴュー・シーンを作り上げるバズビー・バークリーが、コレオグラフィーに関しては専門的な訓練を全く受けておらず基本

---

[9]　F.T. Marinetti, "The Variety Theatre 1913," *Futurist Manifestos*, p. 126.

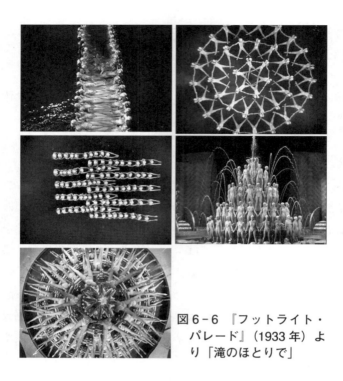

図6-6 『フットライト・パレード』(1933年) より「滝のほとりで」

的なステップに関する用語すら知らなかったというのは驚くに値する。彼の演出家としてのキャリアの出発点は、第一次大戦に従軍したさい軍隊の隊列行進を演出したことだった。彼は隊列行進の規律と精密さをレヴューに持ち込み、そしてそれをカメラという機械の眼により現実の舞台ではあり得ないようなスペクタクルとして提示することにおいてのみ、追従を許さないスペシャリストだったのである。バークリーは映画に転出したコレオグラファーというよりは、レヴュー映画のエンジニアだった。

5．大衆の身体

　バズビー・バークリーの演出するレヴュー場面のもたらす「身体的な狂熱」は、幾何学的機械的精密さと同時に、レヴュー・ガールたちの数である。バークリーは、すでにティラー・ガールズやロケット・ガールズのレヴューにおいて行われていた女性の身体の規格化をさらに徹底的に行う。そして、カメラという機械の眼だけが作りうる空間のなかで、規格化された身体は無限に増殖していく。レヴュー劇場の有限の空間には、ありえないような「数」が観客を圧倒するのである。『デイムズ』の予告編に用いられたキャッチ・コピーは観客にとってこの複数性がいかに陶酔的な美として受けとめられたかを端的に示している。

> ……いままでのどんな映画とも違う映画……『デイムズ』……かつてない数のスターが総出演……ジェイン・ブロンデル……ディック・パウエル……ルビー・キーラー……ザズ・ピッツ……ガイ・キービー……ヒュー・ハーバート……数え切れないほどの人気スター……デイムズ！……デイムズ！……デイムズ！……ジェイン・ブロンデルの歌う……「アイロン台の娘」……ルビー・キーラーの……最高の踊り……前代未聞のミュージカル・アンサンブル……コーラス・ガールのタペストリー……「君だけを見つめて」のナンバーでは……350人のルビー・キーラーのそっくりさんが……美女のトンネル……ほかにも6つの驚異のミュージカル・シーン……5つのヒット・ナンバー……デイムズ……ワーナー・ブラザーズの大ヒット・ミュージカル……

この予告編のコピーがひたすらアピールするのは数である。出演するスターの数を売物にすることは、ある意味でスター・システムの当然の帰

結であるが、『デイムズ』はそうした論理のひとつの究極の姿を示したものといえるだろう。とりわけ「君だけを見つめて」のナンバーでは、予告編の言葉を信ずるなら350人のコーラス・ガールが、主演のルビー・キーラーと同じ衣装と同じヘア・スタイルで画面をうめつくし、そして万華鏡を見るような幾何学図形を作り上げる。ある場面では、コーラス・ガールたちがいっせいにルビー・キーラーの顔がプリントされたプ

図6-7 『デイムズ』(1934年) より
写真　Warner Bros./Photofest/ユニフォトプレス

ラカードを掲げ、それが画面を埋めつくす（図6-7）。バズビー・バークリーの独特のコレオグラフィーを紹介した当時のある新聞記事は「ひとりのコーラス・ガールですんだところに16人のコーラス・ガールを」という見出しを掲げている。「君だけを見つめて」では16人がさらに350人にまで増殖するのである。

　ここできわめて興味深い逆説性に注目しなければならない。バズビー・バークリーの複数性への意志とでも呼ぶべきスタイルを最も誇大妄想的なかたちで喚起したナンバーの曲名が、「君だけを見つめて（I Only Have Eyes for You）」というまったく正反対のものであるという逆説である。この場面でディック・パウエルはルビー・キーラーに向かって、彼女が唯一無二の存在であることを歌い上げる。バークリーの映像は、ルビー・キーラーが「唯一無二」であることを視覚的に表現するために、彼女を350人に増殖させてしまうのである。

　単一性と複数性、あるいは個と全体性の逆説的な戯れは、バズビー・

第6章　マシーン・エイジ・ダンシング——バズビー・バークリーのミュージカル映画　｜　**129**

バークリーのコレオグラフィーの根幹をなす論理と言えるだろう。コーラス・ガールが織りなす幾何学図形を垂直に見下ろすバークリー独特のショットは、コーラス・ガールの数を誇示すると同時に、それを単一の抽象的な秩序のなかに収めるものである。こうしたショットは複数性と単一性という二律背反を、美学的な陶酔のなかで調停したものといえる。「君だけを見つめて」のナンバーで繰り広げられるバズビー・バークリーの創意はとどまるところを知らない。ルビー・キーラーが唯一無二の存在であることは、ルビー・キーラーを 350 人に増殖させることによって初めて確認しうるのである。また 350 人のコーラス・ガールの異様なまでに規格化された身体のアイデンティティーは、ルビー・キーラーというスターのイメージを崇拝することによって初めて意味をなすのである。こうした意味において、バズビー・バークリーの演出する夢の舞台は、現実逃避的な幻想の世界であると同時に、大衆社会が形成されていく政治的なプロセスを生々しく映し出している。

　ジョン・スタインベックの『怒りの葡萄』（1939 年）のなかに、次のような一節がある。

　　こうして一つの家族が泉のそばにキャンプを作ると、もう一つの家族が泉と仲間を求めてキャンプを作り、さらにその二つの家族が開拓し安全と判断したがゆえに第三の家族がやってくる。そして日が沈む頃には、おそらく二十の家族と二十台の車がそこに集まるはずだ。
　　夜になると不思議なことが起こる。二十の家族は一つの家族となり、こどもたちはすべての家族の子供となる。……一人の子供が病気になれば二十の家族を、百人の人々を嘆かせる。一つのテントでお産があれば、百人の人々が一晩じゅう息を潜め、朝赤ん坊が誕生すればその喜びを百人の人々が分かち合う。[10]

---

[10]　John Steinbeck, *The Grapes of Wrath*（1939 ; Modern Library, 1941）, p. 264.

単一性が複数性であり、複数性が単一性であることを執拗に繰り返し、かつその互換性によって力を表現するという言辞は、バズビー・バークリーの演出を支える論理とあまりにも見事に符合する。さらにナチス・ドイツにおいても、こうしたレトリックは大きな政治的効果を持ち、たとえば1934年のニュルンベルク党大会を閉幕するにあたって、副総統ルドルフ・ヘスは「党はヒットラーである！　しかしヒットラーはドイツであり、かつドイツはヒットラーである！」と絶叫する。これを「複数は単数である！　しかし単数は複数であり、かつ複数は単数である！」と意訳してもよいだろう。

　バズビー・バークリー、スタインベック、ルドルフ・ヘス——この三者の政治的な立脚点は、これ以上ないほどに隔たっている。そうした差異にも関わらず、複数性を単一性として、単一性を複数性として表象する論理は1930年代の文化のなかで共有されている。

6.　大衆のロゴ

　1932年のボーナス・マーチという凄惨な流血事件が、バークリーによって幾何学的な意匠に昇華されパロディー化されたのと同じ年に、スクリーンの外でもボーナス・マーチのパロディーが演じられたことは、比較的知られていない。1933年5月13日から17日にかけて、第2回ボーナス・アーミーが再びワシントンに集結する。ただしこれが前年のボーナス・マーチと決定的に異なるのは、「大会（Convention）」としてローズヴェルト大統領の公認が与えられていた点である。そればかりか政府は約3300名の参加者の交通の便をはかるために市内での交通費および帰路の交通費を全額支給し、ワシントン滞在中の野営地とテント、そして生活用品と食事まで提供している。フーヴァー大統領を震撼させた大衆蜂起は、わずか一年後に政府をスポンサーとして再現され、

第6章　マシーン・エイジ・ダンシング——バズビー・バークリーのミュージカル映画　　**131**

見事に危険性のない公的行事として回収されたのである。

　第1回のボーナス・アーミーと第2回のボーナス・アーミーの両方に
参加したヘンリー・O・マイゼルなるウィスコンシン州クリントンヴィ
ル在住の退役軍人は、その体験を一冊の小冊子『1933年第2回ボーナ
ス・アーミー ——オートバイ長距離旅行』としてしたため翌1934年に
私費出版しており、この本は米国議会図書館に所蔵されている[11]。この
奇書は、大恐慌からニューディールへの移行期を体験し、あるいはバズ
ビー・バークリーのミュージカルに熱狂したかも知れない大衆のなかの
ひとりの心に起こった変化が、痛々しいほどに雑然と記録されている。
大恐慌期の大衆蜂起とニューディールの大衆操作のあいだで、ボーナ
ス・アーミーが偶発的に獲得した力がなければ、この名もない退役軍人
の奇妙な雑然としたメモワールは書かれることすらなかっただろう。

　この本は旅行記の体裁を取り、二つのボーナス・マーチに参加した旅
とその前後に行った長距離オートバイ旅行、そして最後に1933年の
「センチュリー・オブ・プログレス」博覧会を見学にいった体験が、ほ
とんど無造作に並列されている。著者にとってこれら3つの体験は本質
的に同質のものとして受けとめられているかのようだ。巻末には第1回
ボーナス・アーミーの怒りに満ちた書類や挿し絵、著者の機械に対する
フェティシズム以外の何も意味しないオートバイのカタログ類が未整理
のまま雑然とコラージュされている。

　この著者のもうひとつの奇妙な情熱は、ロゴを作ることであった。マ
イゼルはたびたびボーナス・エクスペディショナリー・フォーシズのロ
ゴをデザインし、それを赤、青、白の三色刷りで公式にスタンプとして
発行することを試みるが「財源不足」により実現せず、かろうじて彼の
著書のタイトル・ページを飾ることになった。さらにその上下には「セ
ンチュリー・オブ・プログレス博覧会」のロゴと、ニューディールの一

---

[11]　Henry O. Meisel, *Second Bonus Army, 1933: Long Distance Motorcycle Tours*
　　（Showano, WI: Economy Printing Service, 1934）.

環であるNRA（National Recovery Administration、米国復興局）のロゴが並列されている。マイゼルはNRA当局にロゴの転載許可を申請しており、それを（装飾的な目的に用いてはならないという条件付きで）認める返信もまた『1933年第2回ボーナス・アーミー』にわざわざ収められており、彼の涙ぐましいまでのロゴに対する偏愛と献身の記録を留めている[12]。

このタイトル・ページは、図像学的な解読を促さずにはおかない（図6-8）。名もなき大衆のひとりであった著者の名は、三通りのロゴと「第2回ボーナス・アーミー」というタイトルから力を借りて、かろうじてこの表紙にアイデンティティーを主張している。ロゴを自作してまで集団としてのアイデンティティーのなかに身を投じようとする「忘れられた男」のなかのひとりの自己表象の願望が、ここに記録をとどめている。この人物にとっては、「ボーナス・アーミー」という反抗的な疑似軍隊組織に帰属することと、「マシーン・エイジ」の輝かしい未来を礼賛する博覧会を見学することが、等しく重要な意味を持つ。そして、流血の惨事となった第1回ボーナス・マーチに参加したことと、政府丸抱えの平穏な第2回ボーナス・マーチに参加したこととが、同一平面に記録をとどめるのである。

図6-8　ヘンリー・O・マイゼル『1933年第2回ボーナス・アーミー――オートバイ長距離旅行』（1934年）のタイトル・ページ

---

[12] Meisel, p. 40.

第6章　マシーン・エイジ・ダンシング──バズビー・バークリーのミュージカル映画　｜　**133**

　ヘンリー・O・マイゼルの『1933年第2回ボーナス・アーミー』の
なかで、名もなき著者のアイデンティティーは、ボーナス・アーミーに
おける大衆蜂起の記憶と、そしてロゴとオートバイによってかろうじて
可視化され、そして見事なまでにフランクリン・D・ローズヴェルト政
権の大衆政治に取り込まれていく。それはバズビー・バークリーがボー
ナス・マーチを、機械と幾何学的意匠の身体的狂熱に高め、ニュー
ディール的忘却のエンターテイメントを完成していったプロセスを見事
に反復するものといえるだろう。そう考えるなら、バークリーの創意に
満ちた演出が未曽有の高みに達する『フットライト・パレード』（1933
年）のフィナーレで、一糸乱れぬ隊列行進をする海兵隊の兵士たちが、
国旗のイメージと大統領のイメージを作り、それに続いて一瞬マイゼル
の愛してやまなかったNRAのロゴを、スクリーンのうえに形作るの
は、あながち偶然とばかりは言えず、感動的ですらある（**図6-9**）。

　たしかに、バズビー・バークリーの画面を彩る幾何学的意匠は、大恐
慌の悲惨な現実と政府による大衆操作をともに忘れさせる、現実逃避的
なエンターテインメントであった。しかしそれは同時に、そのような時
代を生きた名もなき人々の、集団的なアイデンティティーを求めてやま
ない心性を見事に映し出す表象でもあった。

図6-9 『フットライト・パレード』(1933年) より

学習課題

1．今日の私たちが、マスゲームや隊列行進に違和感や拒否感を感じる
　のはなぜでしょう。またそのような心変わりがいつ、なぜ起こった
　のか論じなさい。
2．本章で論じた 1930 年代の機械のイメージと、今日の機械のイメー
　ジとを比較し、その違いを論じなさい。
3．第 5 章で論じた古典ギャング映画と、本章で論じたバズビー・バー
　クリーのミュージカル映画は、ほぼ同時期にもっぱら同じ映画会社
　（ワーナー・ブラザーズ）によって制作されている。この二つの
　ジャンルのあいだの相関性について論じなさい。

参考文献

加藤幹郎『映画ジャンル論——ハリウッド映画史の多様なる芸術主義』文遊社、
　2016 年。
ポーラ美術館監修『モダン・タイムス・イン・パリ 1925——機械時代のアートと
　デザイン』青幻舎、2024 年。
Rubin, Martin. *Showstoppers : Busby Berkeley and the Tradition of Spectacle*. University of Columbia Press, 1993.

7 | リックのカフェにて
──亡命者たちのハリウッド

宮本陽一郎

《目標＆ポイント》 ジョン・フォード、フランク・キャプラ、ウィリアム・ワイラーといったアメリカ映画を代表する監督たちが、移民ないし移民2世であることは、アメリカ合衆国が「移民の国」であることを考えれば、不思議はない。しかしナチスの台頭する1930年代に、ハリウッドに亡命した映画人たちは、ハリウッド映画に独自の特質を与えることになる。本章ではハリウッドの「アメリカ」的な文化が、同時に多国籍的な文化であることを明らかにする。
《キーワード》 亡命映画人、トランスナショナル、アメリカーナ

1. 「みんながリックの店にやってくる」

　本章で主に取り上げるのは、アメリカ映画のクラシック『カサブランカ（Casablanca）』である。この作品をハリウッド映画のクラシックと呼ぶ理由は、この作品にはハリウッド映画の「ハリウッドらしさ」と私たちが感じる何かが、あるいは私たちがハリウッド映画に対して抱くノスタルジアが、そこに凝縮されているからである。

　そうしたこの作品の特別な魅力は、この映画が生み出した翻案やパロディーの多さに見てとることができるだろう。マルクス兄弟主演の『マルクス捕物帖　カサブランカの一夜』、ウディ・アレン主演の『ボギー！俺も男だ』のようなパロディー・コメディーが成り立つのも、映画ファ

ンの記憶のなかに、『カサブランカ』がいかに広く深く埋め込まれているかを物語っている。日本でもこの映画は翻案され石原裕次郎主演のアクション映画『夜霧よ今夜も有難う』を生み出し、さらにその映画のオマージュとして三谷幸喜監督の『ザ・マジックアワー』を生み出している。

　ノスタルジアの思い描く過去は、過去の実像であるとは限らない。それはしばしば脚色された過去のイメージであったり、あるいは過去の虚像であったりする。

　『カサブランカ』がアメリカ映画の過去へのノスタルジアを喚起するのは、ある意味では不思議なことである。この映画の舞台はアメリカではなく、モロッコのカサブランカである。そして後述する通り、この映画を作り出したスタッフや出演した俳優たちの多くは、移民あるいは亡命者としてヨーロッパからハリウッドに渡ってきた人々である。いわゆるネイティヴではない人々が、この最もアメリカ的なアメリカ映画を生み出したのである。これはアメリカ映画そしてハリウッド映画を理解するうえで、ぜひ注目しておきたい点である。

　『カサブランカ』の物語の主な舞台となるのは、アメリカ人リック・ブレインが経営する「リックのカフェ・アメリケン（Rick's Café Americain）」と呼ばれる店である。ここには第二次世界大戦の戦火を逃れてヨーロッパからアメリカに亡命しようとする人たちや、そうした人々を取り締まろうとする人々が集まり、多国籍的な空間を作っている。『カサブランカ』の原作戯曲のタイトル「みんながリックの店にやってくる（Everybody Comes to Rick's）」が物語るように、さまざまな国籍の人々がこの店に惹き寄せられたり、あるいはこの店に唯一の逃げ場所を見出すのである。このような多国籍空間は、『カサブランカ』のみならず、戦中期そして戦後期のさまざまな映画に共有されるものである。そ

れはヨーロッパからの移民や亡命映画人たちによって形作られたハリウッドの姿をも映し出していることを、本章で明らかにする。

2. 1942年のハリウッド

この最もハリウッド的なハリウッド映画は、戦火の中で生まれた映画であり、戦火の中でこそ生まれた映画である。『カサブランカ』の原作となる戯曲がワーナー・ブラザーズ社に到着したのは真珠湾攻撃の翌日、1941年12月8日のことである。すでにハリウッドは戦争に大きく関わっていた。『我等の生涯の最良の年』の監督ウィリアム・ワイラーや『素晴らしき哉、人生！』の監督フランク・キャプラは、プロパガンダ映画を監督するために、すでにハリウッドを離れていた。

ハリウッドの映画スタジオには、すでに戦時経済体制の影響が押し寄せていた。ワーナー・ブラザーズの社長であるジャック・ワーナーは、社内紙で釘の節約を呼びかけ、「釘がなければセットは作れない。セットがなければ映画を作るのはほとんど不可能だ」と悲痛な声をあげていたほどである。

さらにこの映画が制作されているさなかの1942年2月25日には、「ロサンジェルスの戦い」という奇妙な事件により、ハリウッドに近いロサンジェルスの街は実際に砲火のもとにおかれることになる。日本軍の空襲が始まったと誤解したアメリカ陸軍が、大規模な対空砲火を行い、ロサンジェルスの街がパニックに陥ったという、ある意味では奇妙な出来事である。

1942年のハリウッドは、私たちが想像する以上に、戦争と関わっていたばかりか、文字通り戦火のなかにあったことになる。ワーナー・ブラザーズ社の社長であるジャック・ワーナーは、フランクリン・D・ローズヴェルト大統領のニューディール政策の熱烈な支持者で、アメリ

カのヨーロッパ戦線への参戦を強く支持する姿勢を明らかにしていた。

　戦時の愛国主義は、『カサブランカ』の主題でもある。この映画の原作となった、マレイ・バーネットとジョアン・アリソンの戯曲「みんながリックの店にやってくる」は、ナチスによるフランス侵略直後のカサブランカを舞台にしている。戦火とそしてナチスの迫害を逃れるためにアメリカに亡命しようと、モロッコの町カサブランカに集まった人々が主な登場人物となる。

　これは映画のなかだけで完結する物語ではない。後述するように、この映画を作った人々の多くも、またナチスの台頭するヨーロッパを逃れてアメリカにやってきた人々である。原作戯曲のタイトル「みんながリックの店にやってくる」を「みんながアメリカのハリウッドにやってくる」と読み替えてみたくなるような状況が、そこにはあった。そしてそうしたヨーロッパからの亡命映画人たちが、『カサブランカ』という、最もハリウッド的なハリウッド映画を作ったのである。

3. タフガイと人民戦線

　20 世紀前半の文化——モダニズムの文化——は、大西洋にまたがる人の移動によって醸成された文化ということができる。1920 年代から30 年代にはルイ・アームストロングやジョゼフィン・ベーカーのようなジャズを体現するアフリカ系アメリカ人のアーティストがヨーロッパにわたり、とりわけパリを拠点として、モダンな文化を開花させる。またこうしたニューヨークからパリへという文化のホットラインは、ニューヨークのハーレムにおけるいわゆる「ハーレム・ルネッサンス」を開花させる契機にもなる。『カサブランカ』のなかで忘れ難い「時の流れるままに」の弾き語りを聞かせる黒人ミュージシャンのサムは、そのようなモダンな文化のネットワークのなかでパリに渡ったジャズメン

のひとりであることを伺わせる。そして期を同じくして、アーネスト・ヘミングウェイ、F・スコット・フィッツジェラルド、ジョン・ドス・パソスといったアメリカの作家たちがパリに「亡命」してモダニズム文化の先端に触れ、そして帰国後に「ロスト・ジェネレーション」の文学を発表する。それがアメリカ文学におけるモダニズムの幕開けとなる。モダニズムは環大西洋の文化であった。

　ロスト・ジェネレーションの作家たちは、このように大西洋を往還するなかで、左翼思想に遭遇する。そして1935年の第7回コミンテルン大会で超国家的な反ファシズム人民戦線が呼びかけられると、ヘミングウェイ、ドス・パソスをはじめとするアメリカの作家たちがこれに応えた。ヘミングウェイはスペインに渡り、銃をとって1936年に始まるスペイン戦争に参加し、フランコ派と戦っている。

『カサブランカ』の主人公リックは、過去のことを語らない登場人物として造型されているが、次のようなやり取りのなかで、実は人民戦線と関わりをもった人物であったことが示唆される。

　ルノー警部：それはなあ、リッキー君、君はシニカルな人間を気取っているが、実はセンチメンタルな人間だって、ぼくにはわかってるんだよ。笑いたければ笑うがいい。だが君の前歴はしっかりつかんでいるんだ。二つだけ指摘させてもらおう。君は1935年にエチオピアに銃を売り流している。そして1936年、君はスペインで王党派といっしょに戦っているな。
　リック：どちらでも、きっちり金をもらっているがね。
　ルノー警部：勝った側は、もっとたくさん君に金をくれただろうね。

王党派（Loyalist）は、フランコの独裁政治に反対した人民戦線側の勢

力である。リックは、第二次世界大戦の前哨戦とも言える1935年の第二次エチオピア戦争と1936年のスペイン戦争というふたつの戦争で、人民戦線側について戦っていたのである。

これは決して偶然ではない。『カサブランカ』の脚本を担当したジュリアス・エプスタインとフィリップ・エプスタインの兄弟、そしてハワード・コッチは、いずれもそのような左翼映画人のなかに入る人たちであり、三人とも大戦後のマッカーシイズム（赤狩り）のなかで、調査対象となっている。とくにハーワード・コッチは、ブラックリストに名前を挙げられ、1950年代にはハリウッドで映画を作ることができなくなり、逆にハリウッドからヨーロッパに逃れている。

意外といえば意外なことだが、アメリカのタフガイ小説・タフガイ映画の誕生には、実はこうした左翼の作家・映画人が大きく貢献している。第5章で論じたように、古典ギャング映画のシナリオを執筆した人々のなかにも、共産党員や左翼に近い人々が数多く含まれる。タフガイ小説はプロレタリア小説と隣接関係にあると言うことができる。たとえば、ヘミングウェイの『持つと持たざると（To Have and Have Not)』が文芸批評家たちによってプロレタリア小説として論じられると同時に、ハリウッドではハワード・ホークス監督、ハンフリー・ボガート主演のタフガイ映画『脱出（To Have and Have Not)』として映画化されているのも、ゆえなきことではない。『犯罪王リコ』に主演したエドワード・G・ロビンソンは赤狩り時代に共産党員であったという嫌疑をかけられているし、ハンフリー・ボガートは非米活動委員会を批判する立場を表明している。ロビンソンもボガートも共産主義者であったという事実はないが、しかし左寄りの政治意識を持つ陣営にあったということができる。

タフガイとはどのような男のことか——そのイメージが確立した決定

的な瞬間を求めるとすれば、それは作家ダシール・ハメットが 1930 年に発表した小説『マルタの鷹』に遡ることになるだろう。ダシール・ハメットは、赤狩りの時代もそれ以降も、共産主義者としての立場をいっさい変えなかった、いわば筋金入りの左翼作家である。非米活動委員会に召喚された際も、完全な証言拒否を貫き、法廷侮辱罪で有罪判決を受けて 11 ヶ月服役している。

代表作『マルタの鷹』は、「マルタの鷹」と呼ばれる財宝をめぐって、欲望や裏切りそして退廃が渦巻く社会のなかにあって、ただひとりそれに惑わされずに、自分だけのルールを守って生きるタフな探偵サム・スペードを描いている。どのくらいタフか——この小説のエンディングで、サム・スペードは、密かに愛し始めていた女性ブリジッド・オーショーネシーが自分を裏切って、しかも彼の相棒を殺していたことを知る。このようなシチュエーションでタフガイはどのような決断を下すか。

　スペードの顔色は、黄ばんだ白に変わっていた。彼の口は微笑んでいるようで、ぎらぎらとした目のまわりにも微笑んだ皺が浮かんでいた。声は優しく静かだった。彼は言った。「俺は君を警察に渡す。運がよけりゃ終身刑ですむさ。そうすりゃ 20 年で出て来られるかもしれない。君は天使だ。待っていてやるよ。」彼は咳払いをした。「もし絞首刑になっちまったら、いつも君のことを思い出すさ。……　俺は誰のカモにもならないんだ。」[1]

この一節は、タフガイのタフネスの究極の定義と言ってもよいだろう。たとえ自分の恋人であっても、掟を破った以上死刑台に送ってやる。しかもそれは感情が全くない冷酷な人間であるからではなく、ブリジッド

---

[1]　Dashiell Hammett, *The Maltese Falcon* (Vintage, 1984), p. 141.

のことを20年でも待ってやるというほど熱い思いも秘めているのである。

うえに引用した『カサブランカ』の一場面で、ルノー警部がリックに向かって、「君はシニカルな人間をきどっているが、実はセンチメンタルな人間だ」と言っていたが、これはタフガイの組成式のようなものを言い当てている。シニカルであると同時にセンチメンタルであり、タフであると同時にスイートでもある——それがタフガイである。そしてこの小説は、ハンフリー・ボガート主演で1941年に映画化され、映画『マルタの鷹』によって、ハンフリー・ボガートのスター・イメージを決定的なものとなる（図7-1）。

図7-1　ハンフリー・ボガート主演の『マルタの鷹』（1941年）　写真　ユニフォトプレス

サム・スペードからリックへ——そのつながりは、『カサブランカ』のなかのもうひとつの名台詞にしっかりと痕跡をとどめている。リックは、警察に追われて逃亡しようとする悪友ウガーテに助けを求められるが、それをあっさり見捨ててしまう。サム・スペードの「俺は誰のカモにもならない（I won't play the sap for you）」をほとんどそのまま引用するかのように、リックは「俺は誰の犠牲にもならないんだ（I stick my neck out for nobody）」と口走り、悪友ウガーテを警察に渡してしまい、翌朝にはウガーテは獄中で謎の死を遂げる。サム・スペードが探偵稼業の掟を決して曲げなかったように、リックはバーの経営者としてのプロフェッショナリズムを貫き、決して情に流されない。

この場面と興味ぶかい対照をなすのが、『カサブランカ』の感動的なエンディングである。悪友ウガーテを見殺しにして自分の店を守ったリックが、彼の店を捨ててまで恋人イルザと彼女の夫であるレジスタンスの闘士ラズロを救うのである。「俺は誰の犠牲にもならないんだ」という信条を放棄したかのようである。しかしイルザへの思いを捨ててまで、反ナチスの立場を貫いたという意味においては、それでもやはりタフなのである。

4. リックのカフェ・アメリカン——亡命者たちのハリウッド

　しかしこの映画の魅力は、センチメンタルなタフガイとしてのリックだけにあるわけではない。さまざまな国から逃れてきた亡命者たちが織りなす、「リックのカフェ・アメリカン」という、自由への憧れと退廃とが渦巻く多国籍的な空間が、この映画の独特の魅力になっているといってもよい。これはダシール・ハメットのタフガイ小説や、古典ギャング映画にはなかった空間である。

　そして、それはこの時期のハリウッドの縮図でもある。この映画を監督したMichael Curtizは、日本では「マイケル・カーチス」と表記されるが、アメリカでは「マイケル・カーティーズ」と発音される（図7-2）。ささいなこ

図7-2　ハンガリー出身の映画監督マイケル・カーティーズ（1886-1962）　写真　ユニフォトプレス

とのようでもあるが、この監督の姓が、Curtis ではなく Curtiz であり、それゆえにアングロサクソン風の「カーチス」ではなく「カーティーズ」と発音されることは、この時代のハリウッドを理解するうえで、それなりの意味を持つ。

マイケル・カーティーズもまたヨーロッパから逃れてハリウッドに亡命してきた映画人のなかのひとりである。アメリカに移住する前のハンガリーでの名前は「ケルテス・ミーハイ」である。ケルテス・ミーハイはハンガリーで45本の映画を監督し、ハンガリー映画を代表する映画監督であったが、1919年の政変のなかで国外に脱出する道を選び、そして1927年からアメリカで映画を制作するようになった。

当然のことながら、カーティーズは英語の「ネイティヴ・スピーカー」ではない。カーティーズがスタジオで発する不可解な英語は、"Curtizism" と呼ばれ、ハリウッドの伝説として語り継がれるようになった。たとえば、画面に人の乗っていない馬を登場させろと指示しようとして、カーティーズは "Bring on the empty horses !" と号令したという。俳優デイヴィッド・ニヴンは、この "Curtizism" を自らのメモワールのタイトルとしている。

『カサブランカ』が制作された頃のハリウッドのスタジオには、「ハンガリー人なら誰でも監督になれるわけはない」という落書きがあったという伝説が残るほどにハンガリー出身の映画監督は、ハリウッドに数多くいたとされる[2]。

ハリウッドにヨーロッパからの亡命者が多いことはいまさら言うまでもないことだが、そのようなハリウッドのなかにあっても、『カサブランカ』の多国籍性は際立ったものがある。プロダクションメモには、34カ国の出身者が主要な登場人物を演じている（Thirty-four nationalities are represented among the cast of principals.）とある。これはハリ

---

[2]　Alan K. Rode, *Michael Curtiz : A Life in Film* (U of Kentucky P, 2017), prologue, Kindle.

ウッドにあっても特異な出来事と言ってよいだろう。

　34カ国からの出演者たちのなかには、この映画の登場人物と同じように、ナチスの迫害から逃れてきた人々、ハリウッドにやってきて間もない人たちが含まれていた。

　そのことを意識したうえでこの映画を観ると、ドラマの背後にもうひとつのドラマが

図7-3 『カサブランカ』より、マデリーン・ルボーとハンス・ハインリッヒ・フォン・トヴァルドフスキー

展開し絡み合うかのように見えてくる。その例として、リックに擦り寄ったものの冷たくされたフランス人女性イヴォンヌが、腹いせにナチスの将校とカフェにやってくる場面に注目してみたい（図7-3）。映画のストーリー全体のなかでは、それほど重要な場面とは言えない。イヴォンヌを演じているのはマデリーン・ルボーという女優である。マデリーン・ルボーは、この映画のイルザと同じように、ナチス侵攻前夜にフランスを脱出し、そして1941年にハリウッドにデビューしており、『カサブランカ』がハリウッドでの出演第三作となる。

　マデリーン・ルボーがフランスを脱出した最大の理由は、夫マルセル・ダリオがユダヤ系であったからにほかならない。マルセル・ダリオは、いうまでもなく第2次世界大戦前のフランス映画を代表する名優である。ジャン・ルノワール監督の『大いなる幻影』（1937年）における、ユダヤ人の将校ローゼンタール役でのダリオの演技は、フランス時代の代表作である。

　そしてマルセル・ダリオ自身もこの映画に出演して、脇役ながら味わ

いある演技を見せている。リックのカジノを仕切っているエミールという人物である。エミールはリックがアメリカに脱出しようとしている若夫婦を助ける場面で、重要な役割を果たすわけだが、それを演じているダリオ自身がフランスから脱出した亡命者である。あながち偶然とは思えないほどに、登場人物のアイデンティティーとそれを演じた俳優のアイデンティティーとのあいだに、乖離ないし屈折が見られる。

　一層屈折しているのは、この場面でナチスの将校を演じていた俳優までが、亡命俳優であるという点である。ナチスの将校を演じていたのはハンス・ハインリッヒ・フォン・トヴァルドフスキー（Hans Heinrich von Twardowski）である。トヴァルドフスキーはドイツ生まれの俳優で、サイレント映画時代の名作『カリガリ博士』（1920年）で映画デビューしている。

　トヴァルドフスキーは、同性愛者であったので、ナチスの迫害を受けることを予期して、ナチスの政権奪取の直前にアメリカに脱出している。トヴァルドフスキーは、ハリウッドでは当初キャリアには恵まれなかったが、皮肉にも第二次世界大戦が始まると、ナチス批判のプロパガンダ的映画のなかで、ナチスの将校を演じて名声を得るようになった。

　とりわけフリッツ・ラング監督の『死刑執行人もまた死す』（1943年）のなかでのトヴァルドフスキーの演技は、特筆に値する（図7-4）。「死刑執行人」と渾名された

図7-4　『死刑執行人もまた死す』でナチスを演じるハンス・ハインリッヒ・フォン・トヴァルドフスキー

ナチの司令官ラインハルト・ハイドリヒを演じた、その鬼気迫る演技は、実に身の毛のよだつばかりである。亡命者が迫害者を演じるという反転あるいは倒錯が、この凄まじい演技を生み出したのかもしれない。『死刑執行人もまた死す』は、ナチスの非人間性を最も極端に表象した作品と言えるだろう。今日の私たちの目にはナチス将校のステレオタイプ化のように見える演技は、しかしながら既成のステレオタイプのコピーというよりは、むしろステレオタイプの原像と言うべきである。そしてこの映画で冷酷なナチス将校たちを過剰なまでに演じている俳優たちが、いずれもナチスによってドイツを追われた俳優たちであることは注目に値する。それはトヴァルドフスキーだけではない。ゲシュタポの捜査官を演じているアレクサンダー・グラナッハも、ゲシュタポの副署長を演じているラインホルト・シュンツェルも、ナチスの迫害を受けてアメリカに亡命したユダヤ系ドイツ人である。そして監督であるフリッツ・ラングも、またユダヤ系の血を引き、ナチス政権下のドイツを捨ててアメリカに亡命した映画人である。

　亡命者が迫害者を、被害者が加害者を演じるという転倒した世界がそこにある。そのアイロニーという点では、『カサブランカ』のなかの悪役シュトラッサー少佐にもぜひ触れておく必要があるだろう。シュトラッサー少佐を演じているのは、ドイツの名優コンラート・ファイトである。コンラート・ファイトも先ほど触れた『カリガリ博士』に出演し、主要登場人物のひとりである、残忍な眠り男チェザーレを演じ、映画史上に名前を残している。

　ただしコンラート・ファイトがハリウッドにやってきた理由は、トヴァルドフスキーやグラナッハやシュンツェルとは異なる。ファイトはユダヤ系の女性と結婚したことから、強烈な反ナチス運動家となる。そのようなファイトが、この映画でナチスの将校を演じているというの

は、皮肉としか言いようがない（図7-5）。

ファイトの演じるシュトラッサー少佐が、凄まじい存在感を見せるのが、リックのカフェでドイツとフランスの歌合戦が繰り広げられる場面である（図7-6）。ここではさらに一層皮肉な転倒が起こっている。

この場面でフランス国家「ラ・マルセイエーズ」の大合唱の指揮をとっているラズロを演じているポール・ヘンリードは、実はフランス人でもチェコ人でもない。ポール・ヘンリードは、オーストリア＝ハンガリー帝国に生まれたユダヤ系の俳優である。ヘンリードは1930年代には反ナチスの立場を明確にして、ナチスの迫害を受けアメリカに亡命を余儀なくされている。

図7-5　コンラート・ファイトの演じるシュトラッサー少佐

図7-6　ラズロを演じるポール・ヘンリード

そしてヘンリードのアメリカ亡命を手助けしたのが、なんとコンラート・ファイトだったのである。いわばラズロの脱出を手引きしたリックの役割を、シュトラッサー少佐を演じたコンラート・ファイトが果たしていたことになる。眩暈がするほどの錯綜ぶりである。

「ラ・マルセイエーズ」の場面は、『カサブランカ』のなかで、最も感動的で、また最もプロパガンダ的な場面である。今日から見るなら見え透いたプロパガンダとさえ言える。ナチスは悪人として振る舞っているがゆえに悪であり、フランス人は正義であるがゆえに正義の味方として演じられている。この映画のなかでレジスタンスの闘士ラズロの見せる最も英雄的な行為が、「ラ・マルセイエーズ」の指揮をしたことであるというのも、驚くべき底の浅さである。しかし表面的には底の浅いプロパガンダ的なドラマの背後に、もっと複雑なドラマが隠されていたことは見逃されるべきではない。

この映画の持つ多国籍的な性格は、単に34カ国の出身者が出演しているということだけからくるものではない。亡命者が迫害者を演じ、オーストリア人がフランス国家を歌い、反ナチス運動家がナチスの将校を演じ、イギリス人がフランス人を演じ、そしてハンガリー人がアメリカ映画を演出し——という、いわばなんでもありの世界がリックのカフェであり、そしてハリウッドであったということになるだろう。国籍や人種的アイデンティティーをめぐって第二次世界大戦が戦われていたことを思うなら、戦時のハリウッドはまったく別次元の、無国籍的な世界の可能性を映し出すものであったと言える。ハリウッド映画はジャズと並び、ナチスの人種差別主義に見られるようなアイデンティティーをめぐる政治に対峙する、対抗文化であったとさえ言える。

5. ヨーロッパ映画からアメリカ映画へ

以上のように、『カサブランカ』という最もハリウッドらしいアメリカ映画は、ナチスが台頭するなかで、多くの映画人が大西洋をわたり、そしてアメリカ大陸を横断し、西海岸のハリウッドにたどり着くという、映画人たちの大移動のなかでこそ生まれえた作品と言える。

したがってヨーロッパ映画の影響はさまざまな形で、痕跡をとどめている。そもそもこの映画の着想は、フランス映画の名作『望郷（Pépé le Moko)』（1937年）にたどることができる。世界中で大ヒットしたジャン・ギャバン主演のフランス映画『望郷』をハリウッドでリメイクしたと言ってそれほど言い過ぎにはならない作品が『カスバの恋（Algiers)』（1938年）である。そして『カスバの恋』の成功を受けて『カサブランカ』が企画される。いわばヨーロッパ映画をハリウッドでカバーしたような作品群があったのである。

この映画のヨーロッパ的なあじわいを決定的なものとしたのが、イルザ役にイングリッド・バーグマンを起用したことだった。スウェーデンからハリウッドに渡ってきて間もない、まだ英語の台詞もままならない、まだハリウッド女優になりきっていないバーグマンを敢えて起用したことが、『カサブランカ』の多国籍的な世界に花を添えたと言えるだろう。

イングリッド・バーグマンのただならない美しさを際立たせているのが、マイケル・カーティーズの演出、とりわけその照明の使い方である。ヨーロッパの映画人たちが持ち込んだ照明技術が、この映画では独自の進化を見せている。ハリウッド映画の照明の基本は、（図7-7）に示したような三点照明である。俳優とカメラを結ぶ線からおよそ45度の角度で、キー・ライトという照明が当てられ、これが主要な光源とな

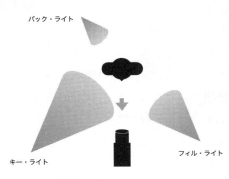

図7-7　三点照明

る。さらにこれを補うフィル・ライトが、反対側の45度の角度から俳優に向けられる。そして俳優の背後に、バック・ライトが置かれて背景を浮かび上がらせるという仕組みである。カーティーズはこの三点照明というスタイルの表現可能性を徹底的に追求し、登場人物としてはいささか説得力に欠けるイルザの現実離れした純真さに、映像のうえでの説得力を与えている（図7-8）。

図7-8　イングリッド・バーグマンのクロース・アップ

そのいっぽうでローキー・ライティング（low-key lighting）と呼ばれる照明方法も、『カサブランカ』のなかで、きわめて効果的に用いられている。ローキー・ライ

図7-9　ハンフリー・ボガートのクロース・アップ

ティングとは、全体の照明を落として、かつ敢えて三点照明のバランスを崩すことによって、状況の複雑さ、登場人物の心理の複雑さを浮かび上がらせる手法である。イルザと再会し心乱れるリックの表情を捉えたショットなどは、その一例と言えるだろう（図7-9）。

ローキー・ライティングは、その源流を辿れば、『カリガリ博士』をはじめとするドイツの表現主義映画に行き着くことになる。ドイツ表現

主義のスタイルが、ヨーロッパから亡命してきた映画人たちの手で独自の進化を遂げて、そして「フィルム・ノワール（暗黒映画）」と呼ばれるスタイルに結実するのである。ローキー・ライティングを駆使した陰影の深い画面は、戦時中に作られた多くのアメリカ映画、とりわけ犯罪映画のなかで徹底的に使いこなされることになる。

　フィルム・ノワールのスタイルは第二次世界大戦中・大戦後のアメリカ映画に開花し、さらに大戦後にはグローバルに流通することになるが、そのなかですでに言及した「リックのカフェ・アメリカン」を典型とするような、トランスナショナルな劇空間の表象も引き継がれていったことは、注目に値する。アメリカ映画で言えば、ブエノスアイレスのカジノを舞台にしたチャールズ・ヴィダー監督の『ギルダ（Gilda）』（1946 年）や、スパイや密輸業者のつどうブラジルのセバスチャン邸を舞台にしたアルフレッド・ヒッチコック監督の『汚名（Notorious）』（1946 年）が制作される。イギリス映画『第三の男（The Third Man）』（1949 年）は、米英仏ソによって四分割統治されていた戦後ウィーンを舞台にしている。黒澤明が占領期に制作した 2 本のフィルム・ノワール『酔いどれ天使』（1948 年）と『野良犬』（1949 年）は、それぞれナイトクラブ「ナンバーワン」とレビュー劇場「ブルーバード座」を物語の中心に据え、そこでは欧米文化と日本社会とのあいだの堰をきったような混淆が繰り広げられる[3]。「ナンバーワン」の舞台で、黒人ジャズ・シンガーになりきった笠置シヅ子が「ジャングル・ブギ」を歌う場面などは、その最たる例である。

6. 伝説のエンディングをめぐる伝説

　ノワール的なスタイルは、この映画のエンディングとなる、霧に包まれた飛行場の場面を、とりわけ印象深いものとしている（**図7-10**）。

---

[3]　宮本陽一郎『アトミック・メロドラマ——冷戦アメリカのドラマトゥルギー』（彩流社、2016 年）、pp. 119-138。

ハリウッド映画の、名エンディングの中の名エンディング、伝説的と言っていいエンディングは、それ自体さまざまな伝説のベールに包まれている。

そのような伝説の中の最たるものとして、イルザを演じるイングリッド・バーグマンは、映画のエンディングがど

図7-10　夜霧の空港のエンディング

うなるかを知らされておらず、最後にリックと結ばれるのかラズロと結ばれるのかすら知らなかったと言われている。いくつかのショットでバーグマンが見せている戸惑ったような表情は、演技ではなかったかもしれない。

このエピソードの真偽のほどは、確かめようもないが、エンディングが定まらないままに撮影が開始されたというところまでは、脚本家たちの残した証言は整合する。脚本家たちは、撮影現場で試行錯誤を繰り返していたようである。その結果として、この場面に散りばめられたアメリカ人なら誰でも諳じている名台詞の数々は、それぞれ異なる脚本家の手になるものであったようだ。そうした名台詞は、撮影現場での即興のなかから生まれたと言ってもよいだろう。

この映画のなかの名台詞は、とても日本語字幕に置き換えられないほどに、複雑なニュアンスを持ち、それにもかかわらず誰でも暗唱できるほどに単純な言葉遣いとなっている。リックのイルザに対する別れの言葉 "Here's looking at you, kid." は、そのような台詞のひとつである。"Here's ……" というのは、乾杯するときの発声として使われる表現で

あるから、「君の瞳に乾杯」としか訳しようがない。

しかし、この場面では酒はどこにもないわけであるから、やや奇妙な表現である。この台詞はリックがパリでのイルザとの愛の日々を回想する場面のなかで、最初に出てくる。パリでの日々を回想する場面のシナリオにはこの台詞はプリントされておらず、あとからおそらく撮影現場で鉛筆で書き込まれたとされている[4]。三人の脚本家のうち誰が書き込んだのかは定かではない。いわば読み人知らずの名台詞である。この台詞をリックとイルザの別れの場面で再現するというアイディアが誰のものであったかもまた、確定することが困難である。

いずれにせよ、いまや別れを告げようとしているイルザの目をじっと見つめて、"Here's looking at you, kid."（こうやってもう一度だけ君の瞳を見つめながら、さようなら）というのは、誰もがそのパロディーを考えてみたくなるほどにオリジナルな台詞である。

この作品に関してエプスタイン兄弟の証言とハワード・コッチの証言が大きく食い違っている。脚本家たちは、お互いにこの作品の脚本はほとんど自分の作であると主張しており、真相は藪の中である。そうした証言の齟齬を割り引くとしても、どうやらリックがシュトラッサー少佐を射殺しルノー警部がこの殺人を隠蔽するという大団円は、エプスタイン兄弟が偶然思いついたものだったようである[5]。この場面でルノー警部が口にする "Round up the usual suspects." という台詞は実に翻訳の難しい台詞である。"the usual suspects" は、「いつもの容疑者」という意味合いだが、普通は「容疑者」という名詞と「いつもの」という形容詞とは結びつかないわけで、ある種の形容矛盾と言ってもよいだろう。「いつもの容疑者」という言い方は、要注意人物や不穏分子が日常的に街を徘徊しているカサブランカの街だからこそ言えることである。そして言うまでもなく、ルノー警部は、そういう不穏分子を一通り身柄

---

[4]　Aljean Harmetz, *The Making of Casablanca: Bogart, Bergman, and World War II* (Hyperion, 1992), p. 187.

[5]　Harmetz, p. 230.

確保して、そしてリックの代わりに罪を被る人物をでっち上げてしまえと部下に指示しているわけである。

ルノー警部の台詞の大部分は、エプスタイン兄弟の手になるものと考えられる。イギリス出身の名優クロード・レインズが演じるルノー警部は全体を通じて、ウィットに富んだ台詞を連発し、この映画に絶妙のアクセントを施している。フランスからの亡命俳優が数多くいた当時のハリウッドで、ルノー警部役に敢えてイギリス人であるクロード・レインズを起用したのは、この作品のキャステイングの妙のひとつであり、アイデンティティーの交錯という隠れた主題を物語るものである。

この場面で難航に難航したエンディングにようやく締めくくりがついたわけだが、そこにさらに最後の一筆、そしてもうひとつの名台詞が書き加えられることになる。その筆を取ったのは、エプスタイン兄弟でもハワード・コッチでもなくなんと製作者ハル・B・ウォリスだった。ハル・B・ウォリスの本名は「アーロン・ブルム・ウォロウィッツ」ポーランドから移民してきたユダヤ系の両親のもとに、移民2世として生まれている。その意味では、『カサブランカ』という映画の多国籍性のもう一つの表れと言える。

ハル・B・ウォリスはいったん撮影が終了した後で、ハンフリー・ボガートを呼び寄せて最後の台詞を録音し、そしてラストシーンに被せたと言われている[6]。"Louis, I think this is the beginning of a beautiful friendship." これもセンテンスそれ自体としては曖昧さも難解さもないものだが、ニュアンスを訳し切るのは、至難の業となる。とくに"beautiful" という形容詞が難物である。これからリックとルノー警部の二人は、アフリカでパルチザンとしてナチスと共に戦うことを考えるなら、この二人の将来は"beautiful" という形容詞とは裏腹の険しいものとなるだろうから、逆説的な表現でもある。

---

[6]　Noah Isenberg, *We'll Always Have Casablanca : The Life, Legend, and Afterlife of Hollywood's Most Beloved Movie* (W. W. Norton, 2017), p. 244.

リックとルノー警部という、虚々実々の駆け引きを繰り返してきた、この一癖も二癖もある二人の男のあいだの友情もまた、これまでの経緯を考えれば、"beautiful friendship" という言葉にそうやすやすと結びつくものにはなりえないだろう。さらに言えば、この映画の前半でルノー警部がリックのことを、「私が女だったら惚れてしまうような男です」と、こともあろうにイルザに向かって言っていたことを思えば、意味深長な台詞と言える。

　いずれにせよリックは、愛するイルザとの異性愛の可能性を捨て、ルイとの男同士の友情を選択するのである。そしてこの作品の複雑な人間関係――それが "Louis, I think this is the beginning of a beautiful friendship." という単純極まりない台詞に収斂している。

　この台詞が、脚本家ではなく製作者によって、しかも制作がいったん終わってから書き加えられたものであるというのは、実に興味深いエピソードである。そして公開から 80 年以上を経た今日でも、世界中で引用されパロディー化され語り継がれる、いわばハリウッド神話となった。

　戦火のなかのハリウッドで、アメリカに亡命あるいは移民してきた映画人たち、そしていわゆる「ネイティブ」の英語を話すことすらままならない映画人たちが集まって、そして最もハリウッド的な映画表現と、最もアメリカ的な英語表現つまり「アメリカーナ」を生み出した――『カサブランカ』はそのような映画である。

学習課題

1. 『カサブランカ』のなかから気に入った台詞を抜き出して、なぜその台詞が印象的なのか論じなさい。
2. イングリッド・バーグマンが『カサブランカ』のなかで演じているイルザというヒロインについて、どのような女性観がこのヒロイン像を形作っているか論じなさい。
3. 俳優が自らのアイデンティティーとは相容れないアイデンティティーを演じている例を挙げ、そのような演技のもつ意味について論じなさい。

参考文献

Aljean Harmetz, *The Making of Casablanca : Bogart, Bergman, and World War II*. Hyperion, 1992.

中村秀之『映像 / 言説の文化社会学——フィルム・ノワールとモダニティ』岩波書店、2003 年。

吉田広明『亡命者たちのハリウッド——歴史と映画史の結節点』作品社、2012 年。

8 「映画は戦場だ」
——世界大戦の時代のスクリーン

野崎歓

《**目標＆ポイント**》　戦争は早くから映画の重要な題材となってきた。ニュース映画が戦場の様子を伝えるのみならず、戦争をドラマチックに再構成したいわゆる戦争映画が、ジャンルとして確立されていく。その過程はハリウッドによる世界市場の制覇と同時的に進行した。やがて第二次世界大戦後に明らかになった、ナチスによるユダヤ人絶滅計画（ホロコースト）の惨禍は、そもそも映画には何が表象可能なのかという問いを突きつけることとなった。20世紀において映画が戦争といかなる関係を結んだのかを考察する。
《**キーワード**》　戦争、第一次世界大戦、第二次世界大戦、ニュース映画、暴力、表象、ホロコースト

---

1. 戦場のドキュメント

　リュミエール兄弟がシネマトグラフを発明し、商業的な上映を開始してすぐに、戦争はその重要な題材となった。

　第1章で述べたとおり、リュミエール社のカタログに登録されている作品の約20パーセントが、軍隊に関わる内容の作品である。兵舎での暮らしの様子や、教練中にふざけあう兵隊の表情など、気楽な雰囲気のスケッチも多い。いずれも、招集されたのち、兵士たちはどのような暮らしを送っているのか知りたいという人々の要求に応えるために撮られたものである。

米西戦争（1898年）やボーア戦争（1899年）、そして日露戦争（1904年）についての映像が、実戦を記録した初期の動画として知られている。第一次世界大戦になると、映画はいっそう深く戦争に関与するようになり、その重要な構成要素の一つとさえみなされるようになった。

連合国と同盟国、計25か国が参戦した第一次世界大戦は、19世紀までの伝統的な戦いとまったく様相を異にする、現代的な戦争の嚆矢となった。戦車、潜水艦、飛行機から、機関銃、化学兵器に至るまで、新たな兵器が続々と開発され、大量に生産・供給された。そしていずれの陣営においても、映画は写真とともに、戦争目的で利用されることとなった。各国では軍部とリンクした形で写真・映画部が設置され、戦場にカメラマンが送り込まれた[1]。

フランスの例をとおして、戦争と映画の関係を跡づけてみよう。第一次大戦開戦時まで、フランス映画は世界の映画市場において、アメリカ映画をしのぐ地位を占めていた。大手4社、つまりゴーモン、パテ、エクレール、エクリプスの各社は、開戦後すぐさま軍部に協力を申し出て、撮影機材やフィルムの供給役を引き受けるとともに、自社スタッフによるニュース映画の製作に着手した。終戦までのあいだ、毎週3本から5本の戦争関連のニュース映画が一般向けに公開された。そこには、戦争に関する情報を提供するとともにコントロールし、市民の戦意高揚を図る軍部の思惑が働いていたことは言うまでもない。また、見る側にとっては、他のいかなるメディアによる報道よりも、映画こそは「真実」をありのままに伝えていると感じさせるものだった。

ゴーモン社を率いるレオン・ゴーモンは1914年、前線にカメラマンを送る許可を求める政府宛の書簡に、「映画はその真正さに疑いの余地がないゆえに、最も興味深いドキュメントとなります」と記している。翌年、世界最古とされる映画業界誌「シネ＝ジュルナル」の編集長ジョ

---

[1]　*Encyclopedia of Early Cinema*, ed. by Richard Abel, Routledge, 2010, p. 703.

ルジュ・デュローは、同誌誌上で「スクリーンのみが、混じりけのない真実の本物の言語を語る」と主張した[2]。

戦場に関するドキュメントとして、映画にはアンドレ・バザンの言う「写真の客観性」にもとづく「信憑性」を存分に発揮することが期待されたのである。

2. プロパガンダの時代

もちろん、実際のニュース映画でつねに「真正さ」が保たれているわけではない。「混じりけのない真実」はしばしば、製作者側の意図によってねじ曲げられ、そこに別の映像が付加されたり加工が施されたりすることで、フィクションとしての性格を帯びる。

また、戦場に派遣されたカメラマンは、目にするすべてを撮影できたわけではない。そのことを端的に示すのは戦死者の扱いである。軍部の資料用フィルムは別として、一般市民に公開されるニュース映画では、死体の映像は検閲の対象となった。銃後の市民は、戦場に送り出した家族の姿が映っているのではないかとニュース映画の画面に見入る。そんな彼らにショックを与えかねない映像は忌避された。つまりニュース映画では、戦場の悲惨な現実の克明な描写は最初から抑制されていたのである。

さらに、軍部の意向に即し、かつ観客の期待に応える方向で、映し出される内容にはさまざまな意味での「演出」が加えられていた。まず、被写体の選択において明確な意図が介在した。撮影してはならないものだけではなく、「撮影すべきもの」がコード化されていたのである。自軍の兵士は陽気で、戦闘意欲にあふれ、作戦を成功させ、凱旋する。敵の兵士はほとんど写されず、登場するときは捕虜となっている。軍の幹部は堂々として威厳を備え、市民は自軍を熱心に支援し、武勲に喝采を

---

[2] *Véray, Aux origines de l'imagerie militaire*, p. 151.

送る。

　また、映像に編集を加えることも常套手段となった。扱われているニュースとは別の場所、別の機会に撮影された行軍や攻撃の情景を適宜、つなぎあわせて、同一の出来事のように仕立てるやり方が盛んに用いられた。

　実際の戦闘を撮影するのではなく、事後に兵士たちに演じさせて再構成する手法も取り入れられた。米西戦争の記録「サン・フアン・ヒルの戦い」（1898年）に収められたキューバの丘での戦闘場面は、実際の突撃の直後、よりドラマ性を増すために、シオドア・ローズヴェルト（のちの第26代アメリカ大統領）率いる連隊が"再演"したものだった[3]。第一次大戦時には、そうした再構成がいっそう頻繁に試みられるようになる。

　イギリス映画『ソンムの戦い』（1916年）は、第一次大戦の実態を示すニュース映画として名高い、前後編あわせて2時間を超える大作である（図8-1）。戦争省の全面協力のもと、フランス北部のソンム河畔で繰り広げられた第一次大戦最大の会戦を、戦闘が続くさなかに撮影した記録映像である。その中に、出撃しようとした兵士が銃で撃たれ、塹壕の斜面を滑り落ちて動かなくなる場面がある。死の瞬間を撮ったかに見えるシーンであり、イギリスの観客たちに強い衝撃を与えることとなった。それはまた、カメラマン自身が死の危

図8-1 『ソンムの戦い』 写真　ユニフォトプレス

---

[3] スーザン・ソンタグ『他者の苦痛へのまなざし』北條文緒訳、みすず書房、2003年、62頁、および藤崎康『戦争の映画史』朝日新聞出版、2008年、15頁を参照。なお米西戦争をめぐる報道が「フェイク・ニュース」を生んだことに関しては第11章を参照。

険にさらされながら撮影していることを想起させる効果も及ぼす。戦争に関するニュース映画一般が帯びるフィジカルな緊迫は、そうした臨場感から生まれる。だが、『ソンムの戦い』の問題の場面は、実際には演出によってあとから加えられたものだった[4]。

とはいえ、画面に登場する兵士たちの姿や、塹壕での彼らの苦闘ぶりが現実を素材として撮影されたものであることも確かだ。だからこそ、観客は全体を貴重なドキュメンタリーとみなして、真剣に凝視したのである。

フランスのドキュメント映像では、空中戦でフランス機がドイツ機を撃墜した様子を、実際に墜落したドイツ軍機の残骸を使ってそれらしく撮ったものや、潜水艦の内部の実写を用いつつ、フランス軍の潜水艦によるドイツ艦の撃沈を再構成したものが知られている。いずれも1917年に撮られた短編である。

これらの例は、映画が誕生直後から備えていたドキュメンタリーとフィクションのいずれにも開かれた可能性を改めて浮き彫りにする[5]。戦争の時代において、愛国主義的、体制翼賛的なヴィジョンの創出に奉仕させられることで、映画のリアリズムは変質を余儀なくされた。客観的な情報であるように装いながら、その実、強力なイデオロギー的誘導を含む「プロパガンダ」が人心を左右する、21世紀の今日にまで続く時代が訪れたのである。やがてソビエト革命後のレーニンや、ナチス・ドイツのヒトラーは、政治宣伝と人心掌握の手段として映画を最重要視する姿勢を明確にする。

---

[4]　河本真理『葛藤する形態　第一次大戦と美術』人文書院、2011年、36頁。

[5]　ニュース映画とフィクションの境で「フェイクニュース」の可能性を示した最初の例は、メリエスが1902年に撮った『エドワード七世の戴冠式』である。実際の戴冠式を撮影する許可が下りなかったため、メリエスはパリ郊外の自らのスタジオで、新王に似た人物を用いて撮影した。しかも本当の戴冠式の少し前に完成したため、事実を先取りした再構成という不思議な性格を帯びる作品となった。

3. ハリウッドの参戦

　だが、戦時下における映画の意義を最も強烈にアピールすることになったのは、ヨーロッパの各国が撮影したニュース映画ではなく、ハリウッドの製作による物語映画の数々だった。決定的な役割を演じたのはＤ．Ｗ．グリフィス、およびチャールズ・チャップリンの作品である。

　アメリカはヨーロッパで勃発した戦争に関し、当初は中立の立場を守っていた。しかしドイツの無制限潜水艦作戦による被害が増大し、反ドイツの世論が高まっていく。1917 年 4 月、アメリカはついにドイツに宣戦布告した。映画界はただちに呼応した。当時広汎な人気を誇っていたダグラス・フェアバンクス、メアリー・ピックフォード、そしてチャールズ・チャップリンの三人が、戦時公債の購入促進ツアーに加わったことは、ハリウッドの戦争協力を象徴する出来事となった[6]。戦場を舞台とする作品も次々に製作されていく。とりわけ大規模なプロジェクトとなったのが、グリフィス監督の『世界の心』（1918 年）だった。

　グリフィスは、すでに 1916 年末、ベルギー西部イーペルの激戦地に渡り、イギリス軍の支援のもと、撮影を行った。さらにアメリカ参戦後には数ヵ月間にわたり、前線での撮影を敢行した。グリフィス作品の「アイコン」というべきリリアン・ギッシュ、ドロシー・ギッシュ姉妹を始めとする俳優たちを引き連れて、実際の戦場で物語映画を撮るという、前例のない試みに挑んだのである（**図 8 - 2**）。撮影には大きな危険が伴った。しかも、そこで得られた映像は、叙事詩的物語の作者としてのグリフィスを満足させるにはほど遠かった。実際、南軍と北軍が正面からぶつかり合う様子を壮大に描いた『国民の創生』（1915 年）における戦闘シーンと、第一次大戦時のさまざまなニュース映画を比較してみ

---

[6]　チャップリンは 1918 年には『公債』と題する短編を自費で製作し、全米の映画館に無料で配給した。作品の最後ではチャップリンが「自由公債」と書かれた巨大ハンマーでドイツ皇帝を叩きのめす。

れば、後者がはるかに平板で、動きにもエモーションにも乏しいことが実感される。

　ニュース映画の場合、両軍の戦闘のただなかに分け入っての撮影は不可能である。また、カメラを敵軍側に置き、相手の視線でこちらを見返す切り返しショットを撮ることもできない。長期化し、塹壕戦が主体となった第一次大戦の場合、双方が塹壕に身を隠

図8-2　『世界の心』撮影時、戦地でのグリフィス（中央、蝶ネクタイ姿の人物）　写真　ユニフォトプレス

したままで、「見えない敵」に向けて大砲を撃ったり銃撃したりといったやりとりが多く、それを撮っても"見応え"のある画面にはなりにくい。

　グリフィスはハリウッドに帰った。そしてスタジオに大きなセットを組み、前線に近いフランスの村を舞台とする、恋と戦争の物語を撮影した。完成した『世界の心』は画期的な傑作となった。根本にあるのは、リリアン・ギッシュの演じる「娘」（英語字幕では「ザ・ガール」）とロバート・ハロンの演じる「青年」（「ザ・ボーイ」）のあいだのメロドラマである。可憐な恋愛の一時期を経て、二人は婚約する。そのとき戦争が勃発し、総動員令により青年は出征し、前線に向かう。ドイツ軍はフランス軍を蹴散らして進軍し、村に侵攻する。父を殺され、正気を失った「娘」は、婚礼の白いベールを身にまとい、青年の姿を求めて前線へさまよい出る。野原に放置されたフランス兵の遺体を一人ずつ確認していくうち、娘は青年の遺体と出会ってしまう（図8-3）。

その後のストーリー展開には予定調和的な安易さも感じられる。青年が死んだというのは娘の早合点で、彼はのちに息を吹き返し、娘と再会する。屋敷の一室に二人が隠れていることに気づいたドイツ兵たちが、部屋の扉をこわして襲いかかってきたまさにそのとき、反攻に転じたフランス軍の兵士たちが駆けつけて彼らを救う。

図8-3 『世界の心』リリアン・ギッシュ

だがこの作品には、現代の観客をも驚かすほどの雄渾なエネルギーと鮮烈な描写力が備わっている。20世紀後半、戦争映画で異彩を放ったサミュエル・フラー監督の言葉が想起される。「映画とは戦場のようなものだ。それは愛、憎しみ、アクション、暴力、死、一言で言ってエモーションだ。」[7]『世界の心』によって創り出されたのはまさに、「戦場のようなもの」としての映画のエモーションだった。

フランス軍の塹壕にドイツ兵たちがなだれこみ、両軍相乱れての戦いが展開される。銃剣で刺された兵士たちがばたばたと斃(たお)れていく。目の前に迫る敵を捉えたクローズアップから一転して、カメラは平原を退却していくフランス軍の部隊全体の遠景を、ロングショットで写し出す。さらには、突撃するフランス軍の動きに呼応して、その姿を移動撮影で写し、進軍する勢いそのものを体感させる。そうした斬新でダイナミックな撮影技法の数々が、実際に戦禍をこうむった土地の人々に衝撃と感動を与えた。フランス映画批評の創始者の一人であるルイ・デリュックは当時、こう書いている。「映画における戦争についての観念は、われ

---

[7] ジャン＝リュック・ゴダール監督の『気狂いピエロ』(1965年)にゲスト出演した際の発言。引用はサミュエル・フラー『映画は戦場だ！』吉村和明・北村陽子訳、筑摩書房、1990年、469頁による。

われの国（＝フランス）には類例のないシンプルな活力に満ちたこの素晴らしい映像によって、今後すっかり覆されることになるだろう。（…）この作品は何よりもまずアメリカ的だ。ここには大西洋の向こうの映画のあらゆる優美さ、あらゆる力が見出される。それは全体として、今後も長らく、匹敵し得ぬものであり続けるだろう。」[8]

『世界の心』がもたらしたインパクトが、アメリカ映画そのものの卓越性として受け止められたことがわかる。実際、グリフィスの長編にはその後のハリウッド映画、とりわけジャンルとしての戦争映画を形作る要素のほとんどがすでに出そろっている。すなわち、可憐で牧歌的な導入部と、中盤以降の苛烈な戦闘のコントラスト。戦場の描写におけるリアリズムの追及（英軍の大砲「スティールブルドッグ」や独軍の飛行船など、現地で撮影された映像がモンタージュされている）。さらには生と死、破壊と平和をめぐる濃密な情動の喚起といった要素である。ハワード・ホークス（『ヨーク軍曹』1941年）、マイケル・チミノ（『ディア・ハンター』1978年）、フランシス・フォード・コッポラ（『地獄の黙示録』1979年）、スティーヴン・スピルバーグ（『プライベート・ライアン』1998年）、クリント・イーストウッド（『父親たちの星条旗』『硫黄島からの手紙』2006年）といった、ハリウッドを代表する巨匠たちによって脈々と受け継がれていく伝統の礎がここに築かれている。

　戦争映画の根幹には、暴力の表象がある。迫りくる外敵とその排除、過酷な試練とその克服のプロセスがストーリーを織りなしていく。つまり戦争映画は、アクション活劇や冒険物、パニック物等々、アメリカ映画が本領を発揮するスペクタクルの本源をなすとも考えられる[9]。グリフィスがその原点であることを踏まえるなら、「ハリウッドを生んだのは第一次世界大戦である」[10]という言葉も必ずしも的外れとは思えない。

---

[8]　Véray, *op. cit.*, p. 310.

[9]　映画学において、ジャンルとしての戦争映画に明確な定義づけが与えられているとは言えない。20世紀の戦争を扱った作品に限定すべきだとする説から、戦いを描くあらゆる作品が含まれるとする説まで、いわば伸縮自在の観がある。

そして特筆すべきは、興行面でも、ハリウッド映画が世界の映画市場を制覇したのが第一次大戦の時期だったことである。戦争によって、フランスを始めとするヨーロッパ諸国の映画産業は、アメリカ映画に対する優位を失う。「海外における映画の取引の八〇パーセントを独占していたフランスは、何年かの間にその輸出がほとんど零に下がってしまったのであった。」[11] 国際的競争力の急激な低下とともに、ヨーロッパ各国の観客に対するハリウッド作品のアピール力は増す一方だった。戦時下、何と言っても人気を集めたのがチャップリンの諸作だった。兵士の慰安を目的として兵士専門の映画館が建てられ、さらには戦場に映写機材を持ち込んでの上映が盛んに行われたが、その際にチャップリンの短編の数々は他を圧する好評を博した。チャップリンが世界に名をとどろかせた最初のスターと称されるのは、各国兵士たちの熱烈な支持によるところも大きい[12]。また、彼が大戦終結の直前に監督・主演した軍隊物『担え銃』(1918年)は、シリアスに扱うのが当然とされた戦争を、初めてコメディの題材とした例であり、チャップリンのキャリアにおいても最大の成功作の一つとなった(図8-4)。

チャップリン作品を始めとするアメリカ映画の人気は、世界じゅうで揺るぎないものとなった。1918年には、世界で上映される映画の8割以上をアメリカ製が占めるに至った

図8-4 『担え銃』　写真　ユニフォトプレス

---

[10] ポール・ヴィリリオ『戦争と映画』石井直志・千葉文夫訳、平凡社ライブラリー、1999年、110頁。
[11] サドゥール『世界映画史Ⅰ』、40頁。
[12] ロビンソン『チャップリン』(上)、239頁。

のである[13]。

4. 戦場からの逃亡

アメリカ映画の優位は、単に産業としての優位を意味するだけではない。ハリウッドが世界に通用する物語映画の形式を確立し、それが国境を超えて強い魅力を及ぼしたことが重要なのである。各国の映画人たちは、アメリカ映画に惹かれながらもそれに抵抗するというスタンスをとおして、自らの立場を探らざるをえなくなった。

第一次大戦ののち、長らく続く「ハリウッド体制」に対してオルタナティヴ（別の方向性）を示し続けているのがフランス映画である。ハリウッドとの違いは、スペクタクル大作の不在によく表れている。第一次大戦や第二次大戦を扱うスケールの大きな戦争映画が、フランスではほとんど製作されなかった。グリフィスの『国民の創生』が示すとおり、ハリウッドは合衆国の成り立ちにとって重要な意味を持つ南北戦争を題材にし続けたが、フランス映画には共和国の原点であるフランス革命を壮大に描いた作品がさほど見当たらない。世界大戦における戦場での兵士を英雄として描く姿勢も希薄である。

もちろん、そこにはハリウッドと比較して資本力や、国際的な市場での競争力が劣ることが影響しているだろう。逆にフランス映画は、戦争映画に代表されるような大型スペクタクル路線に背を向けることによって自らのアイデンティティーを築いてきたとも言える。1930年代から40年代にかけて活躍したマルセル・カルネ監督の作品をとおして、その点を検討してみよう。

フランスではサイレント期から、文学者が映画製作に関わるケースが目立ったが、トーキーになってからはせりふを入念に仕上げるべく、作家・詩人が起用されることが頻繁になった。脚本家に加え、せりふの専

---

[13] 北野圭介『ハリウッド100年史講義』、47頁。

門家として「せりふ作者（ディアロギスト）」を置くのがフランス映画の特色だった。カルネ監督は脚本家およびせりふ作者として詩人ジャック・プレヴェールの協力を仰ぎ、『おかしなドラマ』（1937年）で好評を博した。同じくプレヴェールとのコンビによる『霧の波止場』（1938年5月封切）は、フランス映画史を代表する一本として語り継がれている。しかもその内容は、ドイツとの戦争勃発をだれしも覚悟しつつあった時期に撮られた作品として、不可思議とさえ形容したくなるものだ。

　冒頭、侘しい夜の街道をひた走るトラックを、軍服姿の男が手を上げて止める。男はトラックに乗せてもらい、港町ル・アーヴルまで行く。ジャン・ギャバンが演じるそのジャンという男は、ミシェル・モルガンが演じる不幸な少女ネリーと知り合い、たちまち恋に落ちる。その行く末を描く恋愛ドラマだが、全体はメランコリックな雰囲気に包まれている。画面は港町名物の「霧」でたえず覆われ、それが詩情をかもし出すとともに、視界のきかない閉塞状況を示唆してもいる。

　ジャンとネリーの束の間の関係を描くやり方自体に、ハリウッド作品ではありえないフランス映画ならではの特質が現れている。両者は知り合った翌日を一緒に過ごしたのちホテルに一泊する。ベッドで寝ているネリーをジャンが抱擁する。一つのベッドの上で男女が抱き合う姿を描くことは、アメリカ映画では長いあいだタブーとされていた。

　映画が観客に及ぼす悪影響への非難が高まる中、アメリカ映画製作者配給者協会（MPPDA）は、共和党の大物議員、ウィル・H・ヘイズ会長（長老派教会の実力者でもあった）のリーダーシップのもと、自主検閲すべき事柄を「禁止事項と注意事項」としてリストアップした。その第20項には「同じベッドにいる男女」が挙げられている[14]。「禁止事項と注意事項」は、1930年に成立した映画製作倫理規定「プロダクション・コード」（別名「ヘイズ・コード」）に引き継がれ、以後30年間、

---

[14]　MPPDAのホームページのアーカイブ資料を参照。https://blogs.loc.gov/now-see-hear/files/2014/07/DBC.pdf　ハリウッドの自主検閲制度の詳細に関しては第5章を参照のこと。

アメリカでの劇場用映画製作を規制することになる。そうしたコードがフランス映画には存在しなかったからこそ、ジャンとネリーはベッドに一緒に横たわることができた。しかもネリーは17歳という設定を考えると、フランス映画の特異さはいっそう際立つ。

だがフランスの観客にとって、この作品がはらむ危険性は、男女関係の描写とは別のところにあった。それは軍隊からの脱走という問題である。

冒頭、ジャンの「トンキンにいた」というせりふによって、彼がフランス領インドシナに駐留する植民地部隊の兵士であることが明かされる。戦地にいると頭の中に濃い霧がかかるとか、銃で撃つのは簡単だが人を殺せば目に見える風景まで歪んでしまうといった言葉が、かの地での苛烈な体験を物語っている。そんな兵士が軍服のまま深夜一人、街道をさまよっているのはおかしい。要するに彼が脱走兵であることは明らかなのだ（その一語が作中で一度も発せられないとしても）。

やがてジャンが私服に着替え、軍服を処分するシーンがある。軍服で大きな石を包み込み、そこに紐をかける。海に投げ込んで捨てようとしていることが暗示されている。フランス軍の威厳を傷つけかねない性質を帯びた、ショッキングな場面だ。全体の暗いトーンは、脱走兵の悲惨な末路を予告している。しかし、ネリーとの儚い恋や、彼らに絡んでくる港のギャングを歯牙にもかけない豪胆な男らしさをとおして、ジャンにヒーローとしての資格が与えられていることも間違いない。同時代の観客、とりわけ若者たちに、この映画は強く支持されたのである（図8−5）。

物語の結末近く、ネリーと船で南米へ逃れようとするジャンは「もう時間がない」と口走る。それは戦争が間近に迫っているという予感の表れとも思える。『霧の波止場』が封切られる二ヵ月前に、ナチス・ドイツはオーストリアを併合し、独仏開戦やむなしの声が高まっていた。そ

んななか、民衆のあいだに広がっていた戦争嫌悪の念、破局が近づきつつあるのではないかという恐怖や悲痛な思いが、この作品への共感を引き起こしたことは間違いない。翌 39 年 9 月に対ドイツ戦が始まる。40 年 5 月にはドイツ軍がフランスに侵攻、パリを占領し、フランス第三共和政は壊滅した。

図 8-5 『霧の波止場』　写真　ユニフォトプレス

　厭戦的気分の濃厚な『霧の波止場』と対立させて論じるべき、戦意高揚的な重要作品がフランス映画には見当たらない。それどころか、『霧の波止場』の前年には、戦地からはとにかく脱走すべしとでもいうようなメッセージを秘めた傑作が撮られていた。ジャン・ルノワール監督の『大いなる幻影』（1937 年）である。ジャン・ギャバンはこの作品でも主役を演じ、熱烈な人気を博していた。

　第一次大戦を舞台とする物語は、フランス軍の飛行機が撃墜され、乗っていた 2 名がドイツ軍の捕虜になるところから始まる。以下、フランス兵たちが、ギャバンの演じるマレシャル中尉を中心として床に穴を掘ったり、監視の隙を突いて飛び出したり、何とかして捕虜収容所から逃げ出そうと四苦八苦する姿が描き出される。登場人物のほとんどが兵隊でありながら、戦場で活躍するシーンが含まれない点で、異色の戦争映画と言える。捕虜になった兵隊たちは気質も出自もばらばらで、インテリもいれば庶民もいるし、ユダヤ人もいれば貴族もいる（黒人兵の姿も映る）。しかし日々暮らしを共にし、失敗にめげず脱走をめざすう

ち、彼らのあいだには相互への信頼が培われ、絆が結ばれていく。そうした点も含めて、のちの『穴』（ジャック・ベッケル監督、1960 年）や『大脱走』（ジョン・スタージェス監督、1963 年）、『アルカトラズからの脱出』（ドン・シーゲル監督、1979 年）や『ショーシャンクの空に』（フランク・ダラボン監督、1994 年）といった"脱獄物"の元祖となった作品である。

　しかし、『霧の波止場』と同じく、切迫した時局に直面しつつ作られたことを考え合わせるなら、『大いなる幻影』が心温まる男の友情物語を超えた複雑な意味作用をはらむ作品であることがわかる。1930 年代、ドイツを席巻するファシズム思想に共鳴する者たちがフランスにも存在し、ユダヤ人資本家による陰謀論をしきりに唱えていた。この映画に登場するユダヤ人ロザンタールが、一人だけ裕福な企業家であるという設定にも、その反映がうかがえる。しかしマレシャルはロザンタールと"同じ釜の飯"を食ううちに親しくなり、手に手を取り合って脱走し国境を超えようとするのである。ユダヤ人差別に反対する姿勢は明確に示されている。

　一方、ドイツ軍兵士の描き方もきわめて異色である。マレシャルたちが逃げ出そうとするのは、いわば自由への渇望によるものであり、ドイツ兵たちによるむごい扱いに耐えかねてではない。とりわけ全編にわたり圧倒的な存在感を放つのが、エリッヒ・フォン・シュトロハイムの演じるラウヘンシュタイン大尉の姿である。撃墜したフランス機に乗っていたフランス兵たちを食事に招待して手厚くもてなす冒頭から始まって、片眼鏡と白手袋を愛用し、達者なフランス語を話す貴族の大尉は、古き良きヨーロッパの文化と伝統を体現する。ラウヘンシュタイン大尉が、ピエール・フレネー演じるフランス側の大尉（やはり貴族階級に属する）と意気投合する様子は、いにしえの欧州社交界での交流を彷彿と

させる（図8-6）。つまりド
イツ軍大尉は「敵」の表象と
してはふさわしくないほど魅
力的で奥行きのある人物とし
て描かれている。しかも両大
尉は、自分たちの時代が終わ
りに向かっていることを覚悟
している。それが作品に漂う
得も言われぬ哀愁につながっ
ていく。

図8-6 『大いなる幻影』 写真 ユニフォトプレス

　こうして『大いなる幻影』における脱走には、反ユダヤ思想やドイツを不倶戴天の宿敵とみなす好戦的言説からの「脱走」も含まれている。表題は直接的には、戦争のない時代の到来を信じる平和思想は幻想にすぎない、という苦い認識を意味している（終盤、マレシャルがそうした考えを述べる）。しかし、戦争による解決こそ幻想にすぎないという反戦思想がそれと併存していることも、観客は感じ取るだろう。映画のラスト、フランス兵二人は雪の山中、ドイツ国境を超えてスイスに逃げ延びようとする。国境を一歩超えさえすれば狙撃されずにすむ。しかし真っ白な雪原にはもちろん、どこにも国境線など引かれてはいない。国境に基づく国家なるものこそ、大いなる幻影ではないかと示唆するような画面である。

5. 戦争映画の彼方へ

　『大いなる幻影』や『霧の波止場』によって1930年代の観客の心をつかんだジャン・ギャバンは、ナチス・ドイツによるフランス占領下、アメリカに亡命した。戦後に帰国してからもコンスタントに出演を続け、

半世紀にわたりフランス映画最大の人気男優として君臨した。その彼に戦場の英雄を演じる作品がない点に、フランス映画の特質を見て取ることができる。一方、ハリウッドにおいては、ゲイリー・クーパー（『つばさ』1927年）からトム・クルーズ（『トップガン』1986年）、マット・デイモン（『プライベート・ライアン』）、ブラッドリー・クーパー（『アメリカン・スナイパー』2014年）に至るまで、男優たちは戦争映画と切っても切れない縁がある。あたかも映画スターの資格を得るには"兵役"をまっとうしなければならないかのようだ。

　その差異を二つの視点から考えることができる。一つは映画のモード（様式）という観点である。サイレント時代以来、アメリカ映画は戦争を大がかりなスペクタクルとして提示し、暴力や死を描きながら生命や自由の尊さを訴える語りのモードを定型化した。フランス映画はそうした勇壮なスペクタクルを志向せず、軍隊や軍服に特別な価値を担わせようとはしなかった。アメリカ映画がつねに「勝利」への道筋を描き出そうとするのに対し、フランス映画はむしろ「敗北」し滅びていく者の姿を提示することを好む。第二次大戦開戦直前のジャン・ギャバンの重要作が（『大いなる幻影』を例外として）ことごとく「敗北者」の物語であり、主人公の死で終わるドラマになっているのは象徴的だ。アメリカ映画がハッピーエンドという掟を自らに課しているとすれば、フランス映画はアリストテレスの『詩学』にまで遡るような、悲劇による「浄化（カタルシス）」[15]に忠実であり続けているのかもしれない。

　第二に、そうした違いは、映画と国民のアイデンティティーをめぐる関係性の違いに直結している。フランスでは、巨大なフレスコ画としての戦争映画に民主主義や共和国の理念を拡大投影する試みがなされなかった。フランス映画は「スケールの大きな映画、国民的投影としての映画」を求めることなく、「『小さな物語』の道を選んだ」。それに対

---

[15] アリストテレスは「憐れみと怖れを通じ（…）諸感情からのカタルシス（浄化）をなし遂げる」ことが悲劇の目的であるとした。アリストテレス『詩学』三浦洋訳、光文社古典新訳文庫、2019年、34頁。

し、アメリカ映画は「民主主義と叙事詩の結合」によって人々を鼓舞することを本領とし、それが全世界に向けて発信され続けている。「アメリカは、そしてアメリカだけは戦争に勝った」のである[16]。

　だが、第二次大戦、そして朝鮮戦争やベトナム戦争、湾岸戦争と幾度もの戦いを経る中で、「勝敗」をめぐる物語としての戦争映画は深い屈折と反省を強いられた。とりわけ大きな焦点となったのは、ナチスによるユダヤ人絶滅計画（ホロコースト）をどう扱うかという問題である。

　ナチスは絶滅収容所に関する資料の隠滅を図ったものの、ドイツ側が撮った写真や動画の一部は残存している。また、収容所解放時に撮影された動画も知られている。のちに西部劇の有名作『シェーン』（1953年）を監督するジョージ・スティーヴンスは、大戦中はアメリカ陸軍映画班に所属し、ノルマンディー上陸作戦やパリ解放の模様を記録した。そしてダッハウ強制収容所の解放に立ち会い、内部を撮影した。その映像は約1時間のドキュメンタリー作品『ナチ強制収容所』（1945年）としてまとめられ、45年11月、ナチス・ドイツの戦争犯罪を裁くニュルンベルク裁判時に、証拠として採用された。

　その後、フランスのアラン・レネ監督は第二次大戦史記録委員会等の依頼により、各国に残る白黒の記録映像と、戦後、廃墟のような姿をさらしていたアウシュヴィッツ収容所跡を撮ったカラー映像をつなぎあわせて、収容所解放10周年を記念する中編『夜と霧』（1955年）を完成させた。

　こうしたドキュメンタリー作品は、第二次大戦中にナチスによって信じがたい所業が行われていたことをわれわれの目に突きつけ、ホロコーストが実際にあったことを証し立てる。それでもなお、強制（絶滅）収容所の存在を否定しようとする論者たちは繰り返し現れる。歴史を自分の願いどおりに解釈したい人間にとっては、映像の真正性よりも、自己

---

[16] フロドン『映画と国民国家』、80-81頁および118頁。

第8章 「映画は戦場だ」——世界大戦の時代のスクリーン | **177**

の思い込みのほうが優先されるのだ。つまり、映像は過去の事実の絶対
的な保証とはなりえない。それを裏付ける学術的な調査研究や、客観的
な認識を広める教育上の努力がたえず必要なのである。

　そのなかで、物語映画はどういう方向を目指しうるのだろうか。先に
発言を引用したサミュエル・フラー監督は、第二次大戦時、名にしおう
「ザ・ビッグ・レッド・ワン」、すなわちアメリカ第一歩兵師団の兵士と
してヨーロッパ戦線に加わった。各地での激戦を経験したのち、チェコ
スロバキアのファルケナウ強制収容所の解放に立ち会った。そのときの
印象をのちにこう語っている。「あれは恐怖じゃない。何か、そこには
ないものなんだ！　人はそれを見てはいなんだ。だが同時に見てもい
て、それがどうしてもありえない。信じられないことなんだ。恐怖以上
のものなんだ。《ありえないこと》なんだ。」[17]

　それは「人間の理解を絶するもの」[18] だったとも彼は述懐している。
そこで彼が命じられたのは、16 ミリカメラで収容所の犠牲者たちを撮
影することだった。物書きとして身を立てていたフラーにとって、それ
は初めて撮った「映画」だった。戦後、フラーは低予算のサスペンス映
画や西部劇、戦争映画を手掛けながら、反骨精神あふれる意欲的な表現
によって注目された。その彼にとって生涯で最重要の企画となったのが
『最前線物語』（原題は「ザ・ビッグ・レッド・ワン」、1980 年）だった。

　ノルマンディー上陸作戦から始まる戦いを、フラーは一兵卒としての
実体験にもとづき、即物的描写に徹して映画化した。全編のいわばクラ
イマックスをなすのがファルケナウ強制収容所の解放である。そこがど
んな場所であるのかも知らずに踏み込んだアメリカ兵たちは、最後の抵
抗を見せる武装親衛隊との激しい戦闘を経て、ずらりと並ぶ焼却炉の鉄
扉を開けた瞬間に呆然となる。しかしフラーは頭蓋骨や骨を一瞬写すだ
けで、焼却炉の内部を克明に示そうとはしない。かつて 16 ミリフィル

---

[17] フラー『映画は戦場だ！』、133 頁。
[18] フラー『サミュエル・フラー自伝』遠山純生訳、boid、2015 年、290 頁。

ムで記録した、ユダヤ人たちの死体が並ぶ現実の光景は再現されていない。リー・マーヴィン演じる、それまでほとんど感情を押し殺して戦い続けてきた軍曹は、生き残った幼い男児にリンゴを手渡し、背中におぶって歩き出す。男児は隊長の背中で息絶える。軍曹は慟哭する。

一言のせりふもないまま静けさの中で示される死の情景に、心を揺さぶられる。感傷を排したドラマの美しさを感じずにはいられない。戦争映画、とりわけホロコーストを扱う際に映画が直面するアポリア（解決困難な問題）がそこにある。「ありえないこと」「人間の理解を絶するもの」から出発して、感動的な物語を作り上げることは許されるのか？

それは許されない、と主張したのがクロード・ランズマンである。彼の批判の対象となったのは、スティーヴン・スピルバーグ監督の『シンドラーのリスト』（1993年）だった。「映像の全問題、表象＝上演（représentation）の全問題がそこにある。すべてが本物のように見えても、実際に起こったことは何ひとつこれには似ていなかった」とランズマンは『シンドラーのリスト』を糾弾する。ホロコーストは表象が「不可能」である点においてユニークなのに、それをハリウッド流に「陳腐化」することは「禁止」に対する「侵犯行為」にほかならない[19]。(**図8-7**)

そうした信念に基づいてランズマンが製作したのが、9時間半に及ぶドキュメンタリー『SHOAH ショア』（1985年）だった。この作品はアーカイブ映像も、ドラマ的再現もいっさい用いず、ホロコー

図8-7 『シンドラーのリスト』 写真　ユニフォトプレス

---

[19] ランズマン「ホロコースト、不可能な表象」高橋哲哉訳、『「ショアー」の衝撃』鵜飼哲・高橋哲哉編、未来社、1995年、120-125頁。なお、ランズマンもフラーもスピルバーグも、ユダヤ系の出自をもつ。

ストの生還者および加害者、さらには収容所の存在を知りながら傍観していた人々へのインタビューで構成されている。表象の不可能性を決して「侵犯」するまいとする姿勢は、犠牲者たちへの最大限の敬意に裏打ちされている。ドイツ兵に命じられて、ガス室に送られる女性収容者たちの髪を刈る仕事をさせられていたユダヤ人理容師が、当時の記憶を蘇らせて絶句する瞬間など、まさに「再現」を拒む真実を垣間見たかのような思いを味わわされる。

　とはいえ、ランズマンのハリウッド映画に対する激しい弾劾を鵜呑みにするわけにもいかない。ランズマンの「侵犯」と「禁止」をめぐる議論には、偶像崇拝を禁じる「疑似神学的」な色彩が濃厚に漂う[20]。人類が経てきた事柄のうち、ホロコーストだけが表象不可能であると絶対視する点にも再考の余地があるだろう。表象は現実そのものではありえない。そして戦争は数々の限界的な状況を生むがゆえに、表象のリミットを考えさせずにはおかない。

「もう戦争映画にはしたくない」というのが、『最前線物語』撮影時のフラーの思いだった。それでもなお彼は、物語映画によってのみ伝えられるものがあると信じた。そのとき、作品は戦争映画の枠を踏み超える表現への挑戦となる。戦争とは殺人の連続からなる不条理な営みであり、そこでの唯一の栄光は生きのびることだ。兵士に寄り添いながら安易な英雄化を退けるフラーの作品は、粘り強くそう訴えかける。フラーを敬愛し[21]、戦争を題材とし続けてきたスピルバーグの作品にも、戦争映画の彼方への志向が見て取れる。『プライベート・ライアン』の冒頭、ノルマンディー上陸作戦の再現において、彼は「従軍カメラマンによって撮られた 16 mm のような粗い映像」を目指したという。だが、銃弾で肉片が飛び散る様子までまざまざと描くことで、いわば戦死者の

---

[20]　ミリアム・ハンセン「『シンドラーのリスト』は『ショアー』ではない」畠山宗明訳、『映画の政治学』長谷正人、中村秀之編著、青弓社、2003 年、234 頁。

[21]　スピルバーグは太平洋戦争を扱った自作『1941』（1979 年）で、サミュエル・フラーを司令官役に起用している。

描写のタブーを侵犯している。『シンドラーのリスト』では、プワシュフ強制収容所内で地中に埋められていた大量のユダヤ人の死体を、ナチスが証拠隠滅のため、ユダヤ人収容者たちに掘り返させて焼却する光景が繰り広げられる。ハリウッド的エンターテインメントの限界域に踏み込むかのような場面だ。

スピルバーグは、迫害にさらされるユダヤ人たちが逃げまどう姿を、娯楽作品で巨大な人食いザメ（『ジョーズ』1975 年）や恐竜（『ジュラシック・パーク』1993 年）の脅威を描くときと同じように、移動撮影やカットバック（切り返し）を駆使して撮っているではないか。そんなふうに非難するのはたやすい。だが重要なのは、深刻な歴史上の題材も、そうしたハリウッドの映画言語によってこそ、世界の観客に伝播されてきたという点である。第二次大戦中に起こった事柄の数々が、若い世代の記憶に刻まれるうえで、映画の果たしてきた役割は計り知れない。

歴史を「再構成」するとは「記録映像をでっち上げることだ」とランズマンは言う。しかし二度と取り戻せない過去とは、その本質上、「再現」するしかないもの、再現されることによってしか共有され得ないものである。では、いかに再現すべきなのか。その困難な問いにさらされ、解きがたい矛盾や葛藤を露呈させながらも、ときとしてわれわれを震撼させる力を及ぼすのが戦争映画なのである。

第 8 章 「映画は戦場だ」——世界大戦の時代のスクリーン | **181**

学習課題

1．これまで自分がどのような形で戦争の映像に触れてきたかを振り返り、そこには映像の作り手や送り手の側のいかなる意図が働いていたかを考えてみよう。
2．戦争映画に感動させられた経験がある場合、自分は何に感動していたのかを分析してみよう。
3．戦争映画が提起する表象の可能性／不可能性について考察してみよう。

参考文献

藤崎康『戦争の映画史』朝日新聞出版、2008 年。

サミュエル・フラー『映画は戦場だ！』吉村和明・北村陽子訳、筑摩書房、1990 年。

ポール・ヴィリリオ『戦争と映画』石井直志・千葉文夫訳、平凡社ライブラリー、1999 年。

『サミュエル・フラー自伝』遠山純生訳、boid、2015 年。

9 | 映画と日本文化
―─芸道物の誕生

木下千花

《目標＆ポイント》　芸道物の歴史を通して、映画におけるジャンル概念について学ぶ。日本映画の第一次黄金時代である 1930 年代の文脈のなかに芸道物の成立を捉えることで、いわゆる日本文化を顕揚するナショナリズム、ハリウッドをはじめ欧米の映画に大きな影響を受けた映画文化、ジェンダー表象の関係を考察する。伝統芸能の世界を舞台とするだけでなく、同時代の演劇や文学と連動して人気を集めた芸道物作品を分析し、翻案研究への理解を深める。
《キーワード》　ミュージカル、古典芸能、トーキー化

1. はじめに──1930 年代日本と映画

　日本が英米をはじめとした連合国を相手に第二次世界大戦に参戦したのち、座談会「近代の超克」が開かれ、雑誌『文學界』1942 年 9 月号と 10 月号に掲載された。その席上、映画批評家・津村秀夫は、日本映画の技法はアメリカ映画やソヴィエト映画から学んだものであると認め、「今は日本の精神を表現する日本的な映画技法を編み出そうとして一部の人々は苦しんでいて、（中略）元来映画という機械が外国渡来のものだからそういう器を通じて日本の心を表現しようとしてもトコトンまで行くとぶつかるものがある」[1] と述べた。津村は総動員体制下の映画統制のイデオローグであったが、映画という外国製の媒体で「日本の

---

[1]　河上徹太郎、竹内好、他『近代の超克』冨山房百科文庫、1979 年、211-212 頁。

心」を表現できるか、日本的な映画技法というものは存在するのか、という問いは、抽象的ながらも一度は確かに問われるべきものだった。

　1930年代の日本は昭和恐慌で幕を開ける。1931年の満洲事変を皮切りに中国に対する侵略、占領へと進み、1933年には傀儡国家・満洲国に対するリットン報告書の可決を不服として国際連盟を離脱、1937年7月には日中戦争に突入する。国内では1932年の5.15事件、1936年の2.26事件では青年将校がクーデターを企てて閣僚を暗殺して議会制民主主義を揺るがし、1930年代前半を通して共産主義・社会主義運動に対して苛烈な弾圧が進み、やがて自由主義者も対象となって言論の自由は甚だしく制限された。1938年には国家総動員法が成立し、総力戦遂行に向けた体制が整えられる。このように、1930年代は、かつて、戦後的な視座から「暗い谷間」の時代と見なされてきた。

　一方、映画に目を向けると1930年代は日本映画の最初の黄金時代であった。製作・配給・興行の三領域が同一もしくは系列の会社によって垂直統合された日活、松竹、東宝らの「メジャー」にあっては、自社の社員が製作に従事する撮影所において基本的に毎週長編二本の安定した作品供給と技能の継承がなされ、配給部門がプリントの作成、貸付、宣伝を担って、自社が所有・経営する直営館と、歩合制によるブロックブッキングもしくは作品ベースで契約した映画館における興行が行われた。このようないわゆる「撮影所システム」の円滑な機能によって毎年約500本の長編映画が作られ、映画館の数は30年の1246館から39年の1875館に増えている[2]。撮影所システムの活況のなかでこそ、小津安二郎『大人の見る繪本　生れてはみたけれど』（1932年）、山中貞雄『丹下左膳餘話　百萬両の壺』（1935年）、溝口健二『祇園の姉妹』（1936）、清水宏『有りがたうさん』（1936年）のような映画作家による傑作が生み出された。こうした作品の質を下支えしたのは、娯楽としてであれ芸

---

[2]　『日本映画年鑑 昭和16年度版』、大同社、1941-1942年、50-51頁。

術としてであれ、入場料を払って映画を見た観客であり、映画についての言説を生むファンや批評家、メディアから成る映画文化の存在である。しかし、上掲の作品も、それを支えた文化産業と消費文化も、「暗い谷間」というイメージとは大きな齟齬がある。

近年では、全体主義と侵略戦争の「暗い谷間」と大衆文化の隆盛を、矛盾ではなく相互補完的な歴史のダイナミクスとして捉える見方が説得力をもって提示されている[3]。本章は、芸道物と呼ばれる一連の映画に着目することで、1930年代の複雑な政治的・文化的文脈を解きほぐしてみたい。芸道物とは、能や歌舞伎、三味線や琴、浪曲、新内といった日本の「伝統的」パフォーミングアーツにおけるプロとしての仕事の世界を舞台に、そこでの価値観とエートスを作劇上の糧とし、広告の惹句（図9-1）、グラビアの謳い文句、批評など映画文化を構成するテクストにおいて、それが「芸道」という言葉で表現されている映画を指す。アメリカ映画研究の領域で蓄積されたジャンル論に照らすと、芸道物はジャンルというよりはサイクル——「特殊かつ限定された時期に作られ、多くの場合、特定の商業的成功を基盤とする一連の映画、（中略）

図9-1　『鶴八鶴次郎』読売新聞広告
写真　「1938年9月23日　読売新聞」/ユニフォトプレス

---

[3] 『モダン・ライフと戦争——スクリーンのなかの女性たち』（吉川弘文館、2013年）において、宜野座菜央見は、日本映画の現代劇におけるモダンな消費文化の描写は、西洋文明を咀嚼したアジアの盟主としての自負を観客に感じさせると同時に、中国大陸での戦争から目を逸らさせたと論じている。

例えば『宝島』（1934年）と『巌窟王』（1934年）の成功にならって作られた「歴史冒険サイクル」」[4]のようなもの——である。

「芸道物」という呼称が使われ始めるのは、『藝道一代男』（1941年2月9日公開、松竹下加茂）が溝口健二の「芸道三部作」を締めくくる作品として宣伝され受容されたときであり、そこから遡行的にサイクル＝物としての認識が生まれたと考えられる。よく知られた作品として成瀬巳喜男『鶴八鶴次郎』（東宝、1938年）、溝口健二『残菊物語』（松竹京都、1939年）があり、これらの作品の1950年代におけるリメイクのみならず[5]、伊藤大輔『獅子の座』（1953年）など戦後にも命脈を保った。しかしながら、師匠と弟子のような「日本的」な社会関係を中心に精進と献身を描く芸道物については、直接的な戦争賛美や協力からは「逃避」しつつも、戦時中のエートスと親和性が高かったとの批判が戦後になってなされた[6]。一方で、『鶴八鶴次郎』をはじめとした作品とアメリカ映画の密接な関係も指摘されている。

　本章では、日本映画史に輝く『鶴八鶴次郎』と『残菊物語』を繋ぐ重要な位置を占めながら、これまで言及されることの少なかった井上金太郎監督作品『月夜鴉』（1939年）にも光を当てつつ、芸道物の成立を跡づける。その際、一般的に芸道物とは考えられていない谷崎潤一郎の小説『春琴抄』の映画・舞台翻案も検討することになる。バックステージ物として芸能という他メディアを内包した芸道物は、小説や舞台との間メディア的な往還のなかで練り上げられていった。伝統芸能という一見して「日本的」な題材を通して、映画産業は、統制を強める政府と精進の果ての栄光とロマンスの物語を求める観客の双方と折衝していたのである。

---

[4]　Steve Neale, *Genre and Hollywood* (New York : Routledge, 2000), 7.

[5]　『残菊物語』のリメイクについては、拙稿「システムと才能——一九五〇年代大映における溝口健二、リメイク、ジャンル形成」、北村匡平・志村三代子編『リメイク映画の創造力』、水声社、2017年、75-108頁。

[6]　瓜生忠夫『映画と近代精神』学徒図書組合、1947年、100-101頁。

2. ミュージカル映画としての芸道物

　時は大正の初め。新内の太夫（語り手）・鶴賀鶴次郎（長谷川一夫）と三味線の鶴賀鶴八（山田五十鈴）はコンビとして人気を博していた。二人は高座ではぴったりと息のあった芸を見せ、互いに好意を抱いているのだが、楽屋では意地の張り合いで争いが絶えない。旅行がきっかけとなって二人は互いの愛を確かめ合い、結婚して寄席を経営することに決まるが、金の問題で鶴次郎が鶴八と富豪の松崎（大川平八郎）の仲を疑い、喧嘩別れをしてしまう。パートナーを失った鶴次郎は旅回りに身を落とし、鶴八は松崎と結婚して芸から足を洗う。コンビを復活させて鶴次郎を救おうと番頭の佐平（藤原釜足）は画策する。二人は名人会の大舞台で束の間のカムバックを果たすものの、芸道に戻ろうとする鶴八に対して鶴次郎は嘘を言って怒らせ、佐平と痛飲するのだった。

　映画『鶴八鶴次郎』がアメリカ映画『ボレロ』（ウェスリー・ラッグルズ監督、パラマウント、1934 年、**図 9 - 2**）に想を得ていることは蓮實重彥がいち早く指摘しているが[7]、この 2 作の関係は公開当時には広く知られていた。日本映画において、「封切日」をはじめとした様々な側面で参照点になるのは映画業界誌であり批評誌でもある『キネマ旬報』の「日本映画批評」だが、同作については批評家・水町青磁が、その冒頭で「この原作は川口松太郎（**図 9 - 3**）である。その又、原作は外画

図 9 - 2　『ボレロ』　写真　ユニフォトプレス

---

[7] 蓮實重彥「ラヴェルと新内」『国文学：解釈と教材の研究』第 42 巻第 4 号（1997 年 3 月）：6-10 頁。

『ボレロ』である」と述べている[8]。しかし、演劇学者の赤井紀美によると、『オール読物』1934年10月号に掲載され、翌年に「風流深川唄」と併せて第一回直木賞を受賞した川口の小説「鶴八鶴次郎」、さらに1938年1月明治座で公演して好評を博した新派による舞台化について、『ボレロ』に言及した評者はみあたらず、同年夏に『都新聞』に載った撮影中の成瀬巳喜男その人の談話が最初であるという[9]。つまり、「鶴八鶴次郎」の起源がアメリカ映画であることは、この物語が映画文化に再び包摂されることによって初めて認知され、活性化されたと言える。

図9-3　川口松太郎　写真　共同通信社/ユニフォトプレス

しかしながら、『ボレロ』と川口の小説「鶴八鶴次郎」の間には違いも多い。『ボレロ』冒頭のシークエンスでは、ラウル（ジョージ・ラフト）がミュージックホールに自信満々で出演するものの客の怒号と嘲笑の的となり、女性のパートナーなしにはいかに実力があっても男性ダンサーが人気を得ることは出来ないと痛感する。この後、様々なパートナーを経てのし上がったラウルは、最上のパートナーたるヘレン（キャロル・ロンバート）と公私ともに結ばれ、パリでナイトクラブをオープンすることに決まる。ところが、ラウルは人気取りと話題作りだけを目

---

[8] 『キネマ旬報』1938年10月21日号、六八ページ。
[9] 赤井紀美「川口松太郎「鶴八鶴次郎」論——流動するテクスト、揺籃期の〈芸道物〉」『演劇学論集 日本演劇学会紀要』第58号（2014年）：12頁、「東宝・成瀬監督　秋には喜劇を作りたい　"鶴八鶴次郎"製作の苦心」『都新聞』1938年8月15日付。

的にちょうど始まったばかりの第一次世界大戦に志願し、塹壕のなかで心肺を痛めてしまう。ヘレンはコリー卿の求婚を受け入れる。ようやく戦争が終わり、ラウルはナイトクラブを再開し、オープニングナイトにコリー卿夫人となったヘレンと「ボレロ」を踊ったのちに息絶える。

　芸人カップルの物語、女性が富豪と結婚するなどの設定は共通しているものの、「人情」が違っているという成瀬の指摘は正しい。『ボレロ』は、1910年代の欧米において「アパッシュ」と呼ばれる官能的なダンスの確立に大きな役割を果たした実在の男性ダンサー、モーリス・ムヴェをモデルにした伝記映画であり、成瀬巳喜男のフィルモグラフィで言えば、むしろ『桃中軒雲右衛門』（1936年）に近い。『桃中軒雲右衛門』同様、『ボレロ』はあくまでも男性のキャリア上の葛藤を中心としており、バックステージドラマではあるが、コメディ的な要素はない。

　今日の視点からすれば、ともに鼻っ柱が強く対等な男女の間の諍いがドラマの核となる点で、『鶴八鶴次郎』はスクリューボール・コメディ的と言える。スクリューボール・コメディとは、『或る夜の出来事』（フランク・キャプラ監督、1934年）や『特急二十世紀』（ハワード・ホークス監督、1934年）のように、中産階級以上の成人男女を主人公として、カップルが成立もしくは元の鞘に戻るまでの紆余曲折を描くロマンチック・コメディを指す。喜劇俳優ではなく通常の劇映画のスター俳優がカップルを演じ、二人の丁々発止のやり取りとスラップスティックな身体性が魅力となる。「スクリューボール」は野球の変化球に由来し、1936年、『襤褸と宝石』（グレゴリー・ラ・カーヴァ監督、1936年）におけるキャロル・ロンバードを形容する言葉として「イカれた」という意味で使用され、映画批評の語彙となった。[10] 上記の1934年の2作品をはじめとした1930年代中葉のロマンチック・コメディのなかで際だっていたある種の傾向が、批評言説によって「スクリューボール・コメ

---

[10]　Richard Maltby, *"It Happened One Night* (1934): Comedy and the Restoration of Order," Jeffrey Geiger and R. L. Rutsky ed., *Film Analysis* (New York: Norton, 2005), 219.

ディ」と名付けられることでサイクルとして遡行的に見出され、さらに時間が経つにつれて時代や地域の特殊性を越えて批評的ラベルとして活用されるようになった。こうした意味で、歴史的にはほぼ同時代でありながら、スクリューボール・コメディという言葉が流通していなかった1938年の日本で製作された『鶴八鶴次郎』をそう呼ぶのは、批評的営為である。しかしながら、『或る夜の出来事』『特急二十世紀』『襤褸と宝石』といった元祖スクリューボール・コメディは、同時代の日本で間髪入れずに公開されて人気を博していたので、映画通であった川口松太郎が、対等な男女の喧嘩友達間のロマンスの芽生えという、ハリウッド映画においてまさに浮上していたトレンドを鋭敏に感じ取り、そのアイテムを『ボレロ』という骨組みに貼りつけた可能性は高い。

さらに、スクリューボール・コメディという補助線を引くことで、フレッド・アステア–ジンジャー・ロジャースの主演作を代表格とする同時代のミュージカルと『鶴八鶴次郎』の共通点が明らかになる。映画学者のリック・アルトマンは、1934年の映画製作倫理規定（いわゆる「ヘイズ・コード」）によって行き場を失った性的刺激の発現として、喧嘩友達間のロマンスを捉え、『コンチネンタル』（1934年）、『有頂天時代』（1936年）らアステア–ロジャース作品とスクリューボール・コメディに共通性を見出している。映画における性と暴力に対する宗教勢力や保護者団体などの批判に対応し、連邦政府による検閲という最悪のシナリオを避けるため、アメリカの映画産業（＝ハリウッド）の自主規制として1930年に制定された映画製作倫理規定は、1930年代前半のギャング映画や不倫メロドラマ、露出度の高いミュージカルなどに対する批判の高まりを受けて、1934年から厳格に適用されるようになった。アルトマンによれば、アステア–ロジャースのダンス・ナンバーは、しばしば、カップル間の葛藤や愛の表現として、いわばセックスの代理として

機能し、物語のなかで欠くべからざる役割を果たした[11]。ミュージカル映画の歴史においては、1930年代前半のバスビー・バークレー作品を典型とする物語から突出したスペクタクルとしてのナンバーから、アステア-ロジャースの統合型ナンバーへの移行がしばしば指摘されるが、このような統合はダンス・ナンバー自体の性愛化もしくは置き換えと言うこともできる。

　こう考えたとき、『ボレロ』は倫理規定以前のあからさまな生々しさを感じさせる。ラウルの前座としてアネット（サリー・ランド）は全裸を大きな扇で隠しながら踊るダンスを披露し、ラウルの部屋におけるオーディションではヘレンが下着姿で踊るなど、パフォーマンスそのものが露骨に性化されているからだ。しかしながら、これらのパフォーマンスが物語に統合されているかどうかというと疑問が残る。それに対して合計4回の新内パフォーマンスを含む『鶴八鶴次郎』では、高座で繰り広げられる語りが、新内そのものの物語の文脈を越えて艶めいた雰囲気を醸成し、鶴八と鶴次郎の愛のまさにパフォーマンスとなって物語に貢献している。成瀬巳喜男は、前掲『都新聞』記事のなかで「『ボレロ』では最後のクライマックスと云うべき踊りの場面は動きのあるものだからよいのですが、新内は踊と違って動きがないのでどうやろうかと苦心しています、芝居は残念ながらみませんでしたが、あそこを如何にやったか見たかったですね」と語っており、「苦心」の結晶と考えられる。ハリウッド通の川口松太郎によって書かれた『鶴八鶴次郎』は、舞台を経てトーキー映画として映画文化に還元されることによって、日本古典芸能のミュージカルという道を切り開いた。

　さらに二点、『ボレロ』と『鶴八鶴次郎』には重要な差異がある。第1に、鶴次郎とラウルのキャラクターには自信家であるなど共通点もあるが、ラウルの強い上昇志向は芸道精進とは大きく違う。ラウルは確か

---

[11] Rick Altman, *The American Film Musical* (Bloomington: Indiana UP, 1987), 129–199.

にダンスに打ち込んでいるが、それはプロフェッショナリズムとされることはあっても、「芸道」への献身としては認識されていない。ここから第2点、鶴八とヘレンの差異も生まれてくる。コリー卿との結婚に真の安らぎと幸福を感じるヘレンに対して、鶴八は「生き甲斐のある芸の仕事」を忘れることができない。鶴八にとっての結婚は、鶴次郎とコリー卿ではなく、芸人としてのキャリアおよび芸道と奥様業の二者択一の末の不満の残る結果であった。職業をはじめとした社会的役割への女性の進出は、現実においても映画における表象においてもアメリカの方が先を行っていただけに、興味深い捻れである。

3. メディアミックスとしての芸道物

　映画『月夜鴉』は、徳川時代の江戸を舞台に、長唄三味線の家元の娘で芸に秀でたしっかり者と評判の高いお勝（飯塚敏子）、弟子で一回り年下ながらお勝に想いを寄せる和吉（高田浩吉）の恋愛を、家元の杵屋和十郎（藤野秀夫）、その一番弟子で跡目を狙う和次郎（葉山純之輔）、お勝の味方になる叔父夫妻（舟波邦之助、伏見直江）との関係のなかに描く（図9-4）。お勝は不器用な和吉に厳しい稽古をつけ、二人は嗜虐・被虐のなかに快楽と愛を見出して結ばれる。家元による勘当・破門を乗り越え、お勝の指導の甲斐あって和吉は大舞台で実力を示し、観客に紛れて見守るお勝の眼差しのもと、杵屋和十郎の跡取りとして迎えられるのだった。

図9-4　『月夜鴉』監督井上金太郎
1939年　松竹映画

　本作の監督である井上金太

郎は、1901年に東京の深川に生まれた。同じ深川生まれの小津安二郎より2歳年上になる。府立第三中学校に通うものの、芝居や映画に傾倒し、私淑していた谷崎潤一郎が起こした映画会社・大正活映に栗井饒太郎の名で加わった。やがて監督に転じ、マキノキネマ、阪東妻三郎プロダクションなどを経て、松竹下加茂の一線級の監督として主に時代劇を撮っている。1936年には日本映画監督協会に設立メンバーとして参加（図9-5）、『月夜鴉』製作の経過を伝える1939年4月の『松竹』では、「演出は一ヵ年半ぶりの名匠井上金太郎捲土重来の意気もて描く、三味線芸道に、逞しくも生き抜かんとする愛欲の相克」と撮影風景の写真とともに伝えられている。

図9-5　日本映画監督協会創立時の記念写真　最後列中央右側が井上金太郎、左は成瀬巳喜男　写真　国立映画アーカイブ

監督の井上が1955年という比較的早い時期に亡くなり、1967年に米国議会図書館からプリントが「返還」されるまで再映の機会もなかった本作は、近年までほとんど省みられることがなかった。しかしながら、『鶴八鶴次郎』と同じ川口松太郎の原作（『サンデー毎日』1938年の5月1日号から7月31日号まで掲載）を、後に『残菊物語』で脚本を務めることになる依田義賢が、井上（脚本家としては秋篠珊次郎の筆名）とともに翻案している点で、芸道物の歴史にとって欠くべからざる結節点である。さらに、弦の芸道、女性師匠と男性弟子の恋愛、SM調エロチシズムなど、上記の梗概から推察しうる通り、谷崎潤一郎の小説『春琴抄』（初出『中央公論』1933年6月号）、さらにその舞台やスクリー

ンへの翻案もまた、この結節点へと繋がっている。

　島津保次郎監督『春琴抄 お琴と佐助』（以下『お琴と佐助』、1935 年
6 月 15 日公開、松竹蒲田）は純文学の映画翻案として大いに話題とな
り、映画評論家で詩人・小説家の北川冬彦と島津の間に論戦が展開され
たことでも知られている。この論戦自体は、北川の「愚作」「鈍根」と
いった罵詈雑言に対して、かねてから映画批評家の実作者に対する傲慢
に反感を表明していた島津が、作品に対する自信を基盤に上から目線を
貫いて応戦したもので[12]、泥仕合としか言いようがない。

　日本近代文学史に燦然と輝く中編小説『春琴抄』から枠構造や語りの
技法を取り払い、物語内容を要約すれば、以下のようになるだろう。明
治の初め、大阪・道修町の薬種問屋・鵙屋に生まれた琴は幼くして失明
したが、師匠から春琴の名を許された琴の名人であり、美貌でも知られ
ていた。鵙屋の丁稚・佐助も、琴の世話をするうち弦の芸道に入り、琴
は師匠として厳しく稽古をつける。琴は佐助の子と思しき赤ん坊を産ん
で里子に出す。琴は子の父親の名は決して明かさないが、親の計らいで
佐助と一緒に住んで箏を教える日々を送る。ところが、就寝中に侵入し
た何者かに熱湯をかけられ、琴は顔に火傷を負ってしまう。佐助は針で
両眼を刺して盲目となる。佐助のなかに琴の美しいイメージは生き続
け、二人は幸せに暮らすのだった。

　『お琴と佐助』のプロットはこの要約の通りである。蒲田スター田中絹
代が琴、現代劇初出演の下加茂スター高田浩吉が佐助を演じ、琴に横恋
慕する放蕩者の若旦那・利太郎には斎藤達雄が扮して、松竹作品として
1935 年上半期最高の興行成績を上げた。『松竹百年史』は、「純文学作
品といえども、作り方によっては商業映画として成功するとの先例は、
実にこの一作によって開拓されたのである」と誇らしげに記す[13]。上述

---

[12] 北川冬彦「島津保次郎への公開状」『キネマ旬報』1935 年 7 月 1 日号、72-73
　　頁、島津保次郎「北川冬彦君への手紙」『キネマ旬報』1935 年 7 月 21 日号、
　　72-73 頁。
[13] 『松竹百年史 本史』、松竹株式会社、1996 年、597 頁。

の北川の文章のうち、唯一実質を伴っていたのは、「含蓄の多い、直接写象しない、読者のイメージにうったえるところの「文章」を以てして、初めて美感の涌出するもの」を、映画のような「直写」的な媒体で表現することはできない、というくだりであった。北川の発想は『春琴抄』翻案に対する懸念として今日からみて常識的なものだ。ところが、本作はその後、すぐさま新派や歌舞伎へと舞台化されていったのである。

　1930年代中葉における『春琴抄』舞台化の詳細については、演劇学者・赤井紀美の優れた研究を参照されたい[14]。本章にとってとりわけ重要なのは、春琴役を熱望する花柳章太郎の求めに応じて川口松太郎が本作を翻案し、1935年9月、松竹の東京劇場で初演して人気を博していることだ。赤井も指摘するとおり、川口版台本は驚くべき大胆さで大衆化を遂行する。まず、大詰での花柳＝春琴の出に際しては、ト書きに「病み上がりなれど、髪は水々しき丸髷に結い、派手な内にも上品なる衣類をまといて、病める身の却つて艶めかしく、去りし夜の傷あとも、今は名残りなく癒えて、以前にまさる美しさをなす」[15]とある。そのうえ、この大詰めでは春琴が、後に川口が大映で確立する母物映画さながらに、里子に出した娘のすゞと互いに名乗り出ることなく涙の再会を果たしている。これらの大幅な改変は言うまでもなく俗受けを狙っているが、同時に、春琴と佐助、さらにはすゞを琴の修業によって結びつけ、つまり「芸道物化」している[16]。これこそが川口がその後も続く『春琴抄』翻案の歴史に及ぼした最大の影響であろう。

　弦の芸道の世界は確かに小説『春琴抄』の背景を成してはいたが、それをさらに増幅させたのは映画『お琴と佐助』であった。島津保次郎は

---

[14] 赤井紀美「谷崎潤一郎「春琴抄」の劇化について──〈大衆〉化の一地平」『日本文学』60巻11号（2011年）：13-25頁。

[15] 谷崎潤一郎原作、川口松太郎脚色『春琴抄　二幕三場』、松竹大谷図書館所蔵（資料番号：S14.6 KA2 ア）。

[16] 赤井、前掲論文、20頁。

自負をもって本作を「音画」と呼び[17]、山田流箏曲の名人・今井慶松に作曲と演奏を委ね、雲雀の声などを画面外（オフスクリーン）の音として効果的に用いている。トーキー化を言祝ぐ音響設計、日本音楽ミュージカル、音響に支えられた芸道の前景化。これら『お琴と佐助』が包含していたアイテムが、川口松太郎による『春琴抄』の舞台化を通して純化され、『鶴八鶴次郎』のジェンダー・ポリティクスやコメディ要素と出会って生まれたのが、川口の小説『月夜鴉』であり、井上と依田義賢による翻案と映画化であった。実際、井上は1935年の座談会の席上で、時代劇ミュージカルに対する期待を表明している[18]。また、映画の前半を通して笑いを誘うのは、不器用な和吉が巻き起こすスラップスティックな失敗と、お勝の才気溢れる冗談や歯切れのよい啖呵であり、ここにはスクリューボール・コメディの残響が聞こえる。

4. 芸道物と女性

　ジェンダーの視座から見たとき、メディアミックスの「ネタ」としての『春琴抄』と『月夜鴉』の間にはさらに興味深い連続性がある。『お琴と佐助』および川口松太郎版『春琴抄』は、琴から性愛の対象として拒絶された利太郎がリベンジとして琴を襲わせ、顔に火傷を負わせたという可能性を濃厚に示唆している。つまり、現代風に言えば、『春琴抄』は「セックスする権利」があると思い込んだ男性による暴力によって女性が身体的・心的外傷を負って挫折する物語である。こうした外傷は、小説『月夜鴉』では、和吉の晴れの舞台のための厳しい稽古によってお勝が経験する流産という形を取る。お勝の流産は『春琴抄』の春琴の非婚出産の変奏と見て間違いないだろう（小説の春琴はそのようなことは気に留めていなかったが）。一方、映画版では、叔母の前夫が現代風に

---

[17]　島津保次郎『お琴と佐助——音画脚本集』映画世界社、1935年。この脚本は音響についての細かなト書きによって特徴づけられる。

[18]　稲垣浩、井上金太郎、瀧澤英輔、山中貞雄、他「映画作家8人を擁して日本映画の将来を語る」『キネマ旬報』1935年9月1日号、172-173頁。

言えば復縁と親権を迫って刃を抜いたため、少女を守ろうとしたお勝が手に怪我をし、三味線が弾けなくなったとすっかり悲観してしまう。ここでは、男性による性化された暴力がもう一つの典型的ケースとして現れる。この視点から『鶴八鶴次郎』を振り返るなら、鶴次郎が鶴八に「拙い」と言って芸に対する正当な「自惚れ」とキャリアへの欲望を挫くのは、キャラクター本人や観客によって思いやりや自己犠牲などと解釈されてきたとはいえ、実のところ女性の自らに対する知と自己決定権を踏みにじる点で暴力以外の何物でもない。

　芸道物は、対等な男女から成るカップルを喧嘩友達として描き、セックスを洗練されたミュージカル・ナンバーへと変換するハリウッド映画のサブジャンルに基づいているはずだった。上述の3作品は、男性も高田浩吉、長谷川一夫と押しも押されぬトップスターであるとはいえ、例えば多くの時代劇と比べると、山田五十鈴、田中絹代、飯塚敏子の芸と品格がなければ成立しない。また、身分社会であった徳川時代に育まれた芸道においては、しかしながら結局のところパフォーマンスという形で能力が示されるため、実力があれば社会的上昇も可能であった。さらに、鶴八、琴、お勝が示すように、徳川時代にすでに芸を商品化する道が開けていたため、女性であっても芸によって身を立て経済的に自立することができた。このように、雑駁に言えば女性のエンパワメントを認知し称揚するにも拘わらず、なぜ、芸道物は女性への性化された暴力を、その結果としての外傷と挫折を、繰り返しドラマ化するのか。

　歴史的な文脈として重要なのは、映画統制と検閲強化に向けての流れである。『鶴八鶴次郎』公開に先立つこと約1ヶ月の1938年7月30日、内務省の映画検閲当局と東宝を除く映画会社のシナリオ作家代表が5時間に及ぶ協議を行い、以下の項目を決定している。

一、欧米映画の影響による個人主義的傾向の浸潤を排除すること。

一、日本精神の昂揚を期し特にわが国独特の家族制度の美風を顕揚し、国家社会のためには進んで犠牲となる国民精神を一層昂揚すること。

一、青年男女、特に近代女性が欧米化し、日本固有の情緒を失いつつある傾向に鑑み、映画を通じて国民大衆の再教育をなすこと。

一、軽佻浮薄な言動動作を銀幕から絶滅する方針を執り、父兄長上に対する尊敬の念を深からしめるように努めること。[19]

　複製技術によって媒介された近代的大衆文化をプラットフォームとして、近世に成立した芸道、伝統芸能、家族制度の美風、欧米のダンスや映画のジャンル、女性のエンパワメントを組み合わせた芸道物は、このような「時局」にあって、まさに逃げ道として機能したのではないだろうか。女性のエンパワメントへの意志を認知して観客と共有可能にしつつ、同時に、それに対する暴力、挫折、自己犠牲をありありと訴えることができたからだ。対等な芸人として高座に並び立つ鶴八から、舞台裏で夫の成功を見守る『残菊物語』のお徳（森赫子）への変化は、まさにお勝の物語のなかに折りたたまれている。そして逆に言えば、芸道物の成立を遡って跡づけることによって、私たちはお徳を無知の自己犠牲の女という汚名から救うことができるのである。

---

[19]　田中純一郎『日本映画発達史 III 戦後映画の解放』中公文庫、1967 年、13 頁、『キネマ旬報』1938 年 8 月 11 日号、26 頁。

学習課題

1．本章では映画史的なジャンルとして芸道物を考察した。しかし、芸道物を批評的なラベルとして捉えることも可能である。日本以外や、現代の作品で「芸道物」と呼ぶことができる映画やアニメーションがあるだろうか。考えてみよう。
2．小説『春琴抄』を読み、『お琴と佐助』をはじめとした映画版と比較してみよう。
3．日本の戦前における映画統制やアメリカの映画製作倫理規定（ヘイズ・コード）が作品に与えた影響について考察してみよう。

参考文献

赤井紀美「谷崎潤一郎「春琴抄」の劇化について──〈大衆〉化の一地平」『日本文学』60 巻 11 号（2011 年）：13-25 頁

赤井紀美「川口松太郎「鶴八鶴次郎」論──流動するテクスト、揺籃期の〈芸道物〉」『演劇学論集 日本演劇学会紀要』第 58 号（2014 年）：1-20

Rick Altman, *The American Film Musical* (Bloomington：Indiana University Press, 1987)

木下千花『溝口健二論──映画の美学と政治学』（法政大学出版局、2016 年）

10 │ 日本映画の撮影所時代の女性映画人たち

鷲谷花

《**目標＆ポイント**》　日本映画の「撮影所時代」に生み出された、質量ともに充実した作品群は、黒澤明、小津安二郎、溝口健二ら「巨匠」と称された監督をはじめ、男性の作り手たちが創造したものとみなされ、そこでの女性の創造的な役割は、ほぼ「映画女優」に限定されて語られる傾向が支配的だった。それに対して、本章では日本映画の撮影所の「女性の職場」としての側面に注目し、圧倒的に男性優位には違いなかった撮影所で、自らが創造性を発揮しうる領域を開拓していった、監督や技術スタッフの女性たちの営みを辿り、産業、労働、ジェンダーの側面から映画史を学ぶ。

《**キーワード**》　日本映画史、撮影所、女性映画、ジェンダー、労働運動

1．撮影所で働いた女性たち

●「撮影所時代」とは何か

『雨月物語』（溝口健二監督、大映、1953 年）、『東京物語』（小津安二郎監督、松竹、1953 年）、『七人の侍』（黒澤明監督、東宝、1954 年）、『二十四の瞳』（木下惠介監督、松竹、1954 年）、『浮雲』（成瀬巳喜男監督、東宝、1955 年）、『幕末太陽傳』（川島雄三監督、日活、1957 年）etc…。これらの日本映画史上の名作の数々は、いずれも大手映画会社が、映画制作に必要な設備と機材を備えた直営の撮影所（スタジオ）で映画を量産し、全国の系列映画館に順次配給し、安定的に興行収入を得

る体制下で作られた。撮影所における映画の量産は、映画会社と雇用契約を結び、演技、撮影、編集など、各パートで必要とされる専門的技能をそれぞれに体得したスタッフとキャストの分業によって支えられ、製造業的な側面もあった。以上の体制は「撮影所システム」と通称される。

　日本映画史の「撮影所時代」は、直営の撮影所と全国的な映画配給網をもち、映画の企画、製作から配給、興行までを担う最初の大映画企業としての日本活動写真株式会社（日活）が、1912年（大正元年）に創業したことで本格的に始動した。撮影所システムの基本形態は、1930年代のトーキー映画制作体制への移行をもって完成し、1940年代の総力戦体制下の国家の主導による業界再編を経て、1950年代半ばには、製作される映画作品の質および量と映画観客人口の両面において、全盛期を迎えた。しかし、1960年代前半には、日本映画産業は一転して深刻な不況に直面した。1970年代には、それぞれに経営危機に陥った各大手映画会社が、直営の撮影所で自社作品を製作し、全国の系列館で途切れなく上映していく従来の経営方式を改める必要に迫られ、利益のあがる興行部門に注力し、コストのかかる製作部門の縮小と外注化を進めた結果、撮影所システムは終焉に向かったとみなされる。

　日本映画の撮影所時代には、上述した名作の数々が作られ、国際映画祭での受賞を経て、海外でも高い評価を得たが、「巨匠」として名の知られた監督は男性に限定されていた。監督に限らず、撮影所は「男の職場」だとみなされ、撮影所で働く女性のイメージは、カメラの前／映画館のスクリーンの上で、魅力的な容姿や演技を披露する映画女優に限定されてきた傾向は否めない。しかし、撮影所時代の日本映画の発展を支えてきたのは、直接画面には映らない女性スタッフたちの仕事でもあった。本章では、撮影所時代の日本映画界で、監督をはじめ、カメラのうしろ側で映画作りに取り組んだ女性たちの活躍に注目する。

第 10 章　日本映画の撮影所時代の女性映画人たち　｜　**201**

●撮影所で働く女性の出現

　1912 年に日活が創業された時点では、当時の日本では「活動写真」と呼ばれた映画の撮影所は、男性が圧倒的多数を占める職場だった。初期の映画俳優も、基本的には男性の職業であり、歌舞伎ほか伝統的な演劇の決まり事に従い、映画に登場する女性の役はもっぱら女形が演じていた。

　しかし、1910 年代末から、「純映画劇運動」とも総称された、日本映画界の改革を目指す理論及び製作上の実践が始動すると、欧米映画と同様に、女性の役を演じる女性の俳優（「女優」）の必要が主張され、『生の輝き』（帰山教正監督、天活、1918 年製作／ 19 年公開）、『アマチュア倶楽部』（トーマス栗原監督、谷崎潤一郎脚本、大正活映、1920 年）など、女性が主演する作品が実験的に製作された。時期を前後して、大手演劇興行会社の松竹が映画事業に参入し、1920 年（大正 9 年）に松竹キネマを設立した際には、当初から「男女俳優」候補の募集と養成が行われた。創業以来女形を起用してきた日活も、1920 年代には女形から女優への切り替えを進めた。

　1923 年（大正 12 年）の関東大震災により、東京近郊の撮影所は壊滅状態に陥り、各映画会社は、一時的に関西に撮影所機能を移転もしくは集約することを余儀なくされた。その際に、映画制作工程はより洗練されて分業が進み、撮影所における女性の雇用機会は、女優以外にも広がっていった。以下に、撮影所の基本的な生産体制が形成された時期に、女性が雇用された実績が判明している主要な部門を挙げる。

●結髪

　女形を起用していた 1910 年代の撮影所では、もっぱらかつらが使用され、かつらを担当する「床山」（または「技髪」）は男性の職だった

が、当初は床山の手伝いに外部から呼ばれた女性の髪結いが、撮影現場に常駐するようになり、撮影所における女性の職として「結髪」が定着した[1]。1920年代に映画女優が定着すると、かつらではなく、地毛を結って髪形を作るようになったため、女優の結髪は女性の結髪スタッフが担当することが慣例化し、撮影所には「結髪部」が設置された。

とりわけ過去の歴史的時代を舞台とする時代劇映画の場合、髪形は、時代、居住地域、年齢、階層、職業などの多岐にわたる情報を観客に伝達する機能を担い、説得力と魅力をそなえた人物造型にとってきわめて重要な要素となる。撮影所のスター俳優には、それぞれに専属に近い立場の結髪スタッフが付き、他をもって替え難い存在となった。

たとえば、1928年（昭和3年）に松竹京都下加茂撮影所[2]に入社した木村よしは、田中絹代、淡島千景らスターたちから、結髪の名人として絶大な信頼を得ていた。淡島千景は、『丹下左膳』（松田定次監督、1952年）に出演した際に、髪を短く切ってパーマをかけていたところ、木村がかつらを使わず、地毛に付け毛を足して日本髪に結い上げた、熟練の技術について証言している[3]。後年、木村は、田中絹代の最後の監督作品となった安土桃山時代が舞台の時代劇『お吟さま』（文芸プロダクションにんじんくらぶ、1962年）でも結髪を担当したが、富士真奈美の演じた侍女の髪型も、地毛を結って作られている[4]（**図10-1**）。歴史的な考証と、俳優の個性と、演じる役柄に多角的に目配りし、スクリー

---

[1] 1917年（大正6年）頃に、東京の著名な髪結い高木きく（菊子）の姉妹弟子だった菊池（増渕）いよのと伊奈もとが、日活向島の撮影所の応援に呼ばれたことが、記録に残る限りでは、映画撮影に女性の結髪スタッフが参加した最初の例とされる。菊池と伊奈は、その後松竹に移籍し、戦後まで活動した。伊奈もと『髪と女優』（日本週報社、1961年）。

[2] 撮影所時代の大手映画会社は、東京と京都にそれぞれに撮影所を置き、東京では主に現代日本を舞台とする現代劇、京都では主に江戸時代以前の歴史的過去を舞台とする時代劇を、それぞれ専門に製作するのが通例だった。

[3] 淡島千景、坂尻昌平、志村三代子、御園生涼子、鷲谷花『淡島千景：女優というプリズム』（青弓社、2009年）、135-136頁。

ンに映える髪形を仕上げる結髪が、高度な技術とセンスを要する専門職であることは、画面を見るだけでも明白だろう。

●脚本部

最初期の映画撮影は台本を用意しないのが通例だったが、映画が長尺化し、ショット〜シーンの

図10-1 『お吟さま』監督田中絹代 お吟（有馬稲子）とその侍女宇乃（富士真奈美・手前） ⓒ1962/2021 松竹株式会社

構成が複雑化すると、事前のシナリオの準備が必須となり、撮影所には「脚本部」（または「台本部」）が設置され、撮影所内でも比較的女性の多い部門となった。女性脚本部員の主要な仕事は、脚本執筆に必要な資料の整理や、撮影台本を必要人数分だけ筆写する筆耕などの補助作業（図10-2）だったが、自分自身で映画のシナリオを執筆する機会を得る場合もあった[5]。

たとえば、1920年（大正9年）創業の帝国キネマ演芸株式会社（帝キネ）では、1931年（昭和6年）に新興キネマに吸収合併された時点で、台本部に数名の女性シナリオライターが在籍していた。1930年（昭和5年）に帝キネ太秦撮影所に現像係として入社した後、ひそかに共産党に入党し、撮影所内の労働運動の組織作りに取り組んだ坂斎小一郎は、撮影所内「左翼グループ」を立ち上げた際に、「台本部の三人の女性」が参加したと記している[6]。

---

[4] 「田村正和さん「家に帰りたい、学校に行けない」忙しすぎた"泣き虫俳優"時代」、『週刊女性』（電子版）、2021年6月21日更新、[https://www.jprime.jp/articles/-/21201?page=2]

[5] 因幡純雄『水島あやめの生涯：日本初の女流脚本家・少女小説作家』（銀の鈴社、2019年）

帝キネが新興に吸収合併された後、坂斎らは、34年（昭和9年）に、人員整理と労働強化に反対するストライキを実行するが、その際に、帝キネ時代後期以来、複数の現代劇映画のシナリオを担当した尾崎時子が、労働者側の代表者のひとりとして、会社との団体交渉に参加した[7]。当時の撮影所の脚本部には、映画のシナリオを執筆するばかりか、労働運動で積極的な役割を担うだけの意識をもち、争議の中心となって行動力と発言力を発揮しうる女性が在籍していたということになる。

図10-2　台本の謄写版印刷のため「鉄筆版」を作成する女性脚本部員／『女性』11（4）、1927年4月号、プラトン社　国立国会図書館所蔵

撮影所脚本部の女性シナリオライターの活躍は、帝キネ／新興に限られなかった。1924年（大正13年）に日活に入社した林義子は、日活草創期以来の最大のスター尾上松之助主演作品はじめ、複数の日活京都撮影所の時代劇映画の原作・脚本を手がけた。近い時期に活動を開始した時代劇映画の女性シナリオライターとしては、1920年代半ばから30年代半ばにかけて、各社で多数の作品の原作・脚本を担当した社喜久江（内田菊子）がいた[8]。

日本女子大学に在学中に、小笠原映画研究所に通ってシナリオを学んだ水島あやめは、1924年11月公開の『落葉の唄』で脚本家としてデ

---

[6]　坂斎小一郎『映画に生きる』（労働教育センター、1976年）、29-30頁。

[7]　坂斎、86-92頁。

[8]　以下の撮影所時代の女性シナリオライターの活動期間については次を参照。森宗厚子「1960年代以前の女性スタッフ人名録の試み「日本の女性映画人（1）──無声映画期から1960年代まで」関連資料』、2023年2月3日更新、国立映画アーカイブ［https://www.nfaj.go.jp/wp-content/uploads/sites/5/2023/01/Josei_2023.pdf］

ビューした。25年（大正14年）に松竹蒲田撮影所脚本部に移籍した水島は、当初は筆耕などを担当したが、26年（大正15年）5月に公開された映画『母よ恋し』（五所平之助監督）の原作・脚本を単独で担当し、以降10年間、シナリオライターとしての活動を継続した[9]。

シナリオの質的向上を重視した松竹は、1928年（昭和3年）に蒲田撮影所に脚本研究所を併設し、新人作家の育成にあたったが、松竹脚本研究所からは、日活入社後に東宝へと移籍し、1930年代以降の日本映画界では際立って多作の女性シナリオライターとして活動した鈴木紀子、松竹大船撮影所に所属した森山季子など、少数ながら女性作家も輩出された。

明治期から昭和戦前にかけて、女性にも間戸が開かれていた専門的職業はごく限られていたが、「文筆」は女性の仕事として比較的通りやすく、それゆえに、各社撮影所の脚本部への女性参入も可能だったと考えられる。しかし、女性の脚本部員のうち、シナリオライターとしてデビューし、複数の作品を手がけることができたのは少数派だった。しかも、戦前の撮影所の女性シナリオライターの多くは、比較的短期間のうちにキャリアを終え、10年近く活動したごく少数のベテランも、いずれも1940年代以前に映画界を去っている。もっとも突出した作家性を発揮した鈴木紀子も、1941年（昭和16年）公開の『女学生記』（村田武雄監督、東宝）を最後の脚本作品として、以降は印刷紙芝居の脚本家へと転身した。

1941年12月の日米開戦以降、撮影所の長編劇映画の女性シナリオライターの系譜は一時途絶に近い状態になったが、49年（昭和24年）1月公開の『女の一生』（亀井文夫監督、東宝＝藤本プロ）で水木洋子（八住利雄と共同脚本）が、同年6月公開の『人間模様』（市川崑監督、東宝）で和田夏十（山下與志一と共同脚本）が、51年（昭和26年）3

9　因幡、前掲書。

月公開の『我が家は楽し』（中村登監督、松竹）で田中澄江（柳井隆雄と共同脚本）が、それぞれにシナリオライターとしてのデビューを果たした。水木、和田、田中は、いずれも1950年代を中心に充実した創作活動を展開し、日本映画の「黄金時代」を大いに盛り立てた。

　水木と田中は、特定の映画会社に専属しないフリーランスの立場で活動した。市川崑の配偶者でもあった和田、あるいは東映京都撮影所の監督沢島忠と結婚後、多数の沢島監督作品の脚本を共同執筆した沢島（高松）冨久子（沢島との共同ペンネームは「鷹沢和善」）、木下惠介の実妹で、木下監督作品ほか、松竹現代劇映画の脚本を執筆した楠田（木下）芳子らは、家族としての監督との関係からシナリオ創作に携わった。戦後、松竹脚本研究所を経て、1949年に松竹脚本部の唯一の女性部員となった橋田壽賀子が、男性中心の職場で疎外感を負いつづけ、結局10年後に松竹を退社してテレビドラマへと転じた例[10]に見るように、日本映画産業は女性シナリオライターたちの充実した創作活動から大いに利益を得ながらも、男性と同等の正規のメンバーシップを認めることには消極的だった。

●字幕（タイトル）係

　セット、大道具小道具、衣装など、画面に映る大小の「物」の制作・準備を担当する美術部は、伝統的に男性の占有する職場だった。しかし、第二次世界大戦後には、東宝で美術を担当した村木忍、衣装を担当した柳生悦子など、撮影所の美術部の技術職に女性が参入する例も現れた。

　無声映画期の撮影所の美術部の重要な部門として、映画の本編中に挿入される説明字幕、冒頭のタイトル、スタッフ及びキャストのクレジットなどを作成する「タイトル部」があり、スタッフは「タイトル係」もしくは「字幕係」と称された[11]。無声映画期の映画は、映像と同期して

---

[10] 橋田壽賀子、山田太一「十年間 月給泥棒だった」、山田太一他（編）『人は大切なことも忘れてしまうから 松竹大船撮影所物語』（マガジンハウス、1995年）80-89頁。

再生される音声を欠いていたため、観客のストーリーの理解を助けるためには、映像の合間に挿入される説明字幕が必須であり、日本の場合には、さらに、映画館に常駐する活動弁士が、ライブ・パフォーマンスで映像にナレーションやせりふを付けていた。

無声映画期のタイトル係は、映画一本ごとに数十枚、場合によっては数百枚の説明字幕を、黒地の紙に白字を筆書きして制作した。撮影所が女性のタイトル係を募集した事例は確認でき、1936年（昭和11年）刊行の『東京女子就職案内』には、「タイトル係」の募集例が掲載され、「文字図案に表わるゝ女性的優雅を求めたるによる」と記されている[12]。タイトル係に必要とされる筆で美しい文字を書く能力は、伝統的に「女性らしさ」と結びつけられてきた。

『警察官』（内田吐夢監督、1933年）、『乙女シリーズその一　花物語福壽草』（川手二郎監督、1935年）など、フィルムが現存する1930年代の新興キネマの複数の無声映画には、「字幕」として加藤星江がクレジットされている、現状ではクレジット以外の人物情報が判明していないため、性別を特定することはできないが、「星江」という名前や、『福壽草』の説明字幕の流麗な行書体からは、女性の可能性も指摘しうるだろう。『福壽草』の説明字幕（図10-3）は、原稿用紙に線の細い書体で筆書きされ、吉屋信子による少女小説「花物語」シリーズの映画化にふさわしい「女性的優雅」を体現している。一方、1932年の大森銀行ギャング事件をモデルに、かつては親友同士だった左翼ギャングと警察官の攻防をスリリングに物語る『警察官』の説明字幕（図10-4）は、角ゴシック体に近い線の太い書体で書かれている。説明字幕は、たんに無声映画のせりふや筋書きをテキストとして観客に伝達するだけではなく、世界観や登場人物の性格を視覚化する重要な機能を担っていたこと、タイトル係には、それぞれの作品に適した字体やレイアウトを使い分

---

[11] 撮影所の「タイトル部」については次を参照。坂斎、前掲書、30頁。藤岡秀三郎「美しい字幕の話」、松竹映画聯盟『シナリオ』1930年4月号、20-22頁。

[12] 東京女子就職指導会編『東京女子就職案内』、1936年、82頁。

けるセンスと技術が必要だったことを、これらの現存フィルムからは知ることができる。

●**スクリプター**[13]

1930年代から本格的に日本映画のトーキー化が進むと、映画の制作工程はさらに複雑化したが、その際に新たに導入された職が、「記録係」「スクリプト・ガール」とも称されたスクリプターだった。スクリプターは、撮影の準備段階から編集作業に至るまで、映画制作の全工程に立ち合って詳細な記録を取り、シーンを構成する各カット間の映像や音声のつながりに問題点がないかを確認し、シーンの所要時間や複数のテイクの優先順位など、編集に必要な情報を整理し、編集部に伝達する。

図10-3 『福壽草』説明字幕　国立映画アーカイブ

図10-4 『警察官』説明字幕　国立映画アーカイブ

スクリプターは、世界各地域の映画産業で、例外的に女性が多数を占めてきた職だった。日本映画の撮影所におけるスクリプターの嚆矢は、いずれも1920年代末に日活に入社した坂根田鶴子と笹木一子とされる。1931年刊の『毎日年鑑』附録『現代術語辞典』の「スクリプト・ガール」の項目には、「映画監督の下でその仕事の一部を助けてゆく尖

---

[13] スクリプターについては次を参照。谷慶子「スクリプター烈伝」、『日本映画における女性パイオニア』、2021年9月25日公開、[https://wpjc.h.kyoto-u.ac.jp/pioneer/scripter/]。

端的な婦人、わが国ではいま日活に二人いるだけ」と記されている[14]。

1931年11月には松竹蒲田撮影所と不二映画が「スクリプト・ガール」の採用を開始した[15]。33年にトーキー映画製作を開始したP.C.L映画製作所と、37年にP.C.Lほかを吸収合併して成立した東宝も、当初から女性スクリプターを採用したこともあり、日本映画界でもスクリプターは女性の職として定着した。スクリプターは新しいタイプの女性の知的職業として、当時のメディアでも注目された。

企画、脚本準備、撮影、演出、編集の全プロセスの詳細な記録をとるスクリプターは、当然、映画制作の全工程を熟知することになる。スクリプターの技能と経験は、映画作品のクオリティを支えるばかりか、映画史記述にとって貴重な証言をもたらしてきた。たとえば、『羅生門』（大映、1950年）以降の黒澤明監督作品のスクリプターを担当した野上照代は、黒澤組についての回想録『完本天気待ち——監督・黒澤明と共に』（草思社、2016年）ほかの著作を執筆し、黒澤組の撮影現場の詳細な状況を今日に伝えている。

●編集

映画編集は、撮影されたフィルムをカッティングして、ストーリーの流れに沿うように繋いで各シーンを構成し、最終的に観客に向けて上映可能な形態の映画を完成する。トーキー化以降は、画と音を合わせ、最終的に効果音や劇伴音楽を加える作業が新たに加わった。フィルム編集は、「女性的」とみなされる細かい手先の作業を要したため、比較的女性の参入しやすい職域だった。

無声映画期の日本映画界では、独立した専門職としての「編集」は未成立で、撮影されたフィルムの編集は、監督もしくはカメラマンが担当

---

[14] 『毎日年鑑　昭和七年附録　現代術語辞典』、大阪毎日新聞社、1931年。

[15] 朝日新聞社発行のグラフ誌『映画と演芸』1932年1月号（9巻1号）は前年11月13日付の記事で、「松竹蒲田と不二映画とでそれぞれ女監督見習のスクリプト・ガールを募集、之は婦人の新職業だ」と報じている。

した。映画が長尺化し、編集作業が複雑化すると、撮影所にはフィルム編集作業のための「整理室」が置かれ、数人の女性スタッフがフィルムの整理と編集の補助作業を担当した。朝日新聞社刊の『日本映画年鑑　昭和4・5年』には、日活京都太秦撮影所の「整理室」の写真が掲載され、作業中の女性スタッフたちの姿も映っている[16]（図10-5）。

図10-5　1929-30年頃の日活太秦撮影所の「整理室」の作業光景／朝日新聞社編『日本映画年鑑』昭和4・5年、朝日新聞社、1930年　国立国会図書館所蔵

　日本映画のトーキー化に伴い、「編集」が専門職化すると、「整理室」のスタッフから昇格した女性編集者も現れた。松竹の木下惠介監督の最も信頼した編集者であり、「天才」と称された杉原よ志もその中の一人であり、戦後には松竹大船撮影所編集課の課長に任命された。撮影所時代の映画会社で、部課長クラスへの女性の昇進は異例の事態であり、杉原の卓越した技術と経験に対して、大きな信頼が寄せられていたことが窺われる。

2. 女性監督への道

●初期の女性監督

　これまでいくつかの例を挙げてきた、映画の完成までに必要となる多様な作業を統括し、最終的な意志決定を行い、映画作品のできあがりをコントロールする権限と責任は、もっぱら映画監督に帰される。撮影所時代の日本映画界では、監督と、撮影現場において監督の演出を補助

---

[16]　『日本映画年鑑　昭和4・5年』（朝日新聞社、1931年）

し、能力を認められれば監督への昇格が見込まれる助監督は、基本的には男性限定の職だった。

　しかし、撮影所における分業が流動的であり、助監督の職域もまだ曖昧だったトーキー移行前後の時期に、日活の監督部に在籍した坂根田鶴子と笹木一子は、先述したようにスクリプターの嚆矢となったばかりか、監督の演出を補佐する助監督に類する立場を得て、それぞれに監督に昇格する可能性も見込まれていた[17]。

　坂根田鶴子（図10-6）は、溝口健二の信頼するアシスタントとして、日活から新興、入江たか子ぷろだくしょん、第一映画、松竹と移籍をくり返す溝口につき従い、複数の撮影所を転々とした。日活のトップスターだった入江たか子が1932年（昭和7年）に独立して創業した入江ぷろだくしょんで、溝口が『瀧の白糸』（1933年）を監督したのと同時期に、坂根も監督昇格の内定を得たとして、「たとえ名ばかりでも女所長には違いない入江プロに、今度は日本最初の女監督坂根田鶴子女史が出現するというニュースは、スタジオマンからも非常に興味がられて居る」[18]と報道されたが、結局この企画は実現

図10-6　坂根田鶴子『初姿』撮影風景
国立映画アーカイブ

---

[17] 当時の映画雑誌では次のように報じられている。「婦選〔女性選挙権〕だ男女同権だと女性の社会的進出は愈々凄いものがあるが流石に日本には未だ女流映画監督の出現は観ないが女性が男性と肩を並べて堂々各種の職業に従事する以上、女流映画監督の一人や二人は必ず現れるべき時流となって来たと云ふのは日活が早くもこの傾向を見て取って溝口監督には阪根〔ママ〕田鶴子、阿部監督には笹木一子と云う女性をアシスタントとして活躍させているが、この二人の女性が近く我が国のドロシー・アーズナー〔当時ハリウッドで唯一の女性監督〕としての手腕を見せるものと期待されている。」（『キネマ週報』、1930年4月号、17頁）

[18] 「スタジオ街から」、『キネマ旬報』第470号、1933年5月11日、74頁。

しなかった。

　溝口健二が第一映画に移籍した際に、坂根も同行し、1936年（昭和11年）に第一回監督作品『初姿』を完成させた。『初姿』（現在フィルムは所在不明）は日本映画界最初の女性監督による長編劇場映画となり、坂根田鶴子はついに「日本最初の女性監督」と公認された。その後、坂根は次作の監督の機会を得られないまま、引き続き、溝口健二の助監督を務めていたが、1940年（昭和15年）秋に溝口組を離脱して、ドキュメンタリー、教育映画など、「文化映画」と称されたタイプの映画を専門に製作する理研映画に入社し、北海道のアイヌの生活と文化を記録した文化映画『北の同胞』を監督した。さらに、坂根は中国大陸に渡って、日本軍の工作により中国東北地方に建国された「満州国」の国策映画会社満洲映画協会（満映）に参加し、フィルムが現存している唯一の監督作品『開拓の花嫁』（1943年）ほか、複数の記録・教育・宣伝映画を監督した[19]。

　坂根と共に日活監督部に在籍した笹木一子については、複数回にわたって将来の監督昇格の予定が報道され、1933年（昭和8年）には、同年新設されたJ.Oトーキースタジオ（以下「JO」）で、「日本の風俗、景勝、流行などのピクトリアル映画」の製作を担当する計画も報道された[20]が、結局、長編劇映画を監督する機会は得られなかったようだ。1935年（昭和10年）に京都市観光課が各映画会社に委託して、観光映画『京の四季』シリーズを製作した際に、当初はJOの製作部門として創業し、その後日活との関係を強めていったトーキー映画製作会社太秦発声映画が受注した『京の四季　第二編　夏の巻』の監督に、笹木が抜擢された[21]。完成した映画は、京都市観光課が買い取って上映したほか、京都・東京の日活系列館でも上映された[22]。長編劇映画ではない

---

[19]　坂根田鶴子のキャリアについては次を参照。池川玲子『「帝国」の映画監督　坂根田鶴子：『開拓の花嫁』・一九四三年・満映』吉川弘文館、2011年。

[20]　「日本各社撮影所通信」、『キネマ旬報』第475号、1933年7月1日、76頁。

[21]　「撮影所通信」、『キネマ旬報』第559号、1935年9月11日、97頁。

が、映画館で興行された映画作品の女性監督として、笹木は坂根田鶴子に1年先行していたということになる。翌1936年に、笹木は太秦発声を退社し、一時的に撮影所の制作現場を離れたが、戦後にスクリプターとして復帰した[23]。

　坂根田鶴子、笹木一子がそれぞれに監督を目指した1930年代には、当時のハリウッドで唯一の女性監督ドロシー・アーズナーや、レオンティーネ・ザガン、レニ・リーフェンシュタールらドイツ映画界の女性監督の活躍が、日本でも関心を集めていた。レオンティーネ・ザガンの初監督作品にして代表作となった『制服の処女』（図10-7）は、1933年2月に日本公開されて大ヒットし、女性監督作品としては最初の『キネマ旬報』ベスト10の第1位に選出された。坂根田鶴子はザガンについてたびたび言及しており、自身の監督作品として、ウェブスター『あしながおじさん』の翻案を企図し、池川玲子によれば、「『制服の処女』の陽性バージョンといった趣」のシナリオを完成させていることからも、ザガンと『制服の処女』を意識していたことが窺われる[24]。

石井妙子による原節子の評伝『原節子の真実』は、元東宝のスクリプターだった杉本セツ子が、女学校卒業後、レニ・リーフェンシュタールの活躍を新聞で読んだことがきっかけで映画監督に憧れ、東宝の入社試験の面接で監督

図10-7　『制服の処女』（1931）　写真 The Moviestore Collection Ltd/ユニフォトプレス

---

[22] 京都市産業部観光課『京都市観光事業要覧　昭和12年版』、1937年、22頁。同『同　昭和13年版』、1938年、23頁。

[23] 笹木一子については次を参照。鷲谷花「知られざる女性映画監督・笹木一子」、第37回東京国際映画祭ウィメンズ・エンパワーメント部門シンポジウム「女性監督は歩き続ける」公式ブックレット、2024年、72-76頁。

[24] 池川、前掲書、22頁。

志望を訴えたところ、「その場にいた面接官全員が腹を抱えて笑い出した」というエピソードを紹介している。杉本は1940年（昭和15年）に東宝入社を果たしたが、希望通りの演出部には配属されず、スクリプターとして働くことになった[25]。杉本の体験は、当時の日本でも、ザガンやリーフェンシュタールの活躍が、映画監督を目指す女性たちを後押しする力となっていた一方、人事の決定権をもつ映画会社は、女性を監督として育成する積極的な意志を欠いていたことを伝える。

●映画監督・田中絹代（図 10 - 8）

満映で映画監督として活動した後、1946年（昭和21年）秋に中国大陸から日本へと引き揚げた坂根田鶴子は、当時、松竹下加茂撮影所に在籍していた溝口健二の仲介で松竹に入社し、スクリプターとして溝口組の撮影に参加し、溝口の退社後も松竹でスクリプターを続けた。監督への復帰は実現しなかった。

戦時中の企業整理の一環として、戦前には多数が競合していた劇映画の製作会社は、松竹、東宝、日活・新興以下他の大中小の映画会社を統合して新たに設立された大映の三社に再編された。敗戦後、松竹、東宝、大映に加えて、東宝の労働争議から離脱したメンバーが中心となって1948年に創業した新東宝、1951年に創業した東映、

図 10 - 8　田中絹代　撮影中スナップショット　　国立映画アーカイブ

---

[25] 石井妙子『原節子の真実』（電子書籍版）新潮社、2019年、193／550頁。

1954年に製作を再開した日活を加えた六社が、直営の撮影所と全国的な映画配給網をもつ大手映画会社として、国内映画市場を寡占状態に置いた。六社は、監督候補としての可能性をもつ助監督を、大学卒業以上の学歴の男性に限定して募集したため、46年に新たに制定された日本国憲法が性別に基づく差別の禁止を定めたにもかかわらず、女性の監督業への進出は、坂根田鶴子や笹木一子が監督を目指した1930年代よりも、むしろ困難になったともいえる。

　成人映画（ピンク映画）と自主映画の領域で、1970年代以降、300本に及ぶ監督作品を発表した浜野佐知が、1960年代末に映画監督を目指して上京した際、大手映画会社撮影所の演出部の採用条件は「大卒・男子」であり、「「高卒・女子」の私は最初から門前払いだった」[26]と記すように、日本映画産業の衰退期に至っても、女性を監督業から排除する撮影所の構造は揺るぎなかった。

　撮影所生え抜きの女性監督のキャリアの可能性がほぼ断たれた一方、無声映画期から日本映画界の最大のスターだった田中絹代が、フリーランスの立場で監督への進出を果たした。田中は戦後も「巨匠」クラスの監督作品に連続で主演するなど、トップスターの地位を維持したが、1949年（昭和24年）末の訪米から帰国した際のパレードでの服装や態度が批判され、その後の出演作品が不評を重ねたことなどを機に、将来のキャリアの不安定性を意識するようになり、監督業への進出を志向するようになった[27]。

　田中絹代が主演し、欧米の各国際映画祭で権威ある賞を受賞した『西鶴一代女』（新東宝、1952年）、『雨月物語』などを監督した溝口健二は、田中の監督進出に強く反対したとされるが、成瀬巳喜男、小津安二

---

[26]　浜野佐知『女になれない職業』ころから、2022年、28頁。

[27]　田中絹代の伝記としては、東山千榮子、水谷八重子、杉村春子、田中絹代、ミヤコ蝶々『私の履歴書　女優の運命』（日本経済出版、2006年）、新藤兼人『小説田中絹代』（読売新聞社、1983年）、古川薫『花も嵐も：女優・田中絹代の生涯』（文藝春秋、2002年）ほか多数。

郎、木下惠介ら、その他の日本映画界を代表する監督たちは、所属映画会社の別を超えて、田中絹代監督を支援した。成瀬巳喜男は、『あにいもうと』（大映、1953 年）の現場に田中を助監督として招いて演出を経験させ、木下惠介は田中の監督第一作となる『恋文』（新東宝、1953年）の脚本を提供した。丹羽文雄の同名小説を原作とし、当時「パンパン」と称された、主に米兵を相手に自由売春をおこなうセックスワーカーが、顧客に宛てた手紙を英文で代筆する商売を始めた失業中の元軍人（森雅之）が、かつての恋人（久我美子）も米兵と関係を持っていたことを知って苦悩する『恋文』は、53 年（昭和 28 年）12 月に公開され、批評・興行の両面で好評を得た。

　田中の監督第二作『月は上りぬ』は、元は日本電信電話公社から日本映画監督協会への宣伝映画の製作依頼を受け、小津安二郎が自身の監督企画として、斎藤良輔と共同執筆した脚本の映画化だった。1954 年（昭和 29 年）に『月は上りぬ』の日活での映画化が企画された際に、小津は田中を監督に推薦したが、田中と優先出演契約を結んでいた大映が、日活が田中を監督として起用することは「五社協定」違反であるとして、強硬に反対した。製作再開を宣言した日活が、他社の人材の大規模な引き抜きを行うことを警戒した既存五社は、自社と専属契約を結んだ監督、俳優らが、契約期間中に他社の映画製作に参加することを原則的に禁じ、違反者はいずれの会社でも起用しないとする、通称「五社協定」を 1953 年秋に締結した。大映の干渉に対して、小津を中心とする監督協会は、田中絹代監督による『月は上りぬ』映画化の支援を表明し、五社と日活の間の交渉を取りまとめて、企画実現を後押しした[28]。『月は上りぬ』は 1955 年（昭和 30 年）1 月に公開されてヒットし、批評面でも、小津の影響を指摘されながらも概ね好評だった。

---

[28]　「五社協定」および『月は上りぬ』製作をめぐる紛糾、小津以下日本映画監督協会の動向については次を参照、井上雅雄『戦後日本映画史：企業経営史からたどる』（新曜社、2022 年）、第 8 章「日活の映画製作再開と「五社協定」」（278-305頁）。

「五社協定」の成立期、映画企業が自社の契約下にある映画人をコントロールし、企画の自由な選択を制約する圧力を強める傾向に、批判的な立場をとっていた日本監督協会は、自主的な映画創作活動の尊重を求める主張の一環として、当時の日本で唯一の女性の長編劇映画の監督だった田中絹代を支援し、『月は上りぬ』を完成させることを選択した。一方、『月は上りぬ』は、「小津安二郎の作品」の一部として評価される傾向があり、田中絹代が「小津らしさ」を再現する手腕は称賛されたものの、田中独自の作家性を掘り下げようとする評は乏しかった。この作品の成立と受容をめぐっては、企業と個人の間の葛藤が、ジェンダーの問題と複雑に絡みあっていた。

他から企画・脚本の提供を受けて『恋文』『月は上りぬ』を監督した田中絹代は、『月は上りぬ』に続いて日活で監督した『乳房よ永遠なれ』（1955年）では、歌人中城ふみ子の臨終に至るまでの経緯を間近で記録した若月彰の同名ルポルタージュ（第二書房、1955年）を、自ら原作として選択した。脚色は田中澄江が担当し、以降、田中は、『流転の王妃』（大映、1960年）では和田夏十、『女ばかりの夜』（東宝、1961年）では再び田中澄江と、女性シナリオライターとの協働による作品を続けて監督した。

映画研究者斉藤綾子は、『乳房よ永遠なれ』製作関連資料を調査し、田中が、中城ふみ子の歌集、若月彰によるルポルタージュ、田中澄江によるシナリオを丹念に読み込んだうえで、言葉ではなく演出によって、主人公下城ふみ子（月丘夢路）の感情と体験を視覚化しようとした痕跡を辿っている[29]。映画のふみ子は、破綻した結婚生活に苦しむ妻であり、幼い子どもたちを愛する母親でもあるという、一面では日本映画のメロドラマが伝統的に描いてきた女性像を体現しつつ、短歌の創作と婚姻外の性愛に向かう能動的な欲望を発揮する、複雑なキャラクターとし

---

[29] Saito Ayako, "Kinuyo and Sumie : When Women Write and Direct", in Irene Gonzalez-Lopez and Michael Smith (eds), Tanaka Kinuyo : Nation, Stardom and Female Subjectivity. Edinburgh University Press, 2018. 126-154.

て造型され、演出される（図 10 - 9）。

1953 年（昭和 28 年）に成立した売春防止法によって売春が非合法化された後、摘発されたセックスワーカーの更生施設を舞台とする梁雅子『道あれど』（三一書房、1960 年）を原作に、再び田中澄江が脚色を担当した田中絹代の監督第四作『女ばかりの夜』でも、社会において支配的な性規範への適応と抵抗との間を揺れ動く女性が主人公となる。元は米軍キャンプ周辺で商売する「パンパン」だった主人公（原知佐子）は、売春を「悪」であり「罪」であ

図 10 - 9 『乳房よ永遠なれ』
乳房よ永遠なれ　©日活

ると断罪する一方、それに代わる道を示そうとはしない社会の酷薄に反発しつつ、信頼しうる人びととの絆と、より善い生き方を求めて彷徨する。

田中絹代監督 - 田中澄江脚本の 2 作品では、主人公たちを囲い込む空間の閉鎖性が印象的に視覚化され、劇的な転換点では、正面からではなく背後から主人公を映すバックショットが活用される。バックショットで映される主人公たちの背中を見る観客は、彼女たちの魅力的な顔や身体の外観をただ眺めるのではなく、彼女たちの側から、理不尽で抑圧的な世界に対峙し、あるいはその欲望の対象を共に見つめることを促される。

愛新覚羅溥儀の弟・溥傑と政略結婚し、「満洲国」皇室の一員となった愛新覚羅（嵯峨）浩の同名の自伝（文藝春秋社、1959 年）を、和田夏十の脚色により映画化した『流転の王妃』と、今東光の同名小説（淡交社、1957 年）を原作に、千利休の娘お吟（有馬稲子）が、キリシタ

ン大名高山右近（仲代達矢）への恋に殉じる『お吟さま』（文芸プロダクションにんじんくらぶ、1962年）は、いずれも歴史の巨大な転換期に立ち合う女性主人公の受難を物語る、カラーの歴史メロドラマの大作であり、ここまで言及してきた4本の田中絹代の監督作品が、いずれも戦後の日本社会のリアルな描写を志向する白黒作品だったのとは方向性が異なる。一方、いずれも主人公は女性であり、『流転の王妃』の原作者とシナリオライターは女性、『お吟さま』は、岸惠子、久我美子、有馬稲子のスター三名が、「女だけのプロダクション」として立ち上げた文芸プロダクションにんじんくらぶで製作された。「女性の作り手による女性映画」への志向は一貫していたといえる。

　1950年代に最盛期を迎えた日本映画産業は、60年代前半には深刻な不況に陥った。強力なライバルに急成長したテレビと競合するべく、各映画会社は、「家でテレビを見るもの」とみなされた女性観客よりも、成人男性観客の動員を最優先して、性、暴力、犯罪の過激なセンセーショナリズムへの志向を強めた。『乳房よ永遠なれ』以降の田中絹代が志向した、「女性の作り手による女性映画」は、既存映画会社の企画としては成立が困難となる。結局、1962年（昭和37年）6月に公開された『お吟さま』が、田中絹代の最後の監督作品となった。

●映画監督・望月優子

　1970年代以前の日本において、全国の映画館で一般公開される長編劇映画の監督業を一定期間継続し、複数の作品を発表することができた女性は、田中絹代のみだった。しかし、教育、広報、記録、報道を目的として製作され、学校や公共施設など非商業的な場でも上映される文化映画・教育映画・ニュース映画の領域では、戦後、複数の女性監督が活躍した。たとえば、日映科学映画製作所の中村麟子、岡野薫子、東宝の

スクリプターから教育映画の演出に転じたかんけまり（石山一枝）、日本映画新社の藤原智子といった名前を挙げることができる[30]。

　教育映画や企業PR映画などを幅広く製作した岩波映画製作所には、1950年代から羽田燈子、時枝俊枝らの女性演出家が在籍し、長期にわたって活躍した。羽田燈子『村の婦人学級』（1957年）、時枝俊枝『町の政治──べんきょうするお母さん』（1957年）などの作品は、身近な問題を解決するために自ら学習しようとする市井の女性たちの活動を生き生きと映し出す。

　職業俳優が出演する劇映画としての側面をもつが、主に映画館以外の会場で、教育を目的として上映される作品を複数発表した女性監督として、ここでは望月優子に注目する[31]。

　望月優子は、木下惠介監督『日本の悲劇』（松竹、1953年）、成瀬巳喜男監督『晩菊』（東宝、1954年）などの撮影所の名作や、山本薩夫監督『荷車の歌』（全国農村映画協会、1959年）など独立プロダクション映画への出演で知られる名優だが、1960年から62年にかけて監督業に進出し、東映教育映画『海を渡る友情』（1960年）および『おなじ太陽の下で』（1962年）、全日本自由労働組合（全日自労）製作『ここに生きる』（1962年）を監督し、NTV系『ノンフィクション劇場』で放映された「ぼくは日本人」（1963年）ほか、テレビのドラマやドキュメンタリーの演出も手がけた。

　望月の監督作品は、いずれも同時代の日本の社会問題を扱う教育・宣伝映画だった。『海を渡る友情』は、自分の父親が朝鮮人であることを知らずに育った少年の視点から、在日朝鮮人の祖国帰還事業を描き、

---

[30]　前掲、森宗および次を参照。吉田真由美、林冬子、松本侑生子、高野悦子、大竹洋子、小藤田千栄子『女性監督映画の全貌』（バド・ウィメンズ・オフィス、2002年）。

[31]　望月優子の俳優および監督としてのキャリアについては次を参照。鷲谷花「望月優子」、『日本映画における女性パイオニア』、2021年10月31日公開、[https://wpjc.h.kyoto-u.ac.jp/woman/346/]。

『おなじ太陽の下で』は、在日米軍兵士と日本人女性の間に生まれ、「混血児」と呼ばれて苛酷な差別を受けていた児童の日本社会による包摂を訴える。

　望月優子の最後の監督作品となった『ここに生きる』は、屋外で働く日雇い労働者、とりわけ「ニコヨン」と通称された失業対策事業の就労者を中心に組織された労働組合である全日自労の委託により製作された。失対日雇い労働者とその家族の労働と生活の情景を映し出しつつ、当時国会で審議されようとしていた緊急失業対策法改正案に対する組合の反対運動にフォーカスしていく『ここに生きる』は、緊急失業対策法改正反対運動の一環として、全日自労の全国各支部で上映されたが、一般向けにはほとんど上映されず、2014年に再発見されるまで、長らくフィルム自体が所在不明になっていた。

　失対日雇い労働者には女性が多かったため、全日自労は、日本の労働組合としては例外的に、早い段階から女性の労働と失業の問題に取り組んできた。「働く貧しい母親」のイメージを体現するスターだった望月優子に、教育宣伝映画の監督を依頼したのも、組合側のそうした事情が関連していた可能性がある。『ここに生きる』は、労働運動を題材とする映画の定番の要素としての、成人男性が中心の組合のデモや集会の場面よりも、幼い子どもたちの遊ぶ組合の託児所の光景や、バーで働きつつ洋裁学校に通う娘と、長年失業対策事業の現場で働き、組合活動にも従事してきたその母親の生活の情景に関心を寄せ、クライマックスの反対運動の大会の場面でも、組合の男性幹部たちの演説よりも、緊急失業対策法改正案の自分たちの将来への影響への不安を口々に語る、女性労働者たちの声を聞かせることを優先する。日本映画が労働・失業問題を取りあげる場合、それはほぼ「男性の問題」だった時代に、女性監督による、女性の労働と失業の問題についての映画『ここに生きる』は、ユ

ニークな「女性映画」でもあったといえる(図10-10)。

労働組合が製作した女性監督の映画としては、やはり日本映画界を代表する名優のひとり左幸子が、国鉄労働組合（国労）の委託により監督した『遠い一本の道』（左プロダクション－国鉄労働組合、1977年）も挙げられる[32]。

図10-10 『ここに生きる』 全日本建設交運一般労働組合（建交労）

『遠い一本の道』では、北海道の国鉄路線の保線作業員の妻（左）の視点から、「反マル生運動」から「スト権スト」に至る、1970年代の国鉄の労働運動の歴史が振り返られる。主婦層の組織的動員は、労働組合運動の成否を左右する重要な要因であり、国労側の『遠い一本の道』の製作目的は、主婦層に向けて労働運動の意義を伝えることにもあった。

1960年代から70年代にかけて、大手劇映画会社が、成人男性観客の「動員」に向けたリソースの集中を選択し、女性観客と「女性映画」を切り捨てる一方で、労働組合が、営利目的とは異なる「動員」のために、女性監督による「女性映画」の製作に関わるという事態が起きていたということになる。

日本の映画産業には、女性の作り手と観客を、ともすれば切り捨てても惜しくない存在として扱う傾向が根強くあったことは否めない。その一方で、女性が女性のために映画を作る領域を切り開き、維持しようとする試みは困難を押して続いてきた。それは日本映画史、日本映画産業全体からすれば、一見ごく小さな領域にすぎないように思われるかもしれないが、われわれはそこから多くを学ぶことができるだろう。

---

[32] 左幸子の俳優および監督としてのキャリアについては次を参照。斉藤綾子「左幸子」、『日本映画における女性パイオニア』、2021年9月16日公開、2022年1月26日更新、［https://wpjc.h.kyoto-u.ac.jp/woman/208/］

学習課題

1. 映画の映像と物語は、ジェンダーと権力の関係をさまざまな形で取り上げてきたが、それのみならず、映画を作り出す労働の場においても、ジェンダーと権力は複雑に絡み合ってきた。女性映画人たちの体験は、映画によるジェンダーと権力の表現にどのような創造的洞察をもたらしうるか、講義内で言及した作品ばかりではなく、その他の映像作品を、女性の作り手たちの存在感に注目して見てみよう。

2. この講義で取り上げた結髪（ヘアメイク）、タイトル（美術）、編集ほか、撮影、セットデザイン、音楽、音響、特殊効果（VFX）、といった多様なスタッフワークの創造性に注目して、映画作品を見てみよう。

3. 多くの場合、映画は個別の作り手の創作した作品であるばかりではなく、企業が労働力を集約して生産し、市場で利益を得る文化・娯楽商品でもあり、映画の企画・制作から興行に至るプロセスでは、しばしば企業と個人の利害関心が衝突し、立場の弱い者の権利が侵害される場合もある。そうした側面を踏まえて、昨今の映画・テレビ業界における制作現場におけるハラスメントや、労働問題・労働運動の報道にも注意してみよう。

参考文献

北村匡平・児玉美月『彼女たちのまなざし：日本映画の女性作家』、フィルムアート社、2023年。

吉田真由美・林冬子・松本侑壬子・高野悦子・大竹洋子・小藤田千栄子編『女性監督映画の全貌』、バド・ウィメンズ・オフィス、2001年。

『日本映画における女性パイオニア』[https：//wpjc.h.kyoto-u.ac.jp/]（2024年9月15日確認）。

11 │『市民ケーン』を読む（1）
——"by Orson Welles"

宮本陽一郎

《目標&ポイント》 しばしば映画史上最高傑作として名前が挙げられる『市民ケーン』（1941年）。その冒頭には黒無地の背景に白い文字で"A MERCURY PRODUCTION"（マーキュリー作品）、そして一瞬の間を置いてから"by Orson Welles"いう字幕（図11-1）が加わり画面の余白を埋める。それに続いて同じく黒無地の背景に白文字で"CITIZEN KANE"というタイトルが示され、そして本編が始まる。小説であれば作品の冒頭に作家名が示されることはなんの不思議もない。しかしハリウッド映画にあってはこれはきわめて異例なことである。映画における「作家」とは何か？
《キーワード》 作者、ニュークリティシズム、主題、意図の誤謬、象徴

1. 作者とは何か？

映画であれ文学であれ絵画であれ、私たちが一本の映画をただ鑑賞するだけでなく、その意味を考えようとするとき、「作者」という概念はもっとも手近な道具になるだろう。「この作品は何を意味するのか？」という問いは、

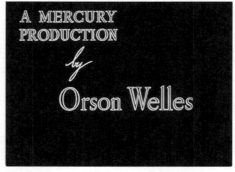

図11-1 「マーキュリー作品／オーソン・ウェルズ作」

「作者は何を意図したのか？」というもう少し具体的な問いに置き換えることが可能になる。

　映画に関して、この「作者」という概念を応用して論じることに問題があることは、指摘するまでもないだろう。多くの場合、私たちは映画監督を「作者」と措定して議論を始めがちであるが、映画は監督一人によって作られるものではない。製作、脚本、撮影、作曲、編集、録音、特殊効果、俳優などさまざまな役割をもつ作り手たちが厳格な分業システムと緊密な共同作業のなかで一本の映画を生み出す。これは小説の書き手が多くの場合一本の筆を握った一人の作家であることとは大きく事情が異なる。絵画の場合、キャンバスのうえの一筆一筆すべてが画家本人の手になるものであることが、署名によって保証される。映画、とりわけ劇映画にあっては、そのような意味での「作者」は存在しない。そうだとすれば、『市民ケーン』冒頭の "by ORSON WELLES" という字幕はあらためて注目するに値するだろう。

　それはオーソン・ウェルズの傲慢と決めつけるべきではない。映画はひとりの人間の手のみによるものではないからこそ、映画の冒頭と末尾、あるいはその両方にクレジットが置かれ、たくさんの作り手たちの名がスクリーンに映し出される。『市民ケーン』の場合、本編のエンドマークが示された後、2分間あまりにわたってキャストとスタッフが紹介される。動画つきで主要キャストを紹介する部分にはオーソン・ウェルズは含まれない。オーソン・ウェルズの名は、その他の出演俳優を紹介したリストの8人目に挙げられているに過ぎない。スタッフを紹介した部分は「オリジナル脚本　ハーマン・J・マンキーウィッツ、オーソン・ウェルズ」という字幕（**図11-2**）、そして「オーソン・ウェルズ監督・製作／グレッグ・トーランド　A.S.C. 撮影」という字幕で締めくくられる[1]。脚本の作者としてウェルズ自身の名よりも先にハーマン・

---

[1]　トーランドの名に付記された A.S.C. は、全米撮影監督協会（American Society of Cinematographers）のメンバーであることを示す。

図11-2 映画『市民ケーン』のエンド・クレジットより

図11-3 同左

J・マンキーウィッツの名を挙げていること、そしてスタッフの撮影監督グレッグ・トーランドの名をウェルズの名と並置しトリに位置付けていることは、きわめて異例である（**図11-3**）。そうであればこそ、作品冒頭の"by Orson Welles"という字幕の意味は改めて考えるに値する。

2. 製作、監督、脚本、主演

オーソン・ウェルズが『市民ケーン』の製作、監督、脚本、主演をすべて担当したことを考えるなら、"by Orson Welles"という字幕はそれほどの誇張とは言えないだろう。しかし、それだけでは答えにならない。なぜなら、それはRKOラジオという映画会社が、「製作、監督、脚本、主演」という例外的なポジションを、映画界における実績が皆無である24歳の青年オーソン・ウェルズになぜ提供したのかという新たな問いを導くに過ぎないからである。

コンテンツのすべてに関して絶対的な権限を持つ「作者」としてのオーソン・ウェルズという存在を作り出したのは、実は映画界ではなく

ラジオ界、具体的には CBS ネットワークだった。ミシェル・ヒルムズの画期的な研究が明らかにするように、当時のラジオ界は、政府とスポンサーたちのあいだの対立のはざまに置かれ苦境に瀕していた[2]。フランクリン・D・ローズヴェルト大統領は、大統領自身の「炉端講話」をはじめとしてラジオを政治の武器として活用するようになった。これは大統領の政策に同意しないスポンサーたちの離反を招いた。政府とスポンサーの双方が、番組内容に干渉してくるという苦境のなかで、CBS が注目したのが、オーソン・ウェルズだった。CBS がオーソン・ウェルズとの契約をアナウンスした新聞広告には、ウェルズを冠した番組の内容について、決定権は全面的にウェルズ個人にあり、放送局は決定権を放棄することを明言し、それを通じて放送局が政府ないしスポンサーから圧力を受けることがないように配慮している。ウェルズと CBS とのあいだに交わされた契約を報じた、当時の新聞記事は、次のように報じている。

　　ウェルズは、メディアの選択と題材の選択について自由裁量を与えられた。
　　番組には「一人称単数」という総合タイトルがつけられ、ウェルズはそのスター俳優を務めるのみならず、シリーズの脚本執筆、キャスティング、監督、製作を務める。マーキュリー・シアター・カンパニーはウェルズによって全面的に統括され、番組の内容を自由に選択する権限を持つ。[3]

これは、ウェルズに破格の待遇を与えると同時に、放送局は番組の内容についての詮議を免れることを意味する。この番組をスポンサーなしの教養番組（Cultural Program）とし、オーソン・ウェルズの「天才」

---

[2] Michele Hilmes, *Radio Voices : American Broadcasting 1922-1952* (University of Minnesota Press, 1997), p. 219.

「神童」というイメージを強化することにより、CBS は政府とスポンサーの双方からの干渉をかわすとともに、ラジオ放送の低俗化に対する世論の批判をもかわそうとした。

このようにして、「製作、監督、脚本、主演」をひとりでこなす「神童」オーソン・ウェルズというブランドが、『市民ケーン』に先立ち、すでにラジオ界で確立されていたのである。

3. ふたつのフェイク・ニュース

CBS ラジオとの破格の契約以降のオーソン・ウェルズの活躍は、CBS が煽った前評判をさらに上回るものとなった。ラジオ界におけるウェルズの名声を決定的なものとしたのは、1938 年 10 月 30 日夜つまりハロウィーンの夜に放送された「火星人襲来（Invasion from Mars）」として知られる放送だった。文学史上の名作をラジオ・ドラマ化するこのシリーズの第 17 回として、ウェルズは H・G・ウェルズの SF 小説『宇宙戦争（The War of the Worlds）』（1898 年）を選ぶ。この放送を聞いた聴取者が、ほんとうに火星人が襲来したと思い込み、アメリカ各地でパニックが起こったとされる。

これは、オーソン・ウェルズの周到な計算によって導き出された効果だった。ハワード・コッチが担当した脚本は、小説の設定を放送当時のニュージャージー州に移し、火星人襲来をラジオのニュース速報の形式で表現した。このニュース速報の部分は、なぜか NBC 放送の裏番組の音楽間奏が挿入される時間帯、つまり聴取者がチャンネルを変えるタイミングと重なっていた。その結果、この番組がフィクションであるという認識もなしに、「火星人襲来」のニュース速報を聞いた聴取者もいた。翌日の新聞 1 面には、「フェイクのラジオ『戦争』、全米を恐怖に」

---

[3] "Orson Welles Given Free Reign in Summer Radio Series," *Rockland County Leader*, 21 July 1938, p. 7.
https://news.hrvh.org/veridian/?a=d&d=ifadgbdf19380721-02.1.7&e=-------en-20--1--txt-txIN-------

といった見出しが踊った（図 11 - 4）。

1938年のハローウィンの夜の出来事は、新聞が報じたほどの「パニック」と言えるかどうか、今日ではさまざまな疑問が呈されているが、しかしアメリカにおけるメディア研究を本格化させるきっかけとなったことは疑いえない。前年にロックフェラー財団の支援によりプリンストン大学で立ち上げられた「ラジオ研究プロジェクト（Radio Research Project）」はこの事件に注目し、広範な聞き取り調査を行う。このプロジェクトの中心的メンバーであるハドレー・カントリルは

図 11-4 「フェイク」ドラマのパニックを報じた『ニューヨーク・デイリー・ニュース』紙第1面 （1938年10月31日）
写真　ユニフォトプレス

この調査結果を『火星人襲来——パニックの心理学（The Invasion from Mars, a Study in Psychology of Panic）』として1940年に刊行し注目を浴びる。カントリルは、第二次世界大戦中の、プロパガンダ研究および世論調査研究の第一人者として、合衆国の戦争遂行にも大きな影響力を持つことになる。

カントリルの『火星人襲来』における資料分析の妥当性についても今日ではさまざまな疑義が呈されている。しかし、カントリルの研究が物語っているのは、オーソン・ウェルズの『宇宙戦争』は、当時のアメリカにあった、メディアの大衆操作に関する不安を象徴する出来事となったことである。ドイツではヒトラーのプロパガンダが猛威を振るい、そ

のいっぽう合衆国では大統領がラジオを通じて国民に囁きかけるという新たな政治手法を取るようになったこの時期にあって、ラジオをはじめとするメディアが「フェイク」によって世論を操作してしまう危険性は、さまざまな不安を当時の社会に与えていた。そのような背景のなかで、オーソン・ウェルズの放送が引き起こした反響は、「パニック」として報道され、そして合衆国におけるメディア研究を本格化させることにもなったのである。

そのような不安に照らすとき、『市民ケーン』がその題材として、もうひとつのフェイク・ニュースを選んだことに、ある種の必然性を見出すことが可能だろう。映画のなかで主人公である新聞王チャールズ・フォスター・ケーンは、彼が所有する『インクワイアラー』紙を通じて米西戦争を煽る。対スペイン戦争の可能性を否定するキューバ特派員に向けた、「君は詩でも書いて送れ。ぼくは戦争を贈ろう」というケーンのセリフは、この人物の最も危険な側面を象徴している。現実のアメリカで、その役割を果たしたのがウィリアム・ランドルフ・ハーストである。ハーストは一連の捏造記事を通じて、アメリカ社会を対スペイン戦争に向けて煽った（**図11-5**）。これはハースト系新聞のイエロー・ジャーナリズム（低俗ジャーナリズム）の覇者としての地位を確立することにもつながった。フェイク・ニュースがもつ危険な政治的な力を

図11-5　米西戦争を扇動したハースト系新聞『ニューヨーク・ジャーナル』の第1面（1898年2月17日）　写真　ユニフォトプレス

発見したのがハーストであるといってもよいだろう。

『市民ケーン』公開に先立ち、この映画の内容を知ったウィリアム・ランドルフ・ハーストは、訴訟、ネガティブ・キャンペーン、映画界への圧力など、あらゆる手段を用いてこの作品を抹殺することを試みた。『市民ケーン』が公人としてのハーストを風刺するのみならず、愛人である女優マリオン・デイヴィスとの私生活まで、当時の観客にはそれとわかる形で揶揄していることは、名誉毀損としてとらえられて当然でもあった。コミカルな脇役女優として活躍しえたかもしれないマリオン・デイヴィスは、終生にわたりこの映画のなかのスーザン・アレグザンダーの影につきまとわれることになった。ウェルズは後年のインタビューのなかでは、デイヴィスの名誉を傷つけたことを後悔する発言をしている。

　公私にわたる新聞王ハーストの所業を揶揄し暴露することが目的であったとすれば、『市民ケーン』はきわめて単純で、敢えていうなら取るに足らない作品に終わったことだろう。しかし、米西戦争の際のハースト系新聞のフェイク・ニュースと、そしてフェイク・ニュースとして取り沙汰されたオーソン・ウェルズの「火星人襲来」——このふたつのフェイク・ニュースを線で結ぶなら、そこにはメディアと大衆操作をめぐる抜きさしならない論争の磁場を見て取ることができるだろう。そのような磁場のなかで、「オーソン・ウェルズ」という作家、そして『市民ケーン』という複雑きわまりない作品が生み出されたのである。

4. ダブル・イメージ

『市民ケーン』という作品を複雑なものとしている明らかな理由のひとつは、オーソン・ウェルズによって演じられる主人公のチャールズ・フォスター・ケーンが、単に新聞王ハーストのカリカチュアであるのみならず、オーソン・ウェルズ自身の自画像にもなっている点にある。た

とえば腹心バーンスティンが回想する若き日のケーン、無尽蔵の活力と創意を秘めたケーンは、マーキュリー劇団を率いてラジオ界を席巻したオーソン・ウェルズの姿を彷彿とさせずにはおかない。また幼くして無尽蔵の財産を相続し、いわば銀のスプーンを咥えて生まれてきたにもかかわらず、「私はその銀のスプーンとやらが喉につかえたような人生だった」と苦々しく語る老いたケーンの苦境は、幼い頃から「神童」ともてはやされその重圧のなかで生きなければならなかったオーソン・ウェルズの心中を代弁するかのようである。そもそも『市民ケーン』のプロットの重要な構成要素である、幼くして母親のもとから引きはなされるという設定は、ハーストの人生には対応せず、むしろ9歳で母親を失ったウェルズの人生に対応する。そして繰り返すまでもなく、フェイク・ニュースで米西戦争を引き起こしたハーストと、「火星人襲来」のフェイク・ニュース騒動でスターダムに登ったウェルズは、二重写しを免れないのである。

　このような角度から『市民ケーン』をとらえるなら、この作品より一年足らず前にチャールズ・チャップリンの『独裁者』（1940年）が公開されていたことは、単なる偶然とは言えないだろう。チャップリンも若くして「天才」の名を欲しいままにし、アメリカ映画界を席巻し、アメリカ映画にあっては例外的な「製作、監督、脚本、主演」というポジションを獲得した作家である。そしてチャップリンはそのような自己像を、プロパガンダの天才であるアドルフ・ヒトラーの姿に重ね合わせたのである。似ていてはならないはずの喜劇王と独裁者とが、お互いを模倣し合うところから、『独裁者』という作品の複雑な構成が生まれる。『市民ケーン』と『独裁者』は、ファシズムと大衆文化とのあいだの、あってはならないはずのそら似をめぐる物語である。

5. 作家から作品へ

1930年代から1950年代にかけて、アメリカの文学研究ならびに文学教育は、ニュークリティシズムと呼ばれるアプローチによって一新される。そこではまず作品を作者の意図に還元することを「意図の誤謬（intentional fallacy）」として退け、作者にまつわる伝記的事実や社会的背景を根拠として作品の意味を説明してしまうことを戒める。このアプローチのなかでは、優れた作品は作者の意図を離れて自律的な意味をもち、かつそれは作品のなかで有機的な秩序を生み出しているととらえられる。

これは文学作品のみならず映画の分析についても言えることである。ある一本の映画のもつ意味の複雑さや曖昧さを前にして、それを作者の生い立ちや作品の時代背景によって説明してしまおうとするなら、短絡的な因果論、たとえば「この作家はある時期に共産主義に傾倒していたからプロレタリア小説を書いた」「この作家は従軍して悲惨な体験をしたので反戦小説を書いた」「Aという作家はBという作家の作品の影響を受けてCという作品を書いた」といった短絡的な議論に陥る危険性がそこに確かにある。それはいわば風が吹いてから桶屋が儲かるまでの長く複雑なプロセスを捨象してしまうことにほかならない。

そのことを踏まえて、いったん作者としてのオーソン・ウェルズをめぐる議論をここで中止して、「作品」としての『市民ケーン』の複雑さに目を向けていくことにしよう。

6. 主題

私たちが『市民ケーン』という作品を分析しようとするとき、そのような私たちの試みもまた、作品の完全なる外側にあるわけではない。私

たちの姿は、すでに作品のなかに映り込んでいる。映画の冒頭近く「ニュース・オン・ザ・マーチ」と題された、チャールズ・フォスター・ケーンの死とその生涯をドキュメントしたニュース映画（あるいはフェイクのニュース映画）が唐突に中断された後、場面は試写室になる（図11-6）。試写室には、このニュース映画の制作スタッフたちがいる。暗がりのなかで、その顔立ちすらさだかに見分けることができない。そして制作主任と思われるロールストンなる人物が次のように語る。

図11-6　試写室のトンプソンとロールストン

　ロールストン：その人物が何をしたかを語っただけじゃだめだ。その人物が何者だったかを言わなきゃだめなんだ。

ケーンの死と彼の生涯を報じたややおざなりな作りのニュース映画は、「何をしたか」だけしか語っていない、ケーンという人物の本質を探りあてろとロールストンは部下たちを一喝しているのである。そしてケーンが「何者だったか」を明らかにしようとする記者トンプソンの取材過程が、この映画の大部分を占めることになる。
　うえのロールストンの言葉は、私たち自身に向けられたもののようにも聞こえる。つまりロールストンの言葉は「作品のあらすじだけを語ってどうする。その作品が何を意味するか言えなきゃだめなんだ」と、実は記者トンプソンではなく、観客である私たちを挑発しているかのよう

である。

　ロールストンが求めているものを別の言葉で言えば「主題」である。作品の主題は何かと問うことは、作品分析のひとつの出発点になりうる。これは「作者の意図は何か」という問いとは性格が異なる点は、注意しておく必要がある。主題を問うことは「作品が何を意味しているか」を問うことであって、それは作者の意図とは一致する必要はない。作者の意図しないような作品の意味、つまり主題を読み取ることは可能である。『市民ケーン』の主題は何か。いくつかの記述の可能性が考えられる。

・『市民ケーン』は、成功物語の陰にある孤独を描く作品である。
・『市民ケーン』は、幼年期そして純潔さの喪失の物語である。
・『市民ケーン』は、大衆の擁護者を騙ることの偽善性を批判する物語である。
・『市民ケーン』は、「真相」を知ろうとすることの不毛さをめぐる物語である。

主題の読み取り方は、作品の受け手によりさまざまであり、いずれがより正しいかあるいは間違っているかという問題ではない。

　オーソン・ウェルズ自身は公開直後のプレス・リリースのなかで、作品の意図を驚くほど詳細に語っているが、これも作品の主題の読み取り方の一つのケースととらえることができるだろう。

　「成功物語」というフォーミュラに厳格に従った数多くの映画や小説が過去に存在したわけだが、私はそれとはだいぶ違ったことをやりたいと考えた。私は「失敗物語」とでも呼ぶべきものを作りたかった。

私は木こりや市電の車掌から身を起こして富と名声を手に入れる冷血で才ある実業家など描いてみたいとは思わなかった。……だから私はその人物が8歳のときに6000万ドルを与えてみた。ドラマ的に見れば、富を獲得することにたいした意味や重要性はないのである。私の物語は、それゆえに、金を得る男の物語ではなく、その男が金をどのように使うかに関する物語である。年老いてからどう使ったかではなく、生涯を通じてどう使ったかについての物語である。[4]

オーソン・ウェルズは、この作品がハーストを戯画化した作品であるという批判、そしてこの作品の脚本がウェルズの手になるものではなく作者はハーマン・マンキウィッツのみであるという批判を前にして、作品公開前の1941年にうえのように自らの意図を語っている。

　ウェルズにとって、この作品がハースト個人に対する攻撃を意図したものではないこと、そしてこの作品の主題が自らのなかで育ったものであることを主張すべき状況がそこにあった。作者自身が作品について語るときには、さまざまな文脈のなかで言葉を選ぶのであり、創作中の意図そのものがそこに言語化されているわけではない。どのような作家がどのような作品について語る場合にも、そこには固有の文脈がある。うえの引用文から読み取れるものがあるとすれば、それはある状況のなかでウェルズ自身がこの作品から読み取った主題であり、これとは異なる主題の読み取りを排除するものではないと考えるべきだろう。

7．象徴

　チャールズ・フォスター・ケーンの人生の主題——「バラの蕾」の意味——を解明するよう命じられた記者トンプソンは、ケーンを親しく知る人々——二番目の妻スーザン・アレグザンダー、後見人だった銀行家

---

[4] Frank Brady, *Citizen Welles : A Biography of Orson Welles* (University Press of Kentucky, 2023), pp. 313-14.

ウォルター・サッチャー、『インクワイアラー』紙でケーンの片腕だったバーンスティン、大学時代からの友人ジェデダイア・リーランド、執事のレイモンドを順次インタビューしていく。インタビューを受けた人々の抱くケーン像は、一つの像を結ぶことはない。

　同様に『市民ケーン』の観客たちは、それぞれにこの作品の意味を読み取り、ある意味では読み取られる主題は十人十色である。もしそうであれば、この作品を分析したり論じたりすることにどのような意味があるのだろう。

　先に言及したニュークリティシズムのなかでは、そうした解釈の多様性を認めたうえで、その多様な解釈の契機となった仕組みは、作品のなかに内在し、それについては客観的に分析が可能であるという立場をとる。そのような解釈の契機を、イメージ、象徴、隠喩、トーンといった分析用語を用いることにより整理する。それにより、作者の意図からも、読者の主観的印象からも切り離された、「作品」という分析対象が同定されることになる。

『市民ケーン』は、主題を読み取ることが難しい、ある意味では「難解な」映画であるが、解釈の契機となる仕かけはきわめて明瞭に表現された作品である。以下のようなイメージが、この作品のなかの象徴として機能していることは、解釈の違いにかかわらず一定の合意がえられるだろう。

　立ち入り禁止の立て札、柵、ザナドゥー、窓、雪と小屋、雪景色のガラス玉、バラの蕾、鏡

うえに挙げたイメージ（**図 11-7**）は、すべて映画冒頭の 2 分間ほどの導入部に、うえに挙げた通りの順番で登場する。陰鬱な音楽を背景とし

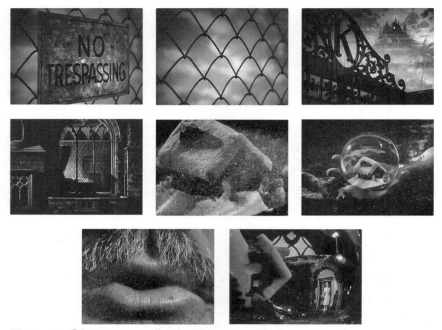

図 11-7 『市民ケーン』導入部で提示される象徴的イメージ

て展開する 2 分間ほどの映像は、ストーリー的な展開はまったくない。ただ、ある人物の死と、その最期の言葉だけが観客に提示されるのみである。ストーリー的な展開がないだけに、うえに挙げた 10 のイメージはくっきりと印象づけられることにもなる。

　この導入部は、オペラの序曲のような役割を果たしていると言ってもよいかもしれない。オペラの序曲は、ステージの幕があがる前に、これから始まるオペラの重要なメロディーをあらかじめ観客・聴衆に印象づけ、強調する役割を持つ。同様に『市民ケーン』の観客は、この導入部で一見脈絡なく提示された一連のイメージに、作品のなかで繰り返し出

会うことになる。それはストーリー展開に回収することのできない、象徴的な意味の次元を生み出す。

　たとえば映画の最初のショットに映し出される「立ち入り禁止（No Trespassing）」の札は、表層的にはそこから先が私有地であり、所有者以外の立ち入りを禁止するという警告に過ぎない。しかしカメラが、この警告を無視してザナドゥーに侵入していくとき、この立て札は文字通りの意味ではない別の意味、あえていうなら象徴的な意味を持つことになる。そしてこの立て札がエンドマーク直前のショットでもう一度映し出されるとき、それは表層的な意味を超えて、作品全体に関わる意味の層を構成するだろう。「立ち入り禁止」は、ケーンに親しかった人も、辣腕ジャーナリストのトンプソンも、そしてもしかしたら私たち観客も立ち入り説明することのできない領域が、ケーンという人物のなかにあったことを暗示しているという読み方も可能である。この立ち入り禁止の警告をどのように意味づけるかは、この作品からどのような主題を読み取るかを大きく左右することになるだろう。

　もちろん象徴は、視覚的イメージだけによって提示されるわけではない。導入部に先立ち無音で短く提示されるタイトルにある、「市民（Citizen）」という言葉の意味するところは、謎のまま残される。とりわけ、この映画の主人公ケーンも、モデルとされる新聞王ハーストも、そして作り手であるウェルズも、「市民」という言葉の持つ慎ましやかなニュアンスから程遠い存在であることをかえりみれば、映画のタイトルにある「市民」という言葉は逆説的であり、その逆説性について考えることを鑑賞者に促すことだろう。

　「市民」という言葉は、『インクワイアラー』の支配人になったケーンが、同紙の第1面に掲げる綱領宣言のなかの最後の一節と複雑な呼応を見せる。

私はまた、人々の市民としての権利、人類としての権利を擁護する守護者としてたゆむことなく戦うことをお約束する。

市民の「守護者（champion）」たろうとすることと、市民であることとのあいだの乖離が、ケーンの生涯を悲劇的なものとする。ケーンは致命的な意味で「市民」ではなかった。そのような読み方をするとき、「市民」という言葉は文字通りの意味を超えて、主人公の生涯の悲劇性を象徴するとも言えるだろう。

8. 作品のなかの作者、作品のなかの読者

『市民ケーン』は難解であると同時に、分析が容易な作品でもある。この作品の象徴のみならず、時間構造、視点、人称性など、分析の切り口は豊富に見出すことができる。しかし『市民ケーン』という作品の素晴らしさは、そのようにして言わば上から目線で作品を分析し解剖すること自体の問題性に言及している点にある。

『市民ケーン』の最後のセリフは、記者トンプソンに委ねられる。「バラの蕾」というケーンの最期の言葉の意味を明らかにするようにロールストンに命じられたトンプソンは、その長い取材活動を終えるにあたり、次のように語る。

　　トンプソン：もしかしたらバラの蕾はあの男が手に入れられなかったものか、あるいは失ってしまったものなのかもしれない。しかしそうだとしても、それは何の説明にもならない。一つの言葉が一人の人間の人生を説明してくれるなどということはないんだ。

トンプソンは、ある意味では『市民ケーン』という映画を鑑賞し、そし

て分析し意味付けようとする私たちの分身である。私たちの分身である
トンプソンが私たちに向かって、『市民ケーン』という作品の意味を探
し求めることの無意味さを、ここで暗に語っているのである。『市民
ケーン』を鑑賞しそして分析しようとする者は、客観的中立的な観察者
として作品の外側に立てるわけではない。すでに作品のなかに巻き込ま
れ、そして内包されているのである。

　同様に本章の前半で論じた、「作者」としてのオーソン・ウェルズも
また作品の外側にいる存在ではない。主人公ケーンは、新聞王ハースト
であると同時に「神童」ウェルズでもある。「作者」もまた作品のなか
に内包された存在である。

　ニュークリティシズムが提起した、作品分析というアプローチはきわ
めて有益ではあるが、しかし最終的には作品を作者と読者から切り離す
ことはできないと考えるべきだろう。『市民ケーン』ほど際立った形を
取らない場合でも、作者と読者は何らかのかたちで、すでに作品のなか
に内包されているのである。

学習課題

1．『市民ケーン』の主題は何か、自分自身の鑑賞体験に照らして論じなさい。
2．自分自身の研究領域あるいは関心ある作品について、「作者」とは何かを論じなさい。
3．現在の社会において、「フェイク・ニュース」はどのような問題を生んでいるか、オーソン・ウェルズの「火星人襲来」放送をめぐる論争と比較しつつ論じなさい。

参考文献

ロバート・L・キャリンジャー『『市民ケーン』、すべて真実』藤原敏史訳、筑摩書房、1995 年。

Frank Brady, *Citizen Welles : A Biography of Orson Welles*. 1989. University Press of Kentucky, 2023.

Richard Cross, *The Secret Life of Citizen Kane*. Kindle.

12 『市民ケーン』を読む（2）
──ストーリーとディスコース

宮本陽一郎

《目標＆ポイント》 『市民ケーン』という映画を分析しようとするなら、WHAT だけでなく HOW にも注目する必要がある。つまりこの作品の主題が何かだけでなく、その主題がどのような語り方によって表現されているかに注目する必要がある。『市民ケーン』は、その語り方において、きわめて独創的である。本章では物語学の方法を用いて『市民ケーン』を分析し、それを通じ、この作品の意味は WHAT よりもむしろ HOW のなかに存在することを明らかにする。内容があってそれを表現する道具としての形式があるのではない。形式は内容でもある。

《キーワード》 ストーリー、ディスコース、カメラの眼、ディープ・フォーカス

1. ストーリーとディスコース

　本章では、映画『市民ケーン』を「物語（narrative）」という観点から論じる。ここでいう「物語」とは文学の一形式を指すものではない。そうではなく、構造主義記号論から派生した物語学（narratology）という分野における研究対象としての「物語」である。

　「物語」とは何か。最も簡潔な答えとして、シーモア・チャットマンは「小説にできること、映画にできないこと（そしてその逆）」のなかで、「物語の顕著な性質は二重時間構造」と述べている[1]。たとえば私たちが

---

[1]　シーモア・チャットマン「小説にできること、映画にできないこと（そしてその逆）」、『物語について』W・J・T・ミッチェル編（平凡社、1987年）、p. 194。

ある昔話を読むとき、昔話を読んでいるあいだに時間が経過すると同時に、「むかしむかしあるところに……」から「いつまでも幸せに暮らしましたとさ」に至る一連の出来事の起こる時間が経過する。『市民ケーン』の場合、119分という上映時間が経過するなかで、チャールズ・フォスター・ケーンが8歳のときに後見人サッチャーと出会ったときから、新聞記者トンプソンが取材を終えてザナドゥーを後にするまでの、70年あまりの時間が語られることになる。

　物語学においては、語られている時間をストーリー・タイム、語っている時間はディスコース・タイムとして理解される。そして語られる内容がストーリーであり、語る行為はディスコース（言説）である。これは構造主義記号論における記号内容（シニフィエ）と記号表現（シニフィアン）の関係に対応する。たとえばケーンが幼いときにクリスマス・プレゼントとして与えられた橇にプリントされていた「バラの蕾」は、ひとつの記号表現である。「バラの蕾」は同時に、主人公ケーンの生涯の意味――もしかしたらケーン自身にも、記者トンプソンにも、私たち観客にも理解できない意味――を指し示すことになる。記号表現と記号内容の結びつきにより、「バラの蕾」という記号が成り立つ。同様にストーリーとディスコースの結びつきにより、物語学でいう「物語」が成り立つ。

　このような立場に立つとき、小説と映画を区別する必要はなくなり、その両者を物語として論じることが可能になる。のみならず、ほかのさまざまな事象のなかに、物語を見出すことができる。絵画はそれ自体としては物語ではないが、しかし天地創造を描いたミケランジェロのシスティナ礼拝堂の天井壁画や『源氏物語絵巻』は、物語としてとらえることが可能である。それぞれの作品は一定の長さの鑑賞時間を必要とするし、そのなかで語られるストーリーが存在する。システィナ礼拝堂天井

壁画と「創世記」は、同じストーリーを異なるディスコースによって語っているということができる。

　物語学で論じられるところの「物語」は、私たちが普通「物語」という言葉と結びつけることのないさまざまなテクストのなかに見出すことができる。たとえば料理書は、素材の下ごしらえから料理の完成までのプロセスというストーリーを、一連の手順に分節化し、そして時系列に沿って配列していく。同じ料理の調理方法について、異なるディスコースがありうる。育児書は、多くの場合、赤子の出産から思春期に至るまでのプロセス（ストーリー）を、分節化し、圧縮し、配列して誰もが理解できるような物語に加工するディスコースである。テレビの番組表は、一見単なる番組情報の羅列に見えるが、これを物語として分析することも可能である。たとえばある国のある時代のテレビの番組表は、朝7時に起床し、体操をし、家族で朝食をとりながらニュースや連続ドラマを観て、夫が出勤するであろう時間を境として、主婦がワイドショーを観て……といった、その国のその時代の平均的生活という想像上の時間構造を意味する物語ととらえることが可能だろう。物語としてのテレビ番組表は、人々の生活パターンを表象すると同時に、それを形づくる力も持つ。

　『市民ケーン』は、ストーリーよりもディスコースに特徴のある作品である。時間の二重化は時として極端な表現形式によってなされる。たとえば、サッチャーの回想部分のなかでは、"Merry Christmas and a Happy New Year." という年末恒例の挨拶が、後見人サッチャーのもとでクリスマスを迎えたおそらく8歳のときのケーンの姿（**図12-1**）と、25歳の誕生日に「世界で第6位の財産」の執行人となろうとしているケーンへの手紙を口述しているサッチャーの姿（**図12-2**）とをつなげている。"Merry Christmas and a Happy New Year" という台詞

が、およそ17年の歳月を隔てた二つの出来事をつなげてしまう。このようなつなぎ方自体がサッチャーとケーンとのあいだの無味乾燥な人間関係を表現している。

リーランドが回想する、ケーンと最初の妻エミリー・ノートンとのあいだの夫婦生活を描いた、およそ2分ほどのシークエンス（図12-3）における見事な時間処理も、ディスコースそれ自体に観客の目を引くものとなっている。「二人の結婚は、ほかの結婚とどこも違わなかったさ」というリーランドの言葉とともに、ケーン夫妻の6つの朝食場面が回想され、次第に冷え切っていくケーン夫妻の人間関係が表現される。おそらく数年間のスパンのなかで起こったと思われる変化が、わずか2分ほどのシークエンスに圧縮して表現される。オリジナルのスクリプト

図12-1 "Merry Christmas..."

図12-2 "...and a Happy New Year"

図12-3 ケーンとエミリーの新婚時代

では数ページにわたる会話を、限界まで刈り込むことによって、ウェルズはスクリプトになかった意味をこのシークエンスに付与している。

　時間はただ圧縮されるだけではない。このシークエンスは、先述の“Merry Christmas and a Happy New Year”の場面とは、まったく異なる性質の時間が表出されている。“Merry Christmas and a Happy New Year”の場面においては、ケーン8歳のクリスマスの日と、24歳のクリスマスの日とに、それぞれただ一度だけ起こった出来事を、観客は目撃する。しかし朝食のシークエンスでは、6つの場面はそれぞれただ一度だけ起きた出来事を描出するだけでなく、ケーン夫妻のあいだで同様の会話が何度も繰り返されたであろうことを示唆する。“Merry Christmas and a Happy New Year”のシークエンスとは、表象される出来事の頻度が異なる。またリーランドの「二人の結婚は、ほかの結婚とどこも違わなかったさ」という台詞と呼応し、単にケーン夫妻のあいだの出来事だけではなく、多くの夫婦の生活のなかで起こりがちな出来事であることをも示唆している。

　報道もまた物語である。報道がフェイクであるか否かと関わりなく、報道は過去の事件（ストーリー・タイム）を、新聞を読んだりテレビ・ニュースを見たりする時間（ディスコース・タイム）のなかで再現し、そして意味づける。このような観点からすれば、歴史小説と歴史書とのあいだの差異は、本質的なものではなくなる。年表・年譜といった史実の集成が歴史書になるためには、そうした史実をつなげて意味を見出していくという物語的なディスコースが必要となる。もちろん単なる歴史物語と学術的な歴史研究とのあいだの差異を無視してよいということにはならないが、しかしともに物語的ディスコースを必要としているという共通点も見逃されるべきではない。つまり、学術的歴史書のなかにあっても、時代区分により物語の始まりと終わりを定め、そこでの主人

公（たち）を同定し、登場人物たちのひとつの行動と別の行動とのあいだに因果関係を見出しつなぎ合わせていくという操作を免れるわけではない。

『市民ケーン』に関して、これは単に表現形式という問題にはとどまらない。ケーンの生涯は最初に「ニュース・オン・ザ・マーチ」という映画内映画のなかで提示され、それを制作主任のロールストンが「その人物が何をしたかを語っただけじゃだめだ。その人物が何者だったかを言わなきゃだめなんだ」と否定するところから物語が起動する。記者トンプソンの取材は、決定的な新事実を発見するわけではなく、異なるディスコースのなかで語り直していくのである。ひとつのストーリーに複数の異なるディスコースがありうるということは、『市民ケーン』という映画の形式の問題ではなくその核心であり、語り方が語られる内容でもある。

2. 形式の内容

チャールズ・フォスター・ケーンという主人公は、『市民ケーン』のなかで、複数の視点から語られる。このような語り方そのものがこの映画の主題であるととらえることができるだろう。

一人の人物の多面性を主題とすることは、決して新しい試みとは言えない。モダニズムの文学のなかで、すでに定番となっていた手法である。RKO 社と契約したオーソン・ウェルズが最初に提案したプロジェクトは、モダニズム文学の古典であるジョゼフ・コンラッドの『闇の奥』（1899 年）の映画化であった。『闇の奥』は、主人公チャールズ・マーロウが、コンゴ植民地の奥地に君臨する謎の男クルツを追い求める物語である。ようやくクルツのもとに辿り着いたマーロウのまえで、クルツは謎の言葉（"The horror! The horror!"）を残して息絶える。ウェ

ルズはこの構想を製作費の不足から断念したとされるが、『闇の奥』の語りの構造（クルツの物語とマーロウの物語の二重構造）が『市民ケーン』の原型となったことは、想像に難くない。

またアメリカ文学に関していえば、F・スコット・フィッツジェラルドの『グレート・ギャッツビー』を視野に入れることができるだろう。ロマンティストであると同時に暗黒街の帝王でもあり、勤勉な青年であると同時に桁外れの浪費家でもあった謎の男ジェイ・ギャッツビーのさまざまな相容れない顔が、語り手ニック・キャラウェイにより明らかにされていく。

上記の二つの小説は、いずれも一人称の語り手の声によって語られる体裁をとる。一人称の語りは、1930年代の探偵小説やラジオ・ドラマのなかで徹底的に応用されることになる。一人称のナレーターを用いることにより、ドラマと聴取者の距離を短縮し、迫真感を持たせることができた。ラジオ・ドラマの作者としてのオーソン・ウェルズは、そうした一人称の語りの達人だった。ウェルズが1938年にCBSと契約した際、彼の制作するシリーズの仮のタイトルが「一人称単数」とされたことが、それを物語っている。

『市民ケーン』について、マーローやニック・キャラウェイにあたる語り手の役割を果たす人物を見出すとすれば、それは記者トンプソンである。冒頭の試写室の場面から、結末近くトンプソンがザナドゥーを去るまで、この映画のほとんどはトンプソンが見たこと、あるいは伝聞したことである。仮にこの映画をノベライズするとすれば、トンプソン以外の登場人物の一人称で語り直すことはできない。

記者トンプソンを主人公として『市民ケーン』を観るなら、そのストーリーは意外なほどに単純明快である。物語は取材の始まりから終わりまでを時系列に沿ってたどっていく。そこに時間の交錯はない。また

トンプソンのインタビューを通じて、ケーンの人生のさまざまな側面に光が当てられていくが、これについてもある意味では意外なほどに整理されている。サッチャーの回想するケーンの幼年時代から執事レイモンドの回想する最晩年まで、概ね時系列に沿って積み木が積み上げられていく。

『市民ケーン』の魅了的な複雑さは、トンプソンの冷静沈着な取材に抗うかのように、インタビューを受ける人々の主観が回想部分に投影されることにより生まれる。たとえばバーンスティンの回想部分は、長年にわたりケーンの腹心だったバーンスティンの、ケーンへの憧憬の眼差しを通して、『インクワイアラー』紙の経営者として業界を席巻し、ついには次期大統領候補とみなされるようになるまでの、若き日のケーンが描かれる。それに対して、続くリーランドの回想部分は、ケーンと最初の妻エミリー・ノートンとの結婚生活とその破綻をメロドラマ的に描いていく。長年の友人であると同時に、ケーンによってインクワイアラー社から解雇された過去を持つリーランドの、愛憎入り混じった感情がそこに投影される。バーンスティンの回想部分が成功者としてのケーンを素描するとするなら、リーランドの描くケーンは自己崩壊していく理想主義者の悲劇である。ケーンの人生という一つのストーリーに、複数の異なるディスコースが与えられていく。

　チャールズ・フォスター・ケーンという人物の実像に迫ろうとするトンプソンの意図とは裏腹に、ケーンの人物像はしだいに不可解なものになっていく。それは同じ出来事を、異なる視点から描いた場面によって際立つことになる。スーザンのオペラ・デビューのエピソードは、リーランドの視点とスーザン自身の視点から重複して語られるし、スーザンがザナドゥーから出奔するエピソードは、スーザンの視点と執事レイモンドの視点からそれぞれに語られる。

3. カメラの眼の物語

　しかし、以上の分析は『市民ケーン』が『闇の奥』や『グレート・ギャッツビー』の影響を受けたというような単純な結論を導くわけではない。むしろこうした文学形式を映画に翻案することの困難さから、『市民ケーン』の特徴的なディスコースが生まれたとも言える。

　映画というメディアのなかで、「一人称単数」の語り手による語りをシミュレートすることは、実はきわめて困難だった。映画のなかで一貫した一人称の語りを表現した作品としてしばしば言及されるのはロバート・モンゴメリー監督主演の『湖中の女（Lady in the Lake）』（1947年）である。この映画は、主人公の位置にカメラを置くことにより、一人称で語られたレイモンド・チャンドラーの原作探偵小説を、そのまま映画に置き換えることを試みた。その結果として、主人公がタバコに火をつけるとスクリーンに一筋の煙が立ち上り、主人公が椅子に座る場面ではカメラの高さがぐっと下がるといった映像表現を生んだ。その奇抜さという点では大いに注目すべき作品だが、失敗作としての評価に甘んじることになり、ロバート・モンゴメリーはこれ以降、同様の作品を残すことができなくなった。

　リチャード・クロスは、このいきさつについて、オーソン・ウェルズの次のような興味深い発言を引用している。

　　私はコンラッドの『闇の奥』を映画化するために初めてハリウッドに来たわけだが、主役は……カメラによって演じられることになっていた。このプランは、RKO が納得するような予算まで切り詰めることができずボツになったけれど、カメラを一人称単数で使うという話がそのころ盛り上がっていて、ハリウッド界隈でいろんな人間がその話

をしていた。それを実際にやってのけたのは［ロバート・］モンゴメリーということになるが、最初に考えついたのは彼ではない。[2]

この発言が真実であれば、ウェルズはカメラが主人公マーロウを演じるという奇抜なプランを持っていたことになる。

図 12 - 4　ジガ・ヴェルトフ『カメラを持った男』（1929 年）より

　もちろん、カメラに身体性を与えようとする試みは、モンゴメリーの『湖中の女』が厳密な意味での最初ではない。ソヴィエトのアヴァンガルド映画作家だったジガ・ヴェルトフの『カメラを持った男』（1929年）の結末では、撮影カメラが歩き始め、そして群衆のなかを巨人のように歩き回るという、超現実的な構図を生み出している（図 12 - 4）。

　ヴェルトフはこの時期の著作の中で、「キノ・グラース（カメラの眼）」という主張を行っていた。カメラの一人称の言葉という体裁を借りて、ヴェルトフは次のように書き記している。

　　私はカメラの眼、機械の眼だ。機械である私は、私にしか見えないような世界をお見せしよう。
　　金輪際、私は身動きのとれない人間の不自由さから解き放たれる。私は絶え間なく動き、近くに寄ったかと思えば遠ざかり、下に潜り上に登る。[3]

---

[2] Richard Cross, *The Secret Life of Citizen Kane* (Kindle, 2016). ウェルズの発言の出典は記載されていない。

[3] Annette Michelson, ed. *Kino-Eye : The Writings of Dziga Vertov* (University of California Press, 1984), p. 17.

第 12 章 『市民ケーン』を読む (2) ——ストーリーとディスコース | **253**

　映画カメラの眼は、人間の肉眼ではとらえきれない「映画的な真実」をとらえうる機械の眼であり、人間の眼とははっきりと区別してとらえられていたのである。これはカメラに主人公を演じさせようとした、ウェルズの『闇の奥』の構想や、それを実際にやってのけたモンゴメリーの『湖中の女』とは似て非なるものである。

　『市民ケーン』においても、主人公ケーンのさまざまな顔を描き出すために、一人称的な語りが用いられているが、しかしそれはより複雑な演出に委ねられている。『闇の奥』映画化構想で、カメラに主人公を演じさせることを企てていたウェルズは、『市民ケーン』においては、カメラにトンプソンを演じさせるという演出方法をとっていない。そのかわりにトンプソンをほとんどシルエットのみで描くことにより、あたかもスクリーンのうえで起こるドラマと観客とのあいだの、薄明の空間のなかに、彼がいるかのように描いている（図 12 - 5）。トンプソンの姿はそこにあるが、しかし観客はトンプソンと一体化することも、トンプソンを不可視化することも可能である。観客の視線は、トンプソンの後ろ姿に媒介されて、スーザンに向けられる。一人称の語りのシミュレーションとしては、ウェルズ自身の『闇の奥』映画化の構想や、ロバート・モンゴメリーの『湖中の女』よりはるかに洗練された解決策と言える。

　しかし、ヴェルトフが語ったような「カメラの眼」が、視点人物であるトンプソンとは別のかたちで存在することにも注目する必要がある。

図 12 - 5　スーザンとトンプソン記者

（図12-5）に示したショットに先立ち、カメラは離婚後のスーザンが歌手として働いている裏ぶれたナイトクラブ「エル・ランチョ」のネオンサインを映し出す（図12-6）。カメラはそのネオンサインに向かって突き進み、ネオンサインのあいだをくぐり抜け、屋根にしつらえられた雨の降り注ぐガラス窓をくぐ

図12-6　「エル・ランチョ」のネオンサイン

り抜け、そしてナイトクラブのフロアに静かに降り立つ。ネオンサインのセットを左右に分割してカメラが通り抜けられるようにし、かつ雨の降り注ぐガラス窓が稲光で真っ白に輝く瞬間に、ナイトクラブ室内のショットに切り替えるという、技巧をこらして、人間の眼ではできないカメラの眼の動きが表現されている。カメラの眼は、トンプソンがとりえないルートをとってナイトクラブのなかに飛来し、そして（図12-5 253頁）のショットで視点人物であるトンプソンにいわば憑依するのである。

　ケーンの後見人であるサッチャーの回想が始まる場面では、カメラはトンプソンの肩越しにトンプソンの回想録の手稿の文字を追うが、やがてその白い余白にオーバーラップしながら、ケーンが8歳のときのクリスマスの雪景色に転換する（図12-7）。あたかもカメラが手稿の紙面に近づきそれを突き抜けて、およそ70年前の時空に侵入していくかのようである。

4. "No Trespassing"

　そのように考えるなら、ケーンの死後を描いた冒頭の象徴主義的な導入部が誰の視点から語られていたかも自ずから明らかになるだろう。カメラの眼は、「立入禁止」の立て札を無視して、やすやすとフェンスを飛び越し、人気のない深夜のザナドゥーの庭に侵入し、灯りの点った窓を見つけ、その窓からさらにケーンの寝室に侵入し、ガラス球のなかの雪景色を見て、最期の言葉を口にするケーンの唇を至近距離から凝視するのである。「身動きのとれない人間の不自由さから解き放たれ」たカメラの眼は、境界侵犯を繰り返しつつ、プライバシーを、そして深層心理を暴こうとしてやまない。その同じ視線が「エル・ランチョ」の天井窓を突き破ってナイトクラブに侵入し、またサッチャーの手記の紙面を穿って70年前の過去に突き進むのである。

　『市民ケーン』におけるカメラの眼は、『闇の奥』構想や『湖中の女』の場合のように、ひとりの登場人物として明確に身体化されているわけではない。しかしだからといって、単に物語世界を映し出すだけの透明なレンズでもない。『市民ケーン』におけるカメラの眼は、登場人物と同じように、動機と行動パターンをもっている。

　カメラの行動パターンは、移動撮影と長回しの多様によって表出される。(図12-7)のショットに続いて、ケーンの両親が8歳の息

図12-7　1871年のこと…

子ケーンを後見人サッチャーの手に委ねるまでを描いた3分余りのシークエンスは、わずか6ショットで構成され、最も長いショットは1分55秒にもわたる。この長回しのショットのなかで、窓の外で雪遊びをしている幼いケーンのロングショットから、ケーンの母親のクロース・アップ

図12-8　8歳の息子ケーンを後見人サッチャーの手に委ねるケーンの両親

までが、複数のカットに切り分けられることなくひとつながりに表現される。この間、四人の俳優たちの動きが綿密に計算され振り付けられているのみならず、カメラの移動もこれとともに計算し尽くされている。カメラがあたかも五人目の登場人物であるかのようである（図12-8）。

　もうひとりの登場人物としてのカメラは、境界侵犯を繰り返すインクワイアラー（探索者）である。もう一人の登場人物としてのカメラの存在感は、焦点距離の短い撮影レンズを使用することによって強調されている。撮影監督のグレッグ・トーランドは、『市民ケーン』のかなりの部分を、当時としては最も焦点距離の短いワイドアングルのレンズ（クック・スピード・パンクロ24 mm）を用いて撮影している[4]。焦点距離が短いほど画角は広くなり、遠近感は強調される。遠近感が強調されれば、カメラの移動もまた強調されることになる。

　『市民ケーン』のカメラの眼は、ときとしてインタビューの聞き手であるトンプソンも、インタビューの語り手たちも認識していなかったであろうようなディテイルを、そのワイドアングルの画面のなかに映し出す。ケーンが初めてスーザンのアパート部屋を訪ねる場面では、ケーン

---

[4]　Robert L. Carringer, "Orson Welles and Gregg Toland: Their Collaboration on "Citizen Kane"," *Critical Inquiry*, vol. 8, no. 4 (1982), p. 654.

が息を引き取るときに手に握っていたガラス玉が、何気なく画面左に映り込んでいる（図 12-9）。スーザンの部屋にこのガラス玉があったことを、語り手であるリーランドが知っていたとは考えられないし、もちろんリーランドはこの場に居合わせたわけではない。そしてリーランドは

図 12-9　スーザンの部屋

ケーンの最期について新聞の記事でしか知らないという。トンプソンのリーランドへのインタビューという文脈のなかでは、スーザンの部屋の片隅に置かれたガラス玉は登場する余地がない。しかしワイドアングルのレンズは、過剰なまでに細部を描き込み、このショットでは、カメラはガラス玉がスーザンからケーンに贈られたものである可能性、あるいはスーザンがケーンにとっての「バラの蕾」だった可能性を、それとなくほのめかし、「バラの蕾」の意味を探ろうとする観客を撹乱する。

5．ディープ・フォーカス

（図 12-9）は、ディープ・フォーカスで撮影されている。ディープ・フォーカスとは、深い被写界深度をもった撮影、つまり近景から遠景まで遍く焦点があった撮影方法を指す[5]。それに対してこの直後の、ケーンとスーザンが次第に心を通わせ合う場面では、被写界深度の浅い撮影方法が取られる。ここでは焦点は人物だけに合わせられ、背景は靄がかかったように滑らかにボケている。人物は背景から分離されてくっきりと浮かび上がる。このような表現は、クロース・アップされた人物の内

---

[5]　日本では、この撮影方法は「パンフォーカス」と呼ばれることが多い。

面——この場合にはスーザンのケーンに対する恋心——を表現する（図12-10）。こうした効果は、絞りを開放に近づけることによってえられ、焦点距離の長いレンズのほうがえやすい。

前頁の（図12-9）のようなディープ・フォーカスのショットは、これとは逆にレンズの絞りを絞り込むことに

図12-10　被写界深度の浅いショット。ケーンに恋するスーザン

よってえられ、焦点距離の短いレンズの方がディープ・フォーカスの表現に向いている。彼女の子ども時代と思われる写真の額や化粧品や室内小物や、そしてガラス玉が雑然と映り込んでいる。観客はスーザンの姿だけを注視してこの場面を観ることもできるし、ガラス玉を注視してもうひとつの隠された意味を読み取ることも可能である。

スタジオの照明のなかでこれを実現するためには、グレッグ・トーランドがこの作品で用いたクック・スピード・パンクロ24 mmのような明るいレンズと、感光度の高いフィルムが必要とされた。結婚生活に退屈しジグソー・パズルに没頭するスーザンと老いたケーンが対話を交わす名高いシークエンスで、ディープ・フォーカスは最も極端な効果を発揮する（図12-11）。スーザンの傍でパズルを眺めていたケーンは、11歩歩いて暖炉にあたりにゆき、そのまま会話を続ける。ワイドアングルの効果で、11歩しか離れていないにも関わらず、ケーンとスーザンのあいだにそれよりも遥かに大きな隔たりを感じさせる。スーザンにも、ケーンにも、そしてパズルにも彫刻にも巨大な暖炉にも焦点が合ってい

る。

　しばしば、『市民ケーン』は映画史上初めてディープ・フォーカスを用いた作品であるかのように語られるが、他の多くの「映画史上初めて」と同様、多くの研究家たちが、『市民ケーン』に先立ってパンフォーカスを用いていた作例を挙げている。しかし、ディープ・フォーカスが

図12-11　被写界深度の深いショット。ザナドゥーの孤独

映像表現にもたらす可能性を『市民ケーン』ほど徹底的に追求した例がないことは間違いないだろう。
　『市民ケーン』のディープ・フォーカスのもつ映画史的な意味を最も強く主張したのが、フランスの批評家アンドレ・バザンだった。バザンは『市民ケーン』のディープ・フォーカスを、それまでの映像言語を支配していた、「古典的デクパージュ」からの脱却ととらえる。サイレント映画の時代に確立されたこの語法のなかでは、ひとつの場面は複数のカットに切り分けられ、そしてそれらのカットがモンタージュされることによって意味が生まれる。バザンはこれを作者による専横ととらえる。

　　映画の映像に先天的にリアリズムが備わっていると見せかけて、私たちは実は、ある抽象化のシステム全体をひそかに通用させていたのだ。諸々の出来事をアクションの自然な解剖学的構造のようなものに従って切り分けているだけのようにみえて、実際には、現実をアク

ションの「意味」に全面的に従属させ、知らず知らずのうちに現実を一連の抽象的な「記号」に変化させていたのである。……私はそのような暗黙の取り決めが美学的に正当化されないとは言わないが、次の二つの事柄については断言する。すなわち、そのような取り決めは、（一）出来事との関連において観客にいかなる自由も残さず、（二）これこれの瞬間におけるこれこれの現実が、ある所与の出来事との関連においてひとつの意味だけを持つことを暗に想定しているのだ。[6]

バザンが「古典的デクパージュ」と呼ぶところのものに従うなら、たとえば（図12-11）に示したパズルの場面は、スーザンのクロース・アップとケーンのクロース・アップ、そして巨大な彫像のミディアム・ショットなどに切り分けられ、そしてそれらのショットがつなぎ合わされるという表現になることだろう。その場合、巨大な彫像のショットは特定の文脈のなかで意味づけられてしまうことを免れない。それに対して、ウェルズとトーランドによるディープ・フォーカスは、観客に選択の自由を残している。観客は彫像をスーザンの分身として見ることも、ケーンの蓄財の虚しさの隠喩と見ることも、あるいは無視することもできる。

　バザンは、このような表現をウェルズという映画作家固有のリアリズムとしてとらえる。リアリズムという言葉が『市民ケーン』という作品の性格を言い表すのに最もふさわしい言葉であるかどうかは、議論の余地があるだろう。しかし『市民ケーン』のディスコースが構築している時空間の革新性は疑いえない。それは映画の冒頭でニュース映画の制作主任であるロールストンが突きつけた、「その人物が何者だったか」という問いに単一の答えがある世界、「バラの蕾」というケーンの最期の言葉の「意味」が特定できるような世界とは区別される、もうひとつの世界である。

---

[6]　アンドレ・バザン『オーソン・ウェルズ』堀潤之訳（インスクリプト、2015年）、pp. 80-81。

第 12 章　『市民ケーン』を読む（2）──ストーリーとディスコース　　**261**

学習課題

1．スーザンの自殺未遂の場面を、「古典的なデクパージュ」に従って
　　表現するとしたら、どのようなショットに切り分けられるか、カッ
　　ト割りを書いてみなさい。
2．本文で指摘した以外に、トンプソンやインタビューの語り手が知り
　　えない事実や見ているはずのない光景をカメラがとらえている場面
　　を指摘しなさい。
3．「本能寺の変」を題材とした映画やテレビ番組（『本能寺ホテル』、
　　『レジェンド＆バタフライ』、『太閤記』、『軍師官兵衛』など）を比
　　較し、そのディスコースの違いを論じなさい。

参考文献

Ｗ・Ｊ・Ｔ・ミッチェル編『物語について』海老根宏ほか訳　平凡社、1987 年。
ジェラール・ジェネット『物語のディスクール──方法論の試み』花輪光、和泉涼
　　一訳　水声社、1985 年。
ロバート・スコールズ『記号論のたのしみ──文学・映画・女』富山太佳夫訳　岩
　　波書店、2000 年。

13 | 『市民ケーン』を読む（3）
──バラの蕾

宮本陽一郎

《目標＆ポイント》「バラの蕾」とは何かという謎──このパズルを解くための最後の一片であったかもしれない手がかりは、『市民ケーン』のラストシーンで、何も知らない作業員たちの手で焼却炉に投げ込まれ、炎上し黒煙となって空に消える。『市民ケーン』が、答えのない問いをめぐる物語であるとすれば、この物語の意味は何か？
《キーワード》 反解釈、解釈学、詩学、ジャンル、作家主義、脱修辞

---

1. トンプソン vs ロールストン

この映画の最後から二番目となる以下の台詞は、作品の意味を解釈すること自体の無意味さを揶揄するかのようである。

トンプソン：もしかしたらバラの蕾はあの男が手に入れられなかったものか、あるいは失ってしまったものなのかもしれない。しかしそうだとしても、それは何の説明にもならない。一つの言葉が一人の人間の人生を説明してくれるなどということはないんだ。

トンプソンの言葉は、映画の冒頭近くで、制作主任のロールストンがトンプソンに与えた "Rosebud dead or alive!" という指令への反駁ととらえることができるだろう。"dead or alive" とは、生死を問わず、も

し容疑者が抵抗したら殺してもよいからそれでも身柄を確保せよという意味合いである。トンプソンはたとえ容疑者の身柄を確保しても、容疑者が死んでしまったら、それは無意味だと主張しているかのようである。

ロールストンのアプローチは、解釈学（hermeneutics）的である。解釈学とは、意味の曖昧さを解消し、意味を確定する作業である。たとえば法律の条文の意味は、ああも読めるがこうも読めるでは法として機能しないから、その意味を確定する作業——法解釈——が必要となる。同様に宗教における経典が経典として機能するためには、神学者による解釈が必要とされる。

解釈学という営みのはらむ問題性を、最も挑発的なかたちで告発したのが、アメリカの批評家スーザン・ソンタグである。ソンタグは「反解釈」（1964年）と題する論文のなかで次のように主張する。

解釈とは、芸術に対する知性の復讐である。いやそればかりか、世界に対する知性の復讐とさえ言える。解釈するというのは、世界を貧困化させること、世界から何かを奪ってしまうことである。それによって、「意味」という影の世界を作ってしまうというそれだけのために。解釈は、あるがままの世界をこの世界に変えてしまうのだ。[1]

解釈を通じて、私たちは曖昧さを排除し意味を確定する。それはたくさんの意味の可能性のなかからひとつだけ（あるいはいくつか）を取り出して、それ以外の意味の可能性を抹殺してしまうことにほかならないとソンタグはとらえる。それはひいては豊穣で混沌とした世界を、意味という「影の世界」に還元してしまうことでもある。

たとえば「バラの蕾」という言葉を、「主人公が資本主義社会のなか

---

[1]　Susan Sontag, *Against Interpretation and Other Essays* (Farrar, Straus and Giroux, 1966), p. 7.

で生きていくうちに失ってしまった純真さ」と解釈したとしたら、それは、それ以外の意味の可能性を排除してしまうことを意味せざるをえない。そのように解釈するとき、たとえば前章の（**図12−9** 257頁）のショットで画面の片隅に雪景色のガラス玉が映り込んでいたことは、無視することのできる無意味なディティールにすぎない。この構図の隅々まで埋め尽くしているさまざまなイメージは、いわばノイズでしかない。

　ソンタグの解釈学批判は、決して「なんでもあり」の混沌とした世界を称揚する反知性主義ではない。解釈学とは正反対のアプローチをとるのが構造主義詩学である。ジョナサン・カラーは詩学と解釈学の違いを、次のように簡潔明瞭に説明している。

　詩学は、読み取られた意味や効果から出発して、なぜそれが可能になったかを問う。（なぜある小説のなかの特定のパッセージがアイロニックであると感じられるか？なぜ私たちはある登場人物にとりわけ共感するか？なぜこの詩の結末が曖昧であると感じるのか？）それに対して解釈学はテクストから出発して、それが何を意味するかを問い、新しいよりよい解釈を求める。[2]

それゆえに構造主義詩学がめざすのは、「真の意味」を確定することではなく、意味の可能性を明らかにすることである。その最も徹底した実践は、ロラン・バルトの『S／Z』（1970年）に見出すことができるだろう。バルトはバルザックの中編小説を561の断片に切り分け、そのひとつひとつについて意味の可能性を網羅していく。これによりバルザックの原作は、特定の意味にダイジェストされるのではなく、めくるめくほど多様な意味の可能性に開かれたコード[3]の綴れ織り——つまりテク

---

[2]　Jonathan Culler, *Literary Theory : A Very Short Introduction* (Oxford, 2011), p. 71.

[3]　コードとは、意味に先立って共有される約束事、あるいは刷り込まれた知識・価値観である。

スト——としてとらえ直される。

　読者や鑑賞者は、自由に勝手気ままに意味を引き出すことができるのではなく、あらかじめ刷り込まれたコードに従って多様な意味を読み取るのである。

2. 『市民ケーン』とフィルム・ノワールの詩学

　映画においては、コードはジャンルによって媒介される。たとえば「ニュース・オン・ザ・マーチ」というニュース映画のパロディーが唐突に始まったとき、観客はすでにニュース映画をニュース映画たらしめている一連の約束事（ニュース映画のナレーターの語り口、ニュース映画らしい語り口など）をすでに知っている。知っていなければ、つまりコードを共有していなければ、この部分はパロディーとして機能しないし、そもそもそのような観客にとっては意味をなさないことだろう。また劇映画のなかに、他のジャンルの映像が挿入されるという入れ子細工のような構造を理解するためには、それに先立つ知識が必要である。『市民ケーン』公開当時の観客は、とりわけウェルズ自身の「火星人襲来」のようなラジオ番組を通じて、このような入れ子細工の構造やパロディー形式を理解するためのコードを十分に刷り込まれていた。登場人物の最期の言葉から始まって、その謎解きが物語の本体となり、真犯人の発見により物語が終わるという構成も、すでに当時の観客たちや現在の私たちのなかにあらかじめ刷り込まれた、つまりコード化された物語形式である。

　コードは、作品固有あるいは作家固有のものではなく、一定の範囲のなかで共有されるものである。そのことを考えるなら、『市民ケーン』が、フィルム・ノワールというジャンルの作品と多くの共通点をもっていることは、注目に値する。

フィルム・ノワール（暗黒映画）は、きわめて定義の難しいジャンルである。このジャンルは、舞台設定や物語形式だけで定義することはできない。フィルム・ノワールは多くの場合、推理小説や犯罪小説を原作として、犯罪や暴力を主題とするが、それだけではなく、固有の世界観に特徴がある。ハードボイルドな、あるいはニヒリスティックな世界観が、このジャンルを支配している。「アメリカの夢」ではなく、「アメリカの夢」の裏側にある暗い現実を冷ややかに描き出すジャンルである。それ以上にフィルム・ノワールをフィルム・ノワールたらしめているのは、視覚的なスタイルである。フィルム・ノワールにあっては、モノクロームの極端なキアロスクーロ（明暗対比）が特徴とされる。多くの映画研究者たちは、このジャンルの起源をジョン・ヒューストン監督の『マルタの鷹』に見出している。『マルタの鷹』は奇しくも、『市民ケーン』と同じく1941年に公開されている。

　『市民ケーン』は、プロットのうえではフィルム・ノワールとは言い難いが、しかしスタイルのうえでは、フィルム・ノワールと多くを共有している。極端なキアロスクーロという点では、たとえば冒頭近い試写室の場面でそれが際立っている（図13−1）。試写室の暗がりに明暗の対比が生じることも、たばこの煙が充満していることも、決して不思議はないが、しかしそれだけでは説明がつかないほど効果的に、あまりにも効果的に、逆光とシルエットが用いられ、この場面のドラマからはみ出るほ

図13−1　試写室の場面の明暗対比

どの魅力的な構図が作り上げられている。フィルム・ノワールの映像美のひとつの究極と言える『暴力団（The Big Combo)』（1955年）の名高いラストシーンとあい通じる美学を感じさせる（図13−2）。

『市民ケーン』は、フィルム・ノワールというジャンルの映画ではないが、しかし

図13−2 『暴力団（The Big Combo)』（1955年）のラストシーン　写真　ユニフォトプレス

フィルム・ノワールと共通の映像美学をもち、それを通じてフィルム・ノワール的な時空間を構成する作品と言える。その時空間は、たとえば「アメリカの夢」といった共同幻想が成り立たない、不条理で物質主義的な世界である。先に指摘したとおり、フィルム・ノワールは定義の難しいジャンルである。そのなかにあって最も高い精度でフィルム・ノワールを定義しているのが、ヴィヴィアン・ソブチャクの論考である。ソブチャクは、フィルム・ノワールをフィルム・ノワールたらしめているのは、プロットでもスタイルでもなく固有の時空間（クロノトープ）であると主張する。

　私がここで提案しようとするのは、バフチンの最も重要なより広い意味でのクロノトープに近い、より広い構造である。そこに含まれるのは、フィルム・ノワールのスクリーンによって流布され誇張された、戦中及び戦後のアメリカ文化固有の空間である。具体的に言うなら、ナイトクラブ、カクテルラウンジ、バー、名もなきホテルやモーテル

の部屋、下宿屋、うらぶれた街道沿いの飲食店やダイナーといったか
たちで空間化された、（文化的・物語的な意味での）生／世界を、私
がラウンジタイムと呼ぶところの時間的形象として定義したい。[4]

ラウンジタイム・クロノトープとは、家庭でも職場でもない場所、場所
ならざる場所であり、そして勤務時間でも団欒の時でもない、時ならざ
る時である。フィルム・ノワールの詩学は、夢も正義も（そして仁義
も）ない世界に飲み込まれようとする時空間を構築する。

　記者トンプソンにとっての最初の取材先となった「エル・ランチョ」
は、まさにラウンジタイムのクロノトープである。もう客もいなくなった
深夜の裏ぶれたナイト・クラブで、夢破れたスーザンが深酒に溺れている。

　ザナドゥーもまたラウンジタイムのクロノトープと言えるだろう。
ケーンとスーザンにとっての住まいとなるはずだったザナドゥーは、し
だいに孤独と疎外の空間と化していく。住まいならざる住まい、そして
場所としての意味を失った場所である。ジグソー・パズルの場面（**図
12-11** 259頁）では、次のようなやりとりがある。

　スーザン：いま何時？　チャーリー！　いま何時なのって聞いてるのに。
　ケーン：11時半だ。
　スーザン：ニューヨークは？　ニューヨークではいま何時なの？
　ケーン：11時半だ。
　スーザン：夜の？
　ケーン：ああ。

スーザンにとっては、ザナドゥーはもはや夜と昼の区別すらつかない、
時間のない場所である。彼女にとっては、ニューヨークでいま何時かだ

---

[4]　Vivian Sobchack, "Lounge Time : Postwar Crises and the Chronotope of Film
Noir," *Refiguring American Film Genres : Theory and History*, ed. Nick
Browne (University of California Press, 1998), p. 156.

けが問題であり、ザナドゥーでいま何時かはもはや意味をもたない。そしてザナドゥーの空間は、「風景と彫刻しかない4万9千エーカーのお屋敷」でしかない。ザナドゥーの時空間は、物語が進むにつれ、フィルム・ノワールの詩学に彩られた、誇張され歪曲された影の多い空間に変容していく。

　ノワール的な物語世界を探索する記者トンプソンには、フィルム・ノワールの主人公に通じる性格を見出すことができるだろう。トンプソンはこの映画の主人公ではないし、探偵でも犯罪者でもない。しかしハードボイルドではある。トンプソンは、ケーンを取り巻く不条理な世界に潜入し、一切の感情を交えずに言葉少なに取材を淡々と進めていく。『市民ケーン』は、ジャンル映画としてプロモートされた映画ではなく、あくまでも「天才」オーソン・ウェルズの作品としてプロモートされた。しかしオーソン・ウェルズが特権的な「作家」として妥協なく映画を作り完成させることができたのは、『市民ケーン』が最初で最後といえる。この作品以降、ウェルズはジャンル映画も作らざるをえなくなる。そうしたなかで『上海から来た女（The Lady from Shanghai)』(1947年)、『オーソン・ウェルズ IN ストレンジャー（The Stranger)』(1946年)、『黒い罠（Touch of Evil)』(1958年) といった、純然たるフィルム・ノワールの秀作を生んだのはゆえなきことではない。

3. 魔術師

　ジャンル論という観点から、『市民ケーン』を考察するとき、映画の冒頭の "by Orson Welles" という字幕が示唆する、オーソン・ウェルズの特権的な「作家」としてのステータスよりも、同時代のアメリカ映画が共有していたコード、そしてそうしたコードにより構築されていた世界観を浮かび上がらせることになるだろう。とくに『上海から来た

女』、『オーソン・ウェルズ IN ストレンジャー』、『黒い罠』のような商業主義に妥協した作品について、それが言えそうにも思える。

しかし事態はその逆である。商業主義に縛られ、ジャンルの約束事に縛られているからこそ、監督としてのオーソン・ウェルズに固有のスタイルがくっきりと浮かび上がるのである。アンドレ・バザンと「カイエ・デュ・シネマ」誌の批評家たちによってフランスで創始され、アメリカにおいてはアンドリュー・サリスたちによって受容された「作家主義（politique des auteurs）」は、このようなスタイルの署名に「作家」を見出す。[5]

オーソン・ウェルズの作家性は、彼が生涯にわたり魔術師・手品師であったことと無縁ではないように思える。不可能と思えることを、観客の前でやってのけることへの衝動は、ウェルズの映像言語を特徴づける。『市民ケーン』からそれが最も顕著な瞬間を選ぶなら、『インクワイアラー』紙の競争相手である『クロニクル』紙から、世界最高と謳われる執筆スタッフを全員まるごと引き抜くことにケーンが成功する場面に注目したい。物語のなかでケーンのやっていること自体が一種の手品であるが、その映像表現はいっそう手品じみている。『クロニクル』の社屋に誇らしげに掲げられた「世界最高の新聞執筆スタッフ」の写真にカメラが寄っていって、そして撮りきりになった瞬間に、画面に六年後のケーンが登場し、『インクワイアラー』紙の勝利を宣言する（図13-3）。写真はいつの間にか生身の人間たちにすりかわっている。どこでどのように記念写真が生身の人間に入れ替わったのか、（少なくとも私には）見当もつかない。

この離れ業によって、若きケーンの破竹の快進撃が効果的に表現されていることは疑いえないが、ドラマが必要としている以上に魔術的な映像表現それ自体が、オーソン・ウェルズの署名となっている。同様に

---

[5] フランスにおける、作家主義の理論とその展開については、pp. 285-286 を参照。

図 13-3 『クロニクル』紙の誇る「世界最高の新聞執筆スタッフ」(左)。「世界最高の新聞執筆スタッフ」を丸ごと買収したケーン(右)

ウェルズは、ワンカットでは表現しきれるはずのないような場面を、ワンカットの長回しで切り抜けて見せたり、あるいはショットとショットの繋ぎ目を見えないようにしたり、観客の目を欺くことに格別の悦びを見出しているかのようである。映像の魔術師としてのウェルズの署名はいたるところに残されている。

その意味では、この作品におけるメイクアップを担当したモーリス・サイダーマンの貢献も特筆に値するだろう。この映画のなかで、ウェルズは25歳から70代で死を迎えるまでのケーンを演じている。これが可能になったのは、サイダーマンの超絶的なメイクアップ技巧に負うところが大きい(図13-4)。同時に70代の老人を全身で演じ切った俳優ウェルズの演技力も驚嘆すべ

図13-4 モーリス・サイダーマンのメイクアップにより老いたケーンを演じるウェルズ

きものがある。しかしそれ以上に、自分自身の身体を醜悪に加工することにある種のマゾヒスティックな快感を覚える映画作家としてのウェルズの署名を見出すことが可能だろう[6]。当時、ワンダーボーイの好青年としてのウェルズのポートレート（図13-5）がマスコミを賑わせていたことを思えば、この作品のなかでのウェルズの変貌ぶりは衝撃的である。ウェルズはこの映画のなかで、ランドルフ・ハーストの名誉を毀損することよりも、実は自分自身のイメージを損壊（disfigure）する

図13-5　1940年頃のオーソン・ウェルズのポートレート写真
写真　ユニフォトプレス

ことに、狂気じみた情熱を傾けていたかのようである。「神童」「天才」と喧伝されてキャリアを歩み始めたウェルズは、見る影もなく老いさらばえた敗北者としての自らの姿を、オスカー・ワイルドのドリアン・グレイのように、スクリーンのうえに投影する。

スーザンがザナドゥーから出奔した後、老いたるケーンが彼女の寝室を破壊し尽くす場面は、この映画のなかの最後の回想シーンとなる（図

図13-6　スーザンの寝室を破壊するケーン

---

[6] ウェルズは、『オーソン・ウェルズ IN ストレンジャー』では教会の塔のうえで彫像の手にしている剣に串刺しになって息絶えるナチス戦犯を、『黒い罠』では暗い川面に水死体となって浮かぶクインラン刑事を演じている。

13 - 6）。この場面の激越さは、オーソン・ウェルズの自己破壊的衝動の究極的表現といえる。

　それはチャールズ・フォスター・ケーンというキャラクターの狂気というよりは、オーソン・ウェルズという天才の狂気を感じさせる。単に妻に捨てられたことへの怒りや焦燥といった感情では説明できない、剥き出しの破壊衝動をウェルズはカメラの前にさらけだして鬼気迫る。ローアングル、ワイドアングル、ディープ・フォーカスの画面には、壁や柱に描き込まれた装飾や額縁や人形や家具調度が映り込み、情報過剰で装飾的な空間を作り出す。もしかしたら何かを意味したかもしれない記号が、しかしながら何も意味することなく空間を虚しく埋め尽くしている。そしてこの記号に充満した空間を、ケーン／ウェルズは何かに取り憑かれたかのように破壊し尽くす。

　ところでこの場面は、誰の視点から物語られているのだろうか。体裁のうえでは、ザナドゥーの執事レーモンドがトンプソンに目撃証言をしていることになっているが、レーモンドがこの現場を見ていたわけではないことは明らかである。もちろんトンプソンにはこの場面を目撃することはできない。もはやこの場面は、トンプソンの物語というフレームにも、レーモンドの物語というフレームにも属さない。

4. 脱修辞（disfiguration）

　ナイトクラブ「エル・ランチョ」に飛来し、天窓から侵入して、記者トンプソンに憑依したカメラの眼は、取材の終わりとともにトンプソンの身体を離れ、再び宙空を漂い始める。ドローンのように飛行しながら、カメラの眼はザナドゥーの邸内をどこまでも埋め尽くした木箱を俯瞰する。かつてケーンがヨーロッパで買い集めた財宝はいまや木箱に詰め込まれ、邸内はジャンクヤードの様相を呈している。カメラの眼は次

第に降下し一台の橇を見出す。そのとき「ガラクタを火に投げ込め！」という掛け声がかかり、橇は焼却炉に投げ込まれる。燃えあがろうとする橇の表面に「バラの蕾」が商標として描かれている。私たち観客の目の前に「バラの蕾」が浮かび上がり、そして炎上し黒煙となって消えていく。グレッグ・トーランドのカメラは、信じ難いほどに鋭いフォーカスで、橇の表面を映し出し、塗装が解けて泡立つさままでも細密に描写している。この作品に一貫して優れたスコアを提供している作曲家バーナード・ハーマンは、この時代のハリウッドのオーケストラにしか出せないであろう、まるでシンセサイザーが奏でているかのような、強烈なヴィブラートのかかったサウンドで、「バラの蕾」のテーマを感動的に再現する。映像と音響が一体となって、まさに燃え上がるようなこの感動的なフィナーレは、「バラの蕾」という謎の答えが結局何もないだけに、一層感動的である。

　AがBを意味する――つまりAがBの喩え（フィギュア）であるという関係が崩壊していく瞬間にフィナーレを置いた作品が、同時期に制作されていたことをここで想起してもよいだろう。ひとつは、『市民ケーン』の前年に公開されたチャールズ・チャップリンの『独裁者』である。チャップリンは類稀なパントマイムの天才でありながら、同時にどこでもいる大衆のなかの一人であるというフィギュアのなかで、「放浪紳士チャーリー」というキャラクターを演じてきた。『独裁者』の末尾の６分間の演説のなかで、チャップリンは「放浪紳士チャーリー」というフィギュアを放棄し、チャールズ・チャップリン自身の声で、人々に反ファシズムの闘いを呼びかける。もう一作は、すでに言及した『マルタの鷹』である。ジョン・ヒューストン監督で『市民ケーン』と同じく1941年に公開されたこの作品では、登場人物たちは「マルタの鷹」と呼ばれる財宝をめぐり、仁義なき戦いを繰り広げる。真っ黒に塗り固め

られた「マルタの鷹」の表層の下には、財宝が埋め込まれていると登場人物たちは信じる。しかしようやくこの彫像を手に入れた悪漢がナイフで表面を剥がし始めると、どこまで削っても中身が出てこない。「マルタの鷹」は、財宝のまたの姿（フィギュア）ではなかったことがわかる。

　こうした作品と並置してみるとき、『市民ケーン』のエンディングで「バラの蕾」が鮮やかに焼失していく瞬間は、一つの時代の終わりを物語っていたとも言えるだろう（図13-7）。制作段階で「アメリカ人（An American）」という仮題をつけられていた『市民ケーン』は、アメリカ人をアメリカ人たらしめていたさまざまな共同幻想が燃え尽きていく物語である。大衆の擁護者としての権力者というシオドア・ローズヴェルトに始まりフランクリン・D・ローズヴェルトに至るポピュリズムのアメリカ、真実を伝えるジャーナリズムというピューリッツァ的なアメリカ、成功の夢という物語を信じ続けるアメリカ——そういうさまざまな共同幻想の終わりが始まりつつあるという予感、あるいはむしろそうした物語をかなぐり捨てて物語のない不条理な世界に向き合いたいという衝動の芽生えを、『市民ケーン』は物語っている。

図13-7　「バラの蕾」

学習課題

1. フィルム・ノワールの代表的な作品（『マルタの鷹』、『郵便配達は二度ベルを鳴らす』『深夜の告白』『第三の男』など）を鑑賞し、『市民ケーン』と比較しなさい。
2. オーソン・ウェルズの『市民ケーン』以外の作品を鑑賞し、ウェルズの作家性について論じなさい。
3. 現在活躍している映画監督やアニメーション監督について、その作家性を論じなさい。

参考文献

スーザン・ソンタグ『反解釈』高橋康成ほか訳、ちくま学芸文庫、1999 年。

ロラン・バルト『映像の修辞学』蓮實重彦、杉本紀子訳　ちくま学芸文庫、2022 年。

スタンリー・カヴェル『眼に映る世界——映画の存在論についての考察』石原陽一郎訳、法政大学出版局、2012 年。

14 | 「新しい波」
―――ネオレアリズモからテレビまで

野崎歓

《目標＆ポイント》　第二次大戦後の映画において、いわゆる「新しい波」が
どのように生じたのかを学び、国境を超えて連鎖的に起こったニューウェイ
ブの意味を考察する。他方、それとほぼ同時に進んだテレビの普及にともな
う映像文化の変容を辿り、映画とテレビの相関関係のなかで、現代に直結す
る新たな映像文化の環境が生み出されたことを概観する。
《キーワード》　ネオレアリズモ、ヌーヴェル・ヴァーグ、香港映画、台湾映
画、テレビ

1. ロッセリーニとネオレアリズモ

「もしも英語を上手に話し、ドイツ語を忘れていず、フランス語はあま
りよく理解できず、イタリア語は "Ti amo"［あなたを愛しています］
だけしか知らないスウェーデン女優が必要なときは、すぐに駆けつけて
あなたと一緒に映画を作る用意があります」[1]

　そんな一文でしめくくられるファンレターが、1949 年、一人の映画
監督のもとに届いた。差出人はイングリッド・バーグマン。当時、ハリ
ウッドで最高の人気を誇っていた女優である。受け取ったのはイタリア
の映画監督、ロベルト・ロッセリーニ。はるか遠いローマで映画を作っ
ている、いまだ会ったこともない監督に、大スターはなぜ突如、熱烈な
手紙を書き送ったのか。

---

[1]　イングリッド・バーグマン、アラン・バージェス『イングリッド・バーグマン
　マイ・ストーリー』永井淳訳、新潮社、1982 年、10 頁。

その直接の原因となったのは、ロッセリーニの作品『無防備都市』（1945年）がアメリカで公開されたことだった。イタリアは1943年9月8日、連合軍に降伏するが、ローマはナチスに占領支配された。それに対するイタリア・レジスタンスの戦いと苦難を描いた映画が『無防備都市』だった。バーグマンはその映画を観て、感激のあまりロッセリーニに手紙を出した。やがて彼女は、彼と仕事がしたい一心でローマまで飛んでいく。

　『無防備都市』のいったい何が、バーグマンを突き動かしたのだろうか。『カサブランカ』（1942年）のような、ハリウッドでの彼女の代表作と『無防備都市』を比べてみるならば、その理由を明確に感じ取ることができる。

　ハリウッドでの彼女の出演作はいずれも、映画会社の撮影所内で、人工光のもとで撮られたものである。第7章で解説されているとおり、つねに複数の角度からライトを当てられたバーグマンの姿は、くっきりと背景から浮かび上がり、きれいにセットされた髪は決して乱れることがない。「夢の工場」ハリウッドの技術力を駆使した、ほとんど非現実的なヒロイン像が作り出されている（図14−1）。

　一方、『無防備都市』は題名通り「都市」の映画である[2]。冒頭、SS隊員に踏み込まれたレジスタンスの幹部マンフレーディは、アパートの屋根伝いに逃げ出す。映画がまさに「オープン・シティ」そのものを舞台として開始されるのだ。もう一人の主要人

図14−1　『カサブランカ』　写真　ユニフォトプレス

---

[2] 原題 *Roma città aperta*（英語題名は *Rome, Open City*）は直訳すれば「開かれた都市ローマ」で、1944年にローマが連合軍、ドイツ軍双方に対し無防備都市宣言をしたことを意味する。

物である印刷工フランチェスコもレジスタンスの活動家だが、恋人ピーナとの結婚式の当日、ゲシュタポに逮捕される。ピーナは護送車を追って舗道を駆け出すが、ゲシュタポの兵士たちに射殺される。彼女の絶望的な、死に向かっての疾走を街頭で正面からとらえた画面が、観る者に衝撃を与えた。

イタリアでは 1930 年代、独裁者ベニート・ムッソリーニによってローマ郊外に、ヨーロッパ有数の撮影所「チネチッタ」が作られたが、戦争直後は使用不可能な状況だった。そもそもロッセリーニの映画には、セットをいくつも組むだけの予算はなく、街中での撮影が必須だった。また出演した俳優は、ピーナを演じたアンナ・マニャーニをのぞけば、多くはアマチュアと言っていい者たちだった。それもまた、この映画にハリウッド作品とは異質の、荒々しい迫力を与える結果につながった。

まったく違う撮り方による、未知のリアルさを実現した映画との出会いに、バーグマンは心を揺さぶられ、強く引きつけられたに違いない。

やがてバーグマンはロッセリーニと『ストロンボリ』（1950 年）を撮った。ストロンボリは地中海に浮かぶ小さな島である。10 年に一度は噴火を起こす火山島で、住民は 400 人程度。ロッセリーニはそこにバーグマンを連れていき、実際の島民たちを起用してドラマを撮影した。映画は、戦争によって難民となったのち、難民キャンプを出るために漁師と結婚したカーリン（バーグマン）が、島での暮らしに溶け込めず、徐々に精神のバランスを崩していくさまを追っていく。それは、脚本もないまま、言葉もろくにわからない状態で撮影に臨んだバーグマンの心境と共通するものだったろう。しかも滞在中、火山が噴火するという事件が起こる。それがそのまま作品に取り込まれた。漁民たちが船で島を離れる中、身重のカーリンは噴煙を上げる山の斜面を一人よじ登り始める。そして疲労困憊しながら天に向かって呼びかける。「ディオ・

ミオ（わが神よ）！」観客は、映画がもはやストーリー展開を放り出して、何か異様な次元に突入したのを感じる。しかもその次元とは、カーリンの足元の現実と地続きのものなのだ（**図 14-2**）。

ロッセリーニの映画を始めとして、第二次大戦後のイタリアでは、日常の光景に立脚し、対象を凝視しつつ、既成の映画とは異なる表現を切り拓こうとする作品が次々に生まれ出た。それらの作品には「ネオレアリズモ」、すなわち新しいリアリズムという呼称が冠された。

図 14-2 『ストロンボリ』　写真　ユニフォトプレス

2. ヌーヴェル・ヴァーグ

ネオレアリズモの動きは隣国フランスに波及し、大きな流れを作り出していく。いわゆるヌーヴェル・ヴァーグ（新しい波）である。

フランス映画の新しい波の特色として挙げられるのは、その立役者たちの多くが、映画評論誌「カイエ・デュ・シネマ」に拠った批評家出身であり、撮影所で経験を積むことなく監督としてデビューしたことである。同誌の創刊者の一人アンドレ・バザンは、「写真的存在論」にもとづくリアリズムに映画の本源を見出し、ロッセリーニの『無防備都市』や『戦火のかなた』（1946 年）といったネオレアリズモの諸作品を、その範例として論じた。『ドイツ零年』（1948 年）までのいわゆる戦争三部作ののち、ロッセリーニの一般的評価は下降線を辿ったが、バザンの影響下、「カイエ」の若い批評家たちは彼を強く支持し続け、とりわけ

『イタリア旅行』（1954 年）から多大な刺激を受け取った。

『イタリア旅行』は奇妙ななりゆきから即興的に作られた作品だった。ロッセリーニは当初、フランスの作家コレットの小説『デュオ』（1934年）を映画化するつもりだったが、クランクイン直前になって版権を取得できないことが判明した。そこで急遽、ローマからナポリまで旅する夫婦の物語を考え、『デュオ』に出演する予定だった俳優二人（ジョージ・サンダースとバーグマン）に車で旅をさせて、夫婦の仲が冷えていく様子を辿る物語を作り上げた。ナポリまで行くと、たまたま土地の祭りが盛大に行われていた。そのさなかに投げ出された夫婦は、不意に、互いの絆を取り戻す契機をつかみとる。ジャン＝リュック・ゴダールは次のように映画の印象を語った。

「男と女が車に乗っていて、車の外には世界がある。複雑ではないし、お金もさほどかからない。男と女をペアにすることは私にもできる。世界に関しては、とにかくやってみるだけだ……」[3]

ロッセリーニの作品に鼓舞されてゴダールが撮ったデビュー長編が『勝手にしやがれ』（1960 年）だった。青年（ジャン＝ポール・ベルモンド）が街で知り合った娘（ジーン・セバーグ）を乗せて車を走らせる。まさに『イタリア旅行』的な構えである。彼が娘に「ローマに行かないか？」と声をかけるのはロッセリーニへの目配せだろうか。そして現実の「世界」がそこにはふんだんに盛り込まれている。パリの目抜き通り、シャンゼリゼでの隠し撮りによって、ゴダールは街頭の空気をそのまま映画に持ち込んだ。シャンゼリゼは「カイエ」編集部のある通りのすぐそばで、ゴダールにとっては生活の場だった（**図 14 - 3**）。

撮影時ベルモンドに渡されたのは 3 頁のシノプシス（梗概）のみ。ハリウッド経験のあるセバーグは、女優の顔に照明を当てず、メイク係もいないことに驚いた。ゴダールは通常 "やってはいけない" とされてい

---

[3]　フロランス・プラタレ監督の記録映画『ゴダールによるゴダール』（2023 年）で引用されている、アーカイブ映像中でのゴダールの発言。

る撮影法を次々に試みた。広角レンズでクロースアップを撮り、手持ちカメラで移動撮影を敢行する。ベルモンドもセバーグもカメラを正面から見据え、観客に向かってせりふを言う。ゴダール自身が手がけた編集も斬新だった。型通りのモンタージュを嘲笑す

図14-3 『勝手にしやがれ』 写真 Films Around the World/Photofest/ユニフォトプレス

るかのように、人物の動作の途中でいきなり次の動作につないでしまう「ジャンプカット」が観客を驚かせた。

　また、この作品には過去の映画への敬意と愛情も込められている。ヌーヴェル・ヴァーグの先駆とみなされるジャン＝ピエール・メルヴィル監督が、インタビューを受ける作家役で特別出演している。ラストシーンでのベルモンドのしぐさは、グリフィス監督『散り行く花』（1919年）のヒロイン、リリアン・ギッシュのしぐさへの暗示だろう。車泥棒の男を主人公とするこの映画を、自分としてはハリウッドのサスペンス映画のように撮ったつもりだったが、出来上がりはむしろ『不思議の国のアリス』のようなものになってしまったとゴダールは述懐している[4]。過去の映画への憧れに導かれながら、自己のアイデアや感覚を存分に解き放つ。それがヌーヴェル・ヴァーグの作品に共通する特色となる。

　『勝手にしやがれ』が封切られる直前、フランスの新しい波を世界にアピールした最初の作品は、カンヌ国際映画祭で監督賞を受賞した、フランソワ・トリュフォー監督の『大人は判ってくれない』（1959年）だった（図14-4）。12歳のアントワーヌ・ドワネル少年の悩める日々を描く作品は、ロッセリーニが廃墟と化した敗戦直後のベルリンを舞台に

---

[4] アラン・ベルガラ『六〇年代ゴダール』奥村昭夫訳、筑摩書房、2012年、76頁。なお『勝手にしやがれ』の冒頭には「モノグラム・ピクチャーズ［アメリカの低予算B級映画会社］に捧ぐ」と字幕が出る。

撮った少年の悲劇『ドイツ零年』と響き合う。しかしそれ以上に、トリュフォーが自身の少年時代の記憶を作品にたっぷりと盛り込んでいることが、観客にも伝わってきたし、本人の発言ものちにそれを裏付けている。そこには映画を、自らの内面や日々の経

図 14 - 4 『大人は判ってくれない』
写真　Zenith International Films/Photofest/ユニフォトプレス

験と直結した表現手段にしたいという彼の願いがあった。監督となる前に、トリュフォーはこう記していた。

「明日の映画は私小説や自伝小説よりもいっそう個人的なものになるにちがいない。告白のようなもの、あるいは日記のようなものに。

　若い映画作家たちは個人的で日常的なすべての事柄を一人称で描き、自分自身の体験をいきいきと語ることになろう。初恋の思い出から、いま進行中の恋愛に至るまで、あるいは政治意識のめざめ、旅行談、病気のこと、兵役のこと、結婚のこと、夏のバカンスの出来事、等々。そういったすべてが観客を新鮮な感動でゆさぶるはずだ。なぜなら、そういったすべてが真実であり、これまで映画では語られたことがなかったものであるからだ。映画は、わたしたちにとって、愛の行為と同じようなものになるだろう。」[5]

　こうした考えが唱えられた背景には、同時代のフランス映画に対する不満があった。とりわけトリュフォーらが批判したのは、文学の名作にもとづき、原作の革新性を骨抜きにして口当たりのいいドラマに仕立てるような保守的な文芸映画が、当時、フランスで主流をなしていたことだった。それよりも、自らペンを握って書くように「作家」として映画

---

[5] 山田宏一『トリュフォー、ある映画的人生』平凡社ライブラリー、2002 年、263 頁の引用による。

を撮りたいという意欲が、彼らのうちで燃え上がっていた。トリュフォー、ゴダールの成功に続き、クロード・シャブロル（『いとこ同志』1959 年）、ジャック・ドゥミ（『ローラ』1960 年）、アニエス・ヴァルダ（『五時から七時までのクレオ』1961 年）、ジャック・リヴェット（『パリはわれらのもの』1961 年）、ジャック・ロジエ（『アデュー・フィリピーヌ』1962 年）、エリック・ロメール（『獅子座』1959 年、公開は 1962 年）といった「カイエ」誌の批評家やその仲間たちが次々に作品を発表し、一個のムーヴメントが確かに巻き起こりつつあることを印象づけたのである。

3. 新しい波のもたらしたもの

　新しい、古いというカテゴライズは、それ自体もちろん相対的なものである。今日新しいとされるものは、明日は古びて見えてくるのが定めだ。しかし、ネオレアリズモからヌーヴェル・ヴァーグへと受け渡されていった映画作りの「新しい」姿勢、およびそれによって生み出された成果は、決定的な変化を映画史に刻みつけており、その意義は古びないと感じさせられる。大きな特徴を三つ挙げておこう。

　一つは、それらがいわゆる低予算の映画で、経済的制約を克服すべく、さまざまな工夫を凝らした作品になっていることだ。巨額の予算を投下して撮影所の人工光のもとで撮られる従来の映画に、いわば写真スタジオで撮る記念写真的な仰々しさがあったとすれば、ヌーヴェル・ヴァーグの映画にはスナップ写真のフレッシュさが認められる。そこには、リュミエール兄弟のシネマトグラフへの回帰という意識もあった。若き監督たちは、シネマトグラフの特徴だった軽やかさを映画に取り戻したいと願ったのである。

　ヌーヴェル・ヴァーグの監督の多くはデビュー時、フランスのカメラ

製造会社エクレールが商品化した、軽量でかさばらない「カメフレックス」というカメラを用いた。肩に担いで運べる機動性が、映画の軽快な足取りにつながっている。ゴージャスな映像を生み出すには、大掛かりな照明の助けが必須だが、最低限の照明のみに絞ることで経費を抑えるとともに、自然光の美しさをとらえようとしたことも彼らに共通する。ゴダールは『勝手にしやがれ』の撮影にあたり、夜間の屋外でも撮影できる報道写真用の高感度フィルムをつなぎあわせ、昼間のシーンにもそれを用いた。全体として『勝手にしやがれ』の製作費は、当時の平均的作品の三分の一に収まっている。

　第二に、映画と作り手の関係の変化である。ヌーヴェル・ヴァーグの監督たちの場合、「映画愛」（シネフィリー）という言葉が生み出されたことが示すとおり、映画へのひたむきなまでの愛着を制作の根拠としている。そこにもまた、産業として巨大化した映画界に対する批判と、作る側の主体性を回復しようとする姿勢が表れている。批評家時代、トリュフォーは「作品はない、作家がいるだけだ」とのテーゼを打ち出し、偏愛する作家を徹底して称揚する「作家主義」を唱えた。その観点からすると、凡庸な監督のほどよく「良質」な作よりも、「作家」としての映画監督の個性がまぎれもなく刻印された失敗作のほうが、はるかに好ましいということになる[6]。いささか極論ではあるが、そうした提唱が価値観の転換をもたらしたことはまぎれもない事実である。「作家の映画」という新しいカテゴリーを導き入れることで、映画史の再考を促したのである。ヌーヴェル・ヴァーグの映画人たちは、ジャン・ルノワールを始め、ジャン・コクトー、ロベルト・ロッセリーニ、オーソ

---

[6] 作家主義は批評家トリュフォーが「作家の方策」politique des auteurs として提唱したのち、「カイエ」誌で実践的に練り上げられ、やがて auteurism として英語でも用いられる語となった。単に作品を作者の意図に還元するのではなく、逆に作品の読解をとおして作者の個性を抽出しようとする点にその特色がある。詳細に関しては「アンドレ・バザン研究」第 1 号（特集・作家主義再考）、2017 年を参照のこと。

ン・ウェルズなどを先達として仰ぎ、興行的にはふるわなくとも彼らの作品を擁護した。他方、アルフレッド・ヒッチコックやハワード・ホークスといった、「職人」的手腕は認められていても真剣に論じられることのなかったハリウッドの監督たちに、一貫した主題と形式の存在を認めて、詳細な分析の対象とした。「映画作家」たちの系譜を跡づけた彼らの論考は、今日に至るまで指針としての意義を保ち続けている。ヒット作の集積としてとらえられるのではない、映画史の揺るがない骨格が探り当てられたと言ってもいい。

　もちろん、「カイエ」誌の批評家から監督となった面々は、眼高手低に陥る危険を自覚しないわけにはいかなかった。自問自答はそのまま彼らの作中に持ち込まれ、映画についての思索を含む映画を生み出すことになった。それはむやみに頭でっかちな性格を作品にもたらしたわけでは必ずしもない。何よりも映画への情熱を糧として生きる彼らにとって、その情熱自体を素材にするのは当然のなりゆきだった。トリュフォーは映画作りの苦悩と喜びを、自ら映画監督役を演じて作品にした（『アメリカの夜』、1973年　図14-5）。逆に、政治的に尖鋭化したゴダールは、映画愛そのものをブルジョワ的だとして自己批判し、一時期は商業映画の製作を停止するに至った。

　監督＝作家の思考や感情と緊密に結びついた映画の

図14-5　『アメリカの夜』　写真　Warner Bros. Pictures/Photofest/ユニフォトプレス

あり方は、主観に偏り、ときとして自己満足的な表現に陥る危険もはらんでいる。ロッセリーニは、ヌーヴェル・ヴァーグの監督たちが自分の後継者だというのは本当だろうかと問うて、「金の支配から映画を解放したのはいったい何のためだったのか」「次には個人的な幻影の支配下におちい」ってしまったのではないかと痛烈に批判している。「ヌーヴェル・ヴァーグの監督たちは二十年間というもの飽きもせずに、思春期の悩み苦しみについて語っている。」[7]

　だがそれはいささか一方的な裁断である。ここでロッセリーニの念頭にあったのはトリュフォーだろう。『大人は判ってくれない』以降、彼は自らの半生を投影した作品を、『逃げ去る恋』（1979年）まで、20年間にわたり連作として撮り続けた。しかし女性関係のもつれを主なテーマとしながら、そこにはおのれの出自をめぐる探索（トリュフォーの会ったことのない実父はユダヤ人だった）をとおして、自伝的要素が社会や歴史の問題に広がっていく部分が多く含まれている。

　そして第三に、映画と外的世界の関係の変化である。絵画史における印象派以前と以降にしばしばなぞらえられるような変化が、ヌーヴェル・ヴァーグによってもたらされた。スタジオの外に出て撮ったことには大きな意義がある。「作家」個人の立場に拠りながら、それに留まらず、映画は外的な現実を改めて発見するための手段となった。都市の鼓動や行き交う人々の表情が、そのまま映画の構成要素となる。それはリュミエール兄弟への回帰であるとともに、映画と社会の絆を結び直す試みとなった。共同体の過去と現在に視線を注ぎながら、われわれの生き方にかかわるような問題を提起する映画の可能性を、ネオレアリズモおよびヌーヴェル・ヴァーグの諸作は示している。

---

[7]　『ロッセリーニの〈自伝に近く〉』矢島翠訳、朝日新聞社、1994年、19頁。

4. 東アジアのニューウェイブ

　20世紀後半に巻き起こった新しい波は、ローマからパリへの伝播が示すとおり、国境を超えて連鎖反応を引き起こしていく。イギリスやドイツでも新たな展開があり、ブラジルでも「シネマ・ノーヴォ」（新しい映画）の動きが起こった。同じく1960年代、チェコ映画の新しい波も一躍注目を集めた。だが、「シネマ・ノーヴォ」は独裁政権の樹立によって抑圧され、チェコ映画のニューウェイブは「プラハの春」の民主化運動がソ連に弾圧されたのちに事実上、消滅した。それらの事例は、表現の革新と政治的欲求が緊密に結びついていたことを示している。

　そうした運動は東アジアにも波及した。日本では、古参の映画会社である松竹から、大島渚（『青春残酷物語』1960年）、吉田喜重（『ろくでなし』同年）といった若手監督が台頭し、「松竹ヌーヴェル・ヴァーグ」と称された。『ろくでなし』で主人公の若者が路上で倒れるラストは、『勝手にしやがれ』と驚くほどよく似ている。吉田が撮影時、ゴダール作品を見ていなかったと言明していることは[8]、ヌーヴェル・ヴァーグ的感覚がこの時代の世界の"空気"に漂っていたことを雄弁に示している。まもなく大島、吉田はともに松竹を退社し、孤高のキャリアを歩むことになる。

　映画の新しい波が、より集団的な規模で展開され、共同体意識の形成に寄与した例として重要なのは、1970年代から80年代にかけて香港および台湾で巻き起こったニューウェイブである。特に香港映画の新たな展開はユニークな事例を示している。

　ツイ・ハーク（徐克）（『ミッドナイト・エンジェル　暴力の掟』1980年）、アン・ホイ（許鞍華）（『獣たちの熱い夜　ある帰還兵の記録』1981年）、アレン・フォン（方育平）（『父子情』1981年）、パトリック・タ

---

[8]　『勝手にしやがれ』の日本公開は60年3月、『ろくでなし』は同年7月公開。

ム（譚家明）（『烈火青春』1982 年）といった監督たちの作品は、旧来の剣劇やカンフー物とは一線を画す現代的なタッチによって、「香港新浪潮」の登場をしるしづけた。彼らのうちには海外で学んだ者も多く、ヌーヴェル・ヴァーグ以来の西洋の映画の動きを貪欲に吸収しながら、自分たちの生活の場にカメラを向け、日常を素材にして撮った。そこには一貫して、「香港人」とは何かに関する探求がある。都市が未曽有の経済的成長を遂げ、共同体としての意識を高める過程で、ロケーション主体のリアリズムによって「香港そのものを主役とする」[9] 新しい映画が生み出されていった。

　初期には大胆な実験的表現も試みながら、「香港新浪潮」は一般の観衆から乖離せず、商業主義的な路線に進むことを辞さなかった。型破りなスタイルで驚かせつつ、ヒットメーカーとして君臨するようになるツイ・ハークはその代表だ。ツイ・ハーク製作、ジョン・ウー（呉宇森）監督の『男たちの挽歌』（1986 年）では、香港の町をトレンチコートで身を固めたチョウ・ユンファ（周潤發）が闊歩する。ジャン＝ピエール・メルヴィル監督が、パリの街を自在にロケして撮ったギャング映画『サムライ』（1967 年）のアラン・ドロンを彷彿とさせる。しかし人間関係のあり方は対照的で、そこに香港映画としての特色がある。ドロン演じるジェフは、徹底して孤独な一匹狼で、誰とも口をきかず、ほとんどせりふもない。対するユンファ演じるマークにとっては、兄貴分との友情が何よりも優先する。そのユンファに共感した観客たちのあいだで、暑い香港には不必要なはずのトレンチコートが大流行し、『男たちの挽歌』は香港映画を象徴する一本となった。

「台湾新電影」の辿った道筋ははるかに困難だった。「カイエ」編集部から生まれたのがフランスのヌーヴェル・ヴァーグだったとすれば、台湾映画の新しい波はのちの監督、エドワード・ヤン（楊德昌）の家に

---

[9]　Law Kar, "Hong Kong New Wave : Modernization Amid Global/Local Counter Cultures",『香港電影新浪潮二十年後的回顧』香港臨時市政局主辦，1999，p.50.

集った若者たちのあいだから沸き起こった。彼らは1987年、「民国76年台湾新映画宣言」に共同で署名し、商業映画とは異なる「もう一種の映画（創作意図が明確で、芸術的にもすぐれ、文化的な自覚のある映画）」[10]の必要性を訴えた。エドワード・ヤンおよび彼の盟友ホウ・シャオシェン（侯孝賢）が撮り続けたのは、まさしくそうした種類の作品だった。

ところが、彼らの映画の多くは台湾国内で興行的に失敗した。エドワード・ヤンが主演俳優にホウ・シャオシェンを起用して撮った、台湾新電影の嚆矢と目される『台北ストーリー』（1985年）は4日で上映が打ち切られた。ヤン最後の作品『ヤンヤン　夏の想い出』（2000年）は、カンヌ国際映画祭で監督賞を得たにもかかわらず、彼の生前には台湾で公開されなかった（ヤンは2007年に逝去）。ホウ・シャオシェンも国外の映画祭での受賞を重ねながら、ヒット作に恵まれたとは言い難い。

国際的舞台での評価の高さは、ヤンやホウの作品がヌーヴェル・ヴァーグ以降に求められるようになった「作家」性において卓越していることを裏付ける。両者のフィルムにはつねに、はっきりそれとわかるような個性が刻まれている（前者におけるロングショットと長回し、後者における光と闇の鮮烈な演出）。同時に、彼らの作品が台湾社会のそれまで不可視だった部分を照らし出し、歴史の暗部まで掘り下げる役割を担った点も重要である。ホウは『悲情城市』（1989年）で「白色テロ」、つまり国民党政権による民衆の過酷な抑圧・虐殺の実態を初めて扱った（図14-6）。ヤンの『牯嶺街少

図14-6　『悲情城市』　写真　ユニフォトプレス

---

[10] 「WAVE」21（台湾香港新映画宣言）、大塚英明訳、1989年、7頁。

年殺人事件』（1991年）は実際に起こった事件に取材し、戒厳令下の社会の歪みをまがまがしく画面に滲ませている。いずれも時間をかけて読み解かれるべき、重層的な意味を備えた作品だった。

「台湾新映画宣言」には、「もう一種の映画」は「商業活動の範囲」では成功を収めないかもしれないが、「社会文化に対する貢献」は可能だと記されていた。それは決して大言壮語ではなかった。

5. テレビの普及、そして現在へ

　香港映画の場合、活況をもたらした大きな要因として、テレビ業界からの才能の流入があった。香港では1967年に初の地上波テレビ局TVB（無綫電視）が開局し、地元での番組制作に力を入れるようになる。ツイ・ハーク、アン・ホイ、ジョニー・トー（杜琪峯）、ウォン・カーウァイ（王家衛）といった、やがて監督となる人材がそこから輩出した。また香港映画の代表的スターとなったチョウ・ユンファ、アンディ・ラウ（劉德華）、トニー・レオン（梁朝偉）、マギー・チャン（張曼玉）らは、いずれもTVBの俳優養成所（ないしは同局のドラマ）出身である。一方では、都市の抱えるさまざまな問題に目を向けたドキュメンタリー番組、他方では、ローカルスターたちをフィーチャーした娯楽番組の制作が盛んに行われる中から、映画界を支えるような人材が育っていった。アン・ホイは、当時のテレビ局には若手に大きな「創作の自由」を与え、その後は扱えなくなったような題材にも挑戦させてくれる寛大さがあったと語っている[11]。社会性に富むと同時に、人気スターの個性を巧みに生かす彼女の映画作りには、テレビでの経験が生かされている。

　テレビと映画のあいだの緊密な関係性は、決して香港のみに限られたものではない。とはいえ、これまで一般的には、テレビが家庭に広く浸

---

[11] 『香港電影新浪潮二十年後的回顧』、103頁。

透していったことが、映画を娯楽の王座から転落させたという側面のみが強調されがちだった。

アメリカ合衆国では、映画は第二次大戦終戦直後の1946年、史上最高の観客動員数を記録した。映画館で映画を見る1週間あたりの観客数は、人口の4分の3近くに達していた。まさにそのころから、テレビ受像機が広く行きわたり始めた。1953年には、テレビをもつ家庭は全家庭の46.2パーセントまで達した。そしてこの年、アメリカの映画館の入場者数は46年の半分に落ち込んだ[12]。

映画興行の退潮は、日本でもアメリカから約10年遅れて、劇的な形であらわになった。1958年、日本における映画の観客数は史上最高の11億2,745万人を記録した。国民1人あたり、年間12回以上映画館に行った計算になる。ところがその5年後の1963年、映画の観客数は半減した（1961年には大手映画会社である新東宝の倒産という衝撃的な出来事も起こった）。一方、テレビの受信契約数は、1953年に放映が始まってから5年後の58年に100万台を超えたのち、さらに5年後の63年になると、その約15倍の1,515万台に急増した。1970年になると、映画の観客数は1958年の4分の1まで減少する[13]。1971年には、かつて『羅生門』（1950年）によって日本映画の魅力を世界に知らしめた大映が破産宣告を受ける。同年、日本最古の歴史を誇る日活は、低予算の成人映画路線への方向転換を余儀なくされた。

ただし、映画産業の斜陽を招いた原因は、テレビの普及のみに求められるわけではない。アメリカの場合、従来はパラマウントやMGMなどの大手映画会社が、製作・配給・興行を垂直的に支配してきた。そうした独占的形態にもとづくシステムが、反トラスト法違反の訴訟によって揺るがされ、ハリウッドの経済状況に深刻なダメージを与えていた。日本では、戦後映画界の活況の中で、大手会社は「二本立て」興行を呼

---

[12] スクラー『アメリカ映画の文化史』（下）、218頁。
[13] 佐藤忠男『日本映画史 3』岩波書店、1995年、17頁。

び物として、さらなる収入増を図った。だが量産による供給過多は、製作サイドの疲弊と作品のマンネリ化につながった。映画がそうした袋小路にはまりつつあったときにテレビが台頭してきたのだ。

つまり、"テレビが映画を滅ぼした"とは必ずしも言えないのである。逆に、生まれたばかりのテレビとしては、先行する動画メディアである映画をつねに意識しながら自己を確立していかざるを得なかった。視聴者の側でも、映画の延長線上にあるものとしてテレビに期待を寄せていた。

アメリカでテレビ受像機の購入が急速に拡大していくきっかけを作ったのは、1947年のワールドシリーズの放送や、1951年9月4日、サンフランシスコ講和条約締結の際のトルーマン大統領による演説の放送だった。つまり、スポーツとニュースである。映画が発明されて以来担ってきた、「運動の記録」、そして「事実の伝達」という役割が、テレビによって受け継がれている。日本でも、スポーツ中継はテレビ発足時から人気を博していた。ニュース番組もただちに重要な位置を占めたが、当初は映画館で流されている短編ニュース映画をそのままテレビで放映していた。さらに、放送文化研究所が東京地区の受信者を対象に行った1953年の嗜好調査によれば、テレビで見たいという希望が最も多かったのは「劇映画」で、回答者の74パーセントに達していた[14]。「テレビの内容は映画である」(『メディア論』1964年)とはメディア学者マクルーハンの有名な言葉だが、まさにそうした状況が生じていたのである。

経済的状況の悪化に直面した映画人たちは、新興のテレビに活躍の場を求め始める。初期のテレビは、軽侮と嘲りにさらされていた。日本では、有力な評論家たちから、「最高度に発達したテレビが最低級の文化を流すという逆立ち現象」[15]といった激しい糾弾が浴びせられた。それでも1960年代に入ると、映画会社がテレビ映画を製作する事例が増

---

[14] 北浦寛之『東京タワーとテレビ草創期の物語』ちくま新書、2023年、112頁。
[15] 1956年の大宅壮一の談話。今野勉『テレビの青春』NTT出版、2009年、25頁。

え、また監督やスター俳優も積極的にテレビに参入するようになってい
く。他方では、先に香港の例で見たような、テレビ業界出身の才能が映
画に進出するケースも目立ち始める。映画とテレビの共存と連動が、世
界各国で広がっていったのである[16]。

　そのことは、本章で検討した映画の「新しい波」と結びつけて考える
ことができる。つまり、テレビこそ映画の"未来"であり、新しい波
だったとも考えられるのだ。強力な「同時性」を備えたテレビは、現場
から映像を刻々と伝え続けることによって、われわれを映画以上にダイ
レクトに「現実」と結びつける機能を発揮する。テレビはその本性上、
つけっぱなしにしておくことのできるものである。そうしているうちに
テレビは、それ自体がわれわれの生活の一部となり、日常そのものと化
すのだ。

　日々の営みと切れ目なく結びつくテレビの性格は、ネオレアリズモか
らヌーヴェル・ヴァーグ、さらには東アジアのニューウェイブへと受け
継がれていった映画の刷新運動が目指すところと、重要な部分で重なっ
ている。テレビの草創期から意欲的な番組を作り続けたディレクター、
今野勉は、1969年、「ゴダールはテレビだ」[17]と題する文章を発表して
いる。ゴダールは前もって書かれたシナリオどおりに映像化するのでは
なく、撮影すべきことを、撮影しながら発見していく。そうすることで
「生そのものの現前化」を図り、「すべての瞬間に『生の緊張』を与え」
ようとする。その点において、ゴダールの作品には「"テレビ的"肌ざ
わり」があると今野は指摘している。

　こうして20世紀後半、とりわけ1960年代以降には、映画という制度
の内外において、大きなうねりが起こっていた。そのうねりは、映画の

---

[16]　アメリカにおけるテレビと映画の「共生関係」をめぐっては遠山純生『〈アメリ
　　カ映画史〉再構築』作品社、2021年、185-201頁、日本における事例に関しては
　　池田嘉郎『山際永三　壁の果てのリアリズム　映画運動とテレビドラマ』森話
　　社、2024年を参照のこと。

[17]　『今野勉のテレビズム宣言』フィルムアート社、1976年、51-70頁。

内部においては「新しい波」として生起し、さまざまな監督たちの作品をとおしてそれが世界に波及していった。他方、映画の外部においては、テレビというそれまでになかった動画放送の形態が、瞬く間に市民権を得ていった。今野を始めとする多くのテレビマンたちは、初期のテレビにあった創造的な自由がたちまち失われ、番組制作が形骸化したことを認めている。しかし、テレビがまさしく巨大な新しい波として、映像文化の世界に打ち寄せたことは、間違いのない事実である。

　映画界の巨匠と目される存在たちが、率先してテレビに接近したことは、それが手つかずの魅力を秘めたメディアだったことを示している。ロッセリーニは、60年代以降、もっぱらテレビでの教育番組制作に熱意を注ぐようになった（『ルイ十四世の権力奪取』1966年等）。ゴダールやトリュフォーが深く傾倒したジャン・ルノワールもまた、50年代末からテレビ向けの映画制作に意欲的に取り組んだ（『コルドリエ博士の遺言』1959年、『ジャン・ルノワールの小劇場』1970年）。同じ時期、アメリカではヒッチコックがテレビに進出し、ミステリードラマシリーズ「ヒッチコック劇場」で人気を博した。そしてゴダールもまた——かつての今野の指摘に呼応するかのように——テレビ制作を手がけることとなる（『6×2』1976年等）。

　今日振り返るならば、こうした流れがその後、テクノロジーのさらなる進展のもとに、やがてバーチャル空間における映像の氾濫状態へとつながっていったことが理解できる。YouTube などの動画共有プラットフォームや、動画に特化したソーシャルネットワーキングサービスの登場によって、今や動画作成をめぐり、アマチュアとプロフェッショナルの境は一気に取り払われ、だれもが発信者となることが可能になった。

　明日の映画は個人的なものになるにちがいない、というトリュフォーの言葉が思い出される。その予想はインターネット上でこそ実現したと

言えるのかもしれない。同時に、映画はあらゆる動画のプロトタイプとして、「視覚的人間」の時代の原点を指し示すとともに、さらに未開拓の領域を探索する作品の創造によって、表現の可能性を更新し続けている。

学習課題

1．「ネオレアリズモ」「ヌーヴェル・ヴァーグ」と称される作品を一本鑑賞して、新しいとされたゆえんはどこにあったのか、逆に古びたと思える点はどこかを考えてみよう。
2．アジア映画の新しい波を代表するとされる監督の作品を一本観て、それが訴えかけてくるものを考えてみよう。
3．最初期のテレビ番組制作にはどのような苦労があったかを、本章で引用されている文献等にあたって調べてみよう。

参考文献

山田宏一『トリュフォー、ある映画的人生』平凡社ライブラリー、2002 年。
北浦寛之『東京タワーとテレビ草創期の物語』ちくま新書、2023 年。
『今野勉のテレビズム宣言』フィルムアート社、1976 年。

15 | 映画芸術とは何か

野崎歓

《目標＆ポイント》　映画は誕生以来、芸術でありうるのか否かをめぐる議論を引き起こしてきた。その経緯を学び、そこで問われている芸術の概念自体が、どのような思想的・美学的な根拠に基づくものだったのかを、歴史的に振り返って考察する。西洋の芸術史の大きな流れの中で「映画芸術」がもつ意義を明らかにし、映画を見ることの意味を改めて考える。

《キーワード》　芸術、芸術家、ヘーゲル、写真、ボードレール、観客

1．映画は芸術でありうるのか

　ヌーヴェル・ヴァーグの旗手として登場したころ、ジャン＝リュック・ゴダール監督はこう発言した。「インテリ連中がいまだに映画を芸術と認めていないことには驚かされる。ほかの芸術など、いまでは息も絶え絶えのありさまなのに」[1]

　自らのデビュー作『勝手にしやがれ』の題名（原題 À bout de souffle は「息も絶え絶え」の意味）に引っかけたコメントだが、本気で憤懣を覚えていたことも感じられる。「カイエ・デュ・シネマ」誌に結集してゴダールの仲間たちが展開した批評活動の根幹には、映画は他の諸芸術に劣らない表現形態であり、できる限り真剣にそれと向かい合い、論じる必要があるし、またそれに値するという信念があった。「監督はもはや画家や劇作家のライバルというだけでなく、ついに小説家と対等の存在となったのである」[2] アンドレ・バザンのそんな言葉に鼓舞されるよ

----

[1]　シリル・ルティ監督『ジャン・リュック・ゴダール　反逆の映画作家』2023年中の記録映像における発言。

[2]　アンドレ・バザン『映画とは何か』上、134頁。

うにして、トリュフォーやゴダールらは監督デビューを果たした。しかし彼らは、自分たちを取り巻く状況がそうした認識と一致するものではないことをしばしば感じさせられた。それは映画史上、多くの監督や映画人たちが直面してきた現実であり、また映画を論じる者たちによって幾度も問題にされた事柄でもあった。

ベラ・バラージュの『視覚的人間』を例に取ろう。同書冒頭でバラージュは、かつて映画ほど「普及した芸術」がほかにあったろうかと問いかけ、その事実を無視しようとする哲学者や美学者たちの主張をこう要約してみせる。「あなた方は言う。映画芸術は新しいかもしれないが、芸術ではないと。なぜならそれは最初から産業化されていて、精神の無条件な、自発的表明とはいえないから。また言う。魂ではなく、商売上の利益と機械技術が映画においては決定的な役割を演ずるほかないと。」[3]

ここには映画を芸術とみなすことの是否をめぐる議論で必ず持ち出される、二つの論点が示されている。一つは映画が「産業」であり、「商売」であるということ。もう一つは、それが「機械技術」に基づくものであるということだ。第2章で見たとおり、早くも1910年代には、映画を「第六」さらには「第七」の芸術とみなそうとする動きが起こっていた。それに対して、映画は芸術の名に値しないと蔑視する風潮も根強く存続した。その際に決まって持ち出されたのが、これら二つの論点だった。

2. 芸術の概念の近代性

議論のためには、逆に、芸術とはいったい何なのかと問う必要がある。以下、やや遠回りになるが、歴史的な経緯を振り返ってみよう。

するとたちまち浮かび上がるのは、「芸術」という概念自体の歴史的な性格（あるいは限界）である。西洋の場合、たとえば古代ギリシャの

---

[3]　バラージュ『視覚的人間』16頁。

彫刻が、芸術作品の原型として思い浮かぶ。しかしこれを「芸術」の名で呼ぶのは、はたして適切なことなのか。古代ギリシャの悲劇は、世界文学の高度な達成の一つであり、芸術としての文学の基盤をなすものと考えられている。前4世紀、アリストテレスは『詩学』を著して悲劇の機能や構造を分析し、人間の行為の「模倣」（ミメーシス）による作品のあり方を規定した。西洋における文学論の礎を築いた論考である。だが、アリストテレスはその際に「芸術」の語を用いてはいない。現在のわれわれが用いるような「芸術」の概念は、近代に入り、18世紀半ばから19世紀にかけて成立したものだからである。そのことを意識せずに古代の作品に「芸術」を見出すことには、アナクロニズム（時代錯誤）の危険がつきまとう。

　それはもちろん、近代以前に芸術の名に値する成果がなかったことを意味するのでは毛頭ない。そもそも近代の芸術概念は、ルネサンス以降、古代ギリシャ・ローマに対する畏敬と憧憬の念が育まれるとともに形成されてきたものであり、古代の作品に支えられた概念であると言っていい。それでもなお、「芸術」が近代の刻印を帯びた概念であることは、十分に認識しておく必要がある。

　まず強調されるべきは、それが宗教的な権威に依拠する体制が徐々にゆるみ、人間の営み全般において世俗化（脱宗教化）が強まっていく中で打ち立てられた価値であるということだ。その過程を、ヘーゲルはベルリン大学での美学講義において、「古典的芸術」から「ロマン的芸術」、さらにはその終焉へ至るものとして整理した。古代ギリシャでは、芸術は神々に捧げられ、「絶対者に対する最高の表現」[4]となった。そこには精神的な内容と、感性に基づく形態の完全な一致・一体化があり、「美の頂点」がきわめられた。他方、キリスト教は感性を超える、

4　講義の内容はヘーゲルの没後、聴講者の手で編集され「美学」としてまとめられた（ヘーゲル『美学講義』上・中・下、長谷川宏訳、作品社、1995-1996年）。芸術の進化をめぐる議論については小田部胤久『西洋美学史』東京大学出版会、2009年、191頁を参照。以下、『美学』の読解は主として同書に負う。

より高次の真理を希求する。したがってキリスト教を源泉とするロマン的芸術[5] は、感性に訴えながらも、それを超え出た内容を指し示そうとする。自然や現世の諸々の事柄を描くときにも、作品の根拠は、キリスト教的な絶対者を間接的・暗示的に表すことに求められた。

ところが、ロマン的芸術の進展とともに、絶対者という後ろ盾の必要性は薄れていく。ヘーゲルによれば、ロマン的芸術には次のような特徴が備わっていた。

「ロマン的芸術は、外面性がそれ自体で自由に自ら振舞うに任せ、この点で、花や木やごくありふれた家具にいたるまでありとあらゆる素材を、定在の自然的偶然性において何ら妨げられることなく表現のうちに取り入れることを認める。」[6]

難解な表現だが、言わんとするところは、現世のはかない事象、日常の現実や自然の事物に目を注ぎ、それを題材として表現するということである。世俗化の流れのなかで、ロマン的芸術は「世界の有限的諸事象に安らい、それを特に愛好」するようになる。「そして芸術家はそれをあるがままに表現することに快感を覚えるようになる」とヘーゲルは指摘する。そこでヘーゲルの念頭にあるのは、近世オランダの静物画・風俗画だったが、「有限的諸事象」に向かう傾向は、19世紀においていよいよ強まっていった。

3. 芸術の絶対化

ヘーゲルの言う、「あらゆる素材」を「自然的偶然性において」「表現のうちに取り入れる」ことの窮極的実現。それこそが映画だったのではないかと、われわれとしては考えたいところである。しかしここでは、『美学』での芸術論の展開にさらに追ってみよう。あるがままに世界を

---

[5] ヘーゲルの言う「ロマン」とは、古代ギリシャに対し、それに続くローマ・ゲルマンを意味する。ただし芸術史の進展において、ここでの議論をよく具現しているのが18世紀末から19世紀にかけてのロマン派芸術であることも確かだ。

[6] 小田部胤久『西洋美学史』、196頁の引用による。

描くことへの嗜好が広がった結果、芸術においては「表現の手段それ自体が目的となり、芸術の手段を芸術家が主体的に巧みに操ることができる、ということが芸術作品の客観的目標となる」とヘーゲルは言う。神々や絶対者に向けられていた思念は、創作の行為そのものへと向けられ、表現すること自体が絶対視されるようになる。それこそが近代的な意味における「芸術」なのである。

　ヘーゲルの描いた大きな道筋に、フランスの文学史家ポール・ベニシューのロマン主義文学論を重ね合わせることができる。ベニシューによれば、19世紀に入ると、それまで精神的権利を独占していた宗教に芸術・文学が取って代わり、詩人や作家は「世俗的な聖職者」として聖別された[7]。それゆえ彼ら芸術家は、宗教の教えに比肩しうる深遠な精神性を担う存在でありたいと願う。そして作品には、凡俗を脱した高貴さと独創性が求められるようになる。

　その結果、芸術は何にも従属しない、絶対的な境地をめざすものとなり、「芸術のための芸術」が提唱されるに至った。「あらゆる有用なものは醜い」(『モーパン嬢』序文、1835年) と宣言した詩人テオフィル・ゴーチエ、「何についてでもない書物」(1852年1月16日、ルイーズ・コレ宛書簡) を夢見た小説家ギュスターヴ・フローベール、「世界は一冊の美しい書物に到達するために作られている」(1891年、「エコー・ド・パリ」紙アンケートへの回答) と告げた詩人ステファヌ・マラルメらは、頭文字を大文字で表す「芸術」Artに身を捧げる姿勢において、模範的な文学者たちだった。

　そうした高邁な理想をめざす文学者、芸術家たちはしばしば、世の主流をなす存在となったブルジョワ (＝中産市民階級) の無理解にさらされ、現実社会との乖離に悩まされた。そこに根づいたのが、ブルジョワ市民たちを嫌悪しつつ、「呪われた天才」こそが真の芸術家だとする、

---

[7]　ベニシュー『作家の聖別』片岡大右、原大地、辻川慶子、古城毅訳、水声社、2015年 (原著1973年)。

屈折した意識である。「象牙の塔」の詩人と呼ばれたアルフレッド・ド・ヴィニーの言葉が象徴的だ。「字が読めるようになったその日から、彼は『詩人』だった。そしてそれ以来、彼は地上で権勢をふるう者たちに呪われ続ける一族に属したのだった」（『ステロ』1832年）。ここでやはり頭文字を大文字にして強調されている「詩人」とは、すなわち「芸術家」の代表者である。こうして芸術家を、才能があればあるほど理解されにくい別世界の住人であるかのようにみなす一種の選民思想が、芸術家のあいだ、そして一般市民のあいだでも、共有されるようになっていく。

　そのとき非難されることになるのは、商業的な意図を優先させるような創作のあり方だった。それは産業資本主義の論理が文化の基盤に浸透していく、19世紀以降の状況とかかわる事柄だった。文学では、大量印刷術の実現や、活字メディアの勃興とともに、作品はそれまでのように貴族的なサークル内で回覧されるのではなく、不特定多数の読者に向けて提供される「商品」の性格を帯び始める。「商業文学」の登場を批判する議論が1830年代から巻き起こっている。絵画もまた、宗教画や歴史画に代表される偉大な芸術としてのあり方から、ブルジョワの注文に応じて日常の卑近な画題を扱う傾向を強め始める。

　要約すれば、一方では芸術の価値を最大限に高く見積もり、大衆の手の届かない聖域に位置づけようとする発想——だれとも隔絶した、「無からの創造」をなしとげる孤高の「天才」が芸術家の理想となる——、他方では芸術の商業化に眉をひそめ、大衆社会への転落を危惧する見方が、19世紀において芸術概念が確立されるのと同時的に、市民社会の内部において広がったのである。

4. 機械技術は芸術作品を作り出せるのか

　以上のような「芸術」をめぐる近代的概念に照らして考えるとき、映画がいかに芸術としての資格を欠くものであるか（少なくとも、そう考えられて当然のものだったか）が、改めてよく理解できる。特に、それが卓越した才能の持ち主による創造というよりも、機械技術の産物であると思われる点は、従来の諸芸術との重大な違いだった。

　もちろん、映画以前には写真が、そうした観点からの"蔑視"にさらされてきた。しばしば、映画が芸術たりえないことは写真と同断であるとされたのだった。

　写真に対する最もラディカルな糾弾者の一人は、19世紀フランス最大の詩人と言うべきシャルル・ボードレール（図15-1）だった。美術批評家としても重要な仕事を残した彼にとって、「写真工業」が広く市民の支持を集めつつある状況は腹に据えかねるものであり、「フランスの芸術的天才を貧困化する」危機にほかならなかった。写真とは「画家に成り損ねた者たち皆の避難所」でしかない。「芸術の中に闖入してきた工業は芸術にとって最も不倶戴天の敵となる」[8]（「一八五九年のサロン」）と彼は断言した。その背景には、進歩万能主義に対する詩人の嫌悪があり、芸術の聖域を侵害されることへの恐怖があった。

　さらにボードレールの写真批評を参照するなら、写真が「記録」に留まる限りは存在を認めていいという姿勢がうかがえる。「写真が（…）記憶の保存所の中に一つの場所を要求する貴重な物たちを、忘却から救うならば、感謝され喝采されることでしょう。だがもしも、手に触れ得ぬもの、想像されるもの、およそ人間がその魂のいくばくかをそこに付加するがゆえにのみ価値あるものの領域に踏み込むことが写真に許されるならば、その時こそはわれらに禍あれかし！」[9]

---

[8]　『ボードレール批評2』阿部良雄訳、ちくま学芸文庫、1999年、29頁。

[9]　同書、30頁。

実際のところ、こうしたボードレールの言葉には、呪詛の裏に、写真（さらにはその後発明された映画）の未来を予言する明察が含まれていたようにも思える。つまり写真や映画による表現は20世紀、まさに人間の「魂」の領域にまで踏み込んでいく力を発揮することになるのだ。ボードレールが写真に認めるわけにいかないと主張する、「魂」にかかわる領域とは「想像力」の領域である。想像力こそは「諸能力の女王」であり、あらゆる芸術的創造の源泉だと考える彼にとって、写真機などという道具に想像力が宿ることはありえなかった。

図15-1　ボードレール（ナダール撮影）　写真　ユニフォトプレス

　そんなボードレール的写真・映画観に呼応したような映画が存在する。『キートンのカメラマン』（バスター・キートン、エドワード・セジウィックの共同監督、1928年）である。キートン演じる主人公はニュース映画のカメラマンを志望しながら、いつになっても特ダネを撮ってくることができない。憧れの女性との仲も風前の灯火である。ところが彼の窮地を、ペットの猿——正確にはオマキザル——が救う。三脚の上に立てて放置してあったカメラのクランクを、知らないうちに猿が勝手に回していたのだ（まだ手回しカメラが使用されていた時代である）。そうやって決定的瞬間が撮影されていたおかげで、物語はハッピーエンドを迎える。

猿でも撮れるとは、まさに映画が機械技術でしかなく、芸術的創造の足元にも及ばない、皮相な記録手段にすぎないことを見事に風刺する設定である。それがまったくのデタラメとは思えないがゆえに、この場面は笑いを誘う。なるほど、クランクを回すだけなら、芸達者な猿にもできることなのである。ところが同時に、キートンとセジウィックは見事な撮影上のテクニックによって、映画とはやはり猿ではなく、人間の創意工夫に委ねられた表現形式にほかならないことを示している。すなわち、"実は猿が撮影していました"という種明かしは、クランクを回す猿の姿を撮るショットによってなされるのだ。具体的には、その重大な場面でカメラがゆるやかにトラックバック（後退撮影）していくことで、撮影中の猿の姿がフレームに収められる（図15-2）。無駄のない、ごくシンプルなカメラワークによって、「映画を撮る猿」を撮る映画、というメタレベルの自己言及的な構造が浮き彫りにされている[10]。

　そうやってたまたま撮られていたフィルムを見た映画会社のボスは「こんな素晴らしい映画は初めて見た」と絶賛する。そこには映画に対する評価のいいかげんさに対する、キートンの醒めた認識が感じ取れないこともない。しかし、可笑しさと苦さの入り混じるそんな落ちまで含めて、これはサイレント期の最後を飾るキートンの傑作だと感じずにはいられない。

　では、それは芸術作品とみ

図15-2　『キートンのカメラマン』

---

[10] 他方、この作品には"機械だからこそ撮影し得たショット"もまた登場する。主人公が自分で撮ったフィルムを現像してみると、意外な光景が映っていたり、撮影時の失敗によって逆に特殊な効果が加わっていたりする。映画という媒体がつねに、監督やスタッフの意図を超えた何かをもたらす可能性を秘めていることが浮き彫りにされる。

なされるべきものなのか。キートンの映画は、まさに「工業」技術の「闖入」という事態の全般化を描き出し、それに振り回される人間たちの姿を鮮やかにとらえている。そうした視点に立脚することこそ、現代的な芸術に求められる条件なのではないか。そして映画が、それを自らにとっての重要な主題として追求し続けてきたことは、本講義で取り上げたさまざまな作品が雄弁に示していた。

　リュミエール兄弟のシネマトグラフからして、工場の情景と切り離せないものだった。また彼らは、列車の到着を記録することが、生き生きとした現代的情景の描写として成立することを示した。『モダン・タイムス』での、ほとんど機械と一体化しながら、そのメカニズムから身を引き離そうと奮闘するチャップリンの姿は、機械装置を相手取って人間が演じる悲喜劇の象徴となった。逆にバズビー・バークリーのミュージカルは、過剰なまでの機械的精密さによって「マシーン・エイジ」ならではの狂熱を演出していた。『雨に唄えば』は、新たなテクノロジーの導入によって揺るがされる映画製作の現場そのものからドラマを立ち上げていた。機械技術に依存する表現であるからこそ、映画芸術は機械と人間の関係性を多様に掘り下げることを使命とし、また本領ともしてきた。そのことの具体例は映画史に即して、いくらでも数え上げることができる。

　映画は19世紀から20世紀への転換期において、「人間の魂のなんらかの欲求」によって生み出されたのだとするアンドレイ・タルコフスキー監督の言葉を引用しておこう。
「映画は、われらが技術時代の道具である。人類は、これまでよりも深く、現実を獲得しようとするために、この道具を必要としたのである。」[11]

---

[11]　タルコフスキー『映像のポエジア』鴻英良訳、ちくま学芸文庫、2022年、135頁。

5. 商品は芸術作品となりうるのか

　もう一つの論点、つまり「産業」の生み出す「商品」であるがゆえに、映画は芸術とはなりえないという見方について考えてみよう。これもまた、大衆社会への迎合を峻拒してこそ芸術の名に値するという19世紀以来の考え方からすれば、当然の発想である。画家の岡本太郎は、「芸術は商品であることを拒絶する気配によって生きる」との名言を残している[12]。広く一般に共有されている芸術観を端的に要約した言葉である。

　経済的条件に強く左右される点は、映画が抱える厄介事であるかもしれない。小説や絵画に比べて映画ははるかに高くつく。詩人や小説家を志すならば一人で机に向かえばいい。だが、作家が自作の小説を映画化しようとしたなら、たちまち他の多くの人々の協力が必要になる。つまり映画の製作費が高価なのは、それが大勢の専門的技術者たちの共同作業によって作られるものだからである。この共同制作という概念もまた、近代以降の芸術概念にはそぐわない。

　物語映画のクレジットタイトルには、しばしば膨大な人数の名前が表示される。その全員の力が一本の映画を支えているのであり、映画は決して監督一人の作品ではありえない。しかし映画史が、監督たちの名前の列挙から成ってきたことも事実である。また、それは故のないことではない。哲学者ジル・ドゥルーズは、大著『シネマ』において、映画の作家とは監督であり、映画の描き出す運動は「ひとりの映画作家自身の署名と考えることができる」と述べている。「映画監督と機械としての映画装置の間で起こる」事柄こそが、「偉大なヴィジョン」つまり映画史上の重要な諸作を生み出してきたとドゥルーズは考えるのである[13]。

　実際問題としては、優れた監督とはほぼ常に、優れたスタッフを自ら

---

[12] 成相肇『芸術のわるさ　コピー、パロディ、キッチュ、悪』かたばみ書房、2023年、278頁の引用による。

の周囲に配する者のことである。グリフィスとそのカメラマン、ビリー・ビッツァーのコンビ以来、名監督には頼りになる名カメラマンの存在が欠かせない。また同じくグリフィスとその女優リリアン・ギッシュのように、俳優との緊密なコラボレーションが監督にとって支えとなる例も多々見られる。

　しかし、「商品」としての映画の製作という観点から、とりわけ問題とされがちなのは監督とプロデューサーの関係である。ごく大雑把に言えば、プロデューサーは監督の企画にゴーサインを出すとともに出資者を見つけ、予算を管理し、その枠内で映画を完成させるべく監督をコントロールする。作品の内容にも干渉し、ときに監督を凌ぐ"権力"を握ることもある。それは、「タイクーン」と呼ばれたハリウッドの大物プロデューサーたちの例が示すとおりだ。その一人、サミュエル・ゴールドウィンは、エミリー・ブロンテの名作の映画化『嵐が丘』（1939 年）の撮影時、ウィリアム・ワイラー監督の反対を押し切って、ラストシーンをハッピーエンドに作り変えさせた。"私が『嵐が丘』を作った。ワイラーは監督しただけだ"との言葉が伝えられている。それはハリウッドの監督たちの多くが経験した事態かもしれない。アメリカの場合、作品の最終編集権（ファイナル・カット・プリヴィレッジ）は監督ではなく、監督の雇用主としてのプロデューサー側に属するものとされている。アカデミー賞作品賞が授与されるのはプロデューサーに対してである。

　ハリウッドは「プロデューサーシステム」、日本やヨーロッパは「ディレクターシステム」と言われることがある。しかし、日本においてもプロデューサーシステムは機能していた。黒澤明監督によるドストエフスキー原作の『白痴』は、当初 4 時間 25 分の長さだったが、製作会社松

---

[13]　ドゥルーズ『シネマ』（1983 年、85 年）における「映画作家」概念については、中村秀之「ジル・ドゥルーズ」『映画論の冒険者たち』堀潤之・木原圭翔編、東京大学出版会、2021 年、262 頁を参照。

竹の実力者、城戸四郎は興行上不利と判断して、大幅に短縮することを要求。黒澤は"それならフィルムを縦に切ってくれ"と嘆いたと伝えられる。

　しかし、プロデューサー（製作者）は必ずしも監督（制作者）と敵対し、芸術的な創造を妨げる存在というわけではない[14]。それどころか、プロデューサーはしばしば、監督の最大の理解者であり、同志である。とりわけ、「商業価値」の乏しい、実験的・野心的な企画が成り立つかどうかの鍵を握るのは、勇気あるプロデューサーの存在である。前章で見たような「新しい波」が巻き起こる際、そこには必ず、無名の監督たちの意欲に共感し、その才能を見込んで企画実現のために邁進するプロデューサーの姿がある。ジャン・ルノワールからゴダールらのヌーヴェル・ヴァーグまで、革新的な監督たちをバックアップし続けたプロデューサー、ピエール・ブロンベルジェを、ルノワールは「数々の映画の冒険における私の『相棒』」[15]と呼んで感謝を捧げた。

　ところが、ここに逆説が生じる。「タイクーン」型のプロデューサーの管理下に作られる映画は、完成後、派手な広告や謳い文句とともに配給される。それらには興行上の成功を主眼とする「商業映画」という匂いがつきまとう。他方、そうした商業主義的なルートから離れたところで地味に公開されるインディペンデント作品は、しばしば「芸術映画」と呼ばれる。だがこの二分法は、実際には成り立たない。いかにも「芸術映画」然とした佇まいの作品のうちには、その呼称に値しない独りよがりの駄作が多々ある。逆に、「商業映画」のうちにも、「作家」の精神と美学が貫かれた成果を見出すことは可能である。前章で触れたよう

---

[14] 「制作」は監督等によるクリエーション、「製作」はプロダクションを指すものとして使い分けることが慣例となっている。なお日本の著作権上では、映画は「制作者」ではなく「製作者」が著作権者と規定されている。前田耕作、細井浩一「日本映画におけるプロデューサーシステムの歴史的変遷に関する一考察」「立命館映像学」2011年3月、47-64頁を参照のこと。

[15] 『ジャン・ルノワール自伝』西本晃二訳、みすず書房、2001年、91頁。

に、ハリウッドの娯楽映画専門の職人とみなされてきた監督たちの作品に天才の刻印を見出した「カイエ・デュ・シネマ」の批評は、そのことを雄弁に示した。それは、商業／芸術の区分が有効性を失う点に映画の特徴があることの発見でもあっただろう。日本映画の芸術性を代表するものとして世界的に称讃されている小津安二郎や溝口健二の映画も、本来は純然たる「商業映画」として製作され、配給されたものである。つまり、「商品」が「芸術」に到達する可能性を、映画史は多様な形で示唆してきたとも言える。

　巨額の費用を投入したからと言って、立派な芸術的映画が生まれるわけではないが、途方もない予算を蕩尽したあげく未曽有の傑作となった場合もある。サイレント期にいくつもの映画製作会社を倒産に追い込んだエリッヒ・フォン・シュトロハイム監督の諸作（『愚なる妻』1922年、『グリード』1924年）はその名高い例である。逆に、まったくの低予算で撮られた珠玉作も数多く存在する。ジャック・リヴェット監督の『北の橋』（1981年）はキャスト全員がギャラなしで参加し、スタジオはいっさい用いずほぼ全編、パリの"露天"で即興的に撮られた作品だが、これほど謎めいた魅力を湛えたパリ映画は他になかなか見出すことができない（図15-3）。

　こうして、映画とは結局のところ「価格」を定めようのない商品なのである。製作費の多寡とは関係なしに、また商業的には失敗したとしても、芸術作品として別個のキャリアを歩み続ける可能性を、どんな映画も潜在的には

図15-3　ジャック・リヴェット監督『北の橋』 写真　ユニフォトプレス

第15章　映画芸術とは何か　｜　**311**

秘めている。

6. 映画芸術と出会うために

　では、映画が商品とは別個のキャリアを切り拓くためには何が必要なのか。そこには映画を受容するシステムと、受容する観客自身の意識が大きく関わってくる。商品としての映画は、いわば大量消費のサイクルのうちに現れては消えていくことを宿命とする。そのサイクルの外部に出ることは容易ではないが、別の形で映画と観客を出合わせるための方策が、これまで多々試みられてきた。いわゆる「映画祭」はその一つの有力な形式である。

　第二次大戦後に活発化した国際映画祭（とりわけヴェネツィア国際映画祭、カンヌ国際映画祭、ベルリン国際映画祭）は、「商業的配給のネットワークに厳しく縛られ、その流れの中でしか広がっていくことのない」[16]映画メディアの限界を突き破る役割を担った。ネオレアリズモの諸作が広く注目を集めることになったのは、映画祭の後押しによるものだったし、それに続いてメキシコやイギリス、ソ連等での新しい動きも紹介されていった。そんな中で日本映画も注目を集めるようになる。

　そのきっかけを作ったのは、黒澤明監督の『羅生門』が1951年9月、ヴェネツィア国際映画祭で最高賞である金獅子賞を受賞したことである。受賞がなければ、この映画のプリントは、今でも製作会社である大映の倉庫の棚で「埃だらけのまま眠っていたに違いない」[17]と映画研究者ドナルド・リチーは書いている。当時、封切り後数週間たてば、それでもう出番は終わりというのがほとんどの商業映画の辿った運命だった。それどころか、『羅生門』は完成後、あやうく日の目を見ないままお蔵入りするところだった。複雑な語りの構造と、事件の「真相」の掴み難さに困惑した大映社長の永田雅一は、試写を途中で出たばかりか、

---

[16]　アンドレ・バザン『残酷の映画の源流』佐藤東洋麿・西村幸子訳、新樹社、2003年、204頁。

[17]　リチー『黒澤明の映画』三木宮彦訳、現代教養文庫、1991年、214頁。

新聞記者たち相手に「サッパリわからん」と自社作品をこきおろすというありさまだった。

とはいえ、黒澤のみならず、参加したスタッフが縦横に手腕をふるったからこそ『羅生門』は世界を驚かせる作品となったのである。そのスタッフとは、森の枝葉越しにぎらぎらと輝く太陽を"直視"するショットで驚かせたカメラマンの宮川一夫を始めとして、京都大映撮影所に所属する面々である。受賞は永田社長の統括する大映時代劇製作陣の卓越した能力を証し立てるものでもあった（図15-4）。

重要なのは、それが即座に興行的な成功を意味するものではなかったにせよ、『羅生門』とともに日本の作品への関心が高まり、各種映画祭での招待上映の機会が増えることで、それまで無縁だった観客のあいだに日本映画の魅力が認識されたことである。「『羅生門』がヨーロッパで公開されたことは、映画にいくらかでも情熱を抱くすべての人間にとって、『無防備都市』や『戦火のかなた』によるイタリア・ネオレアリズモの発見以来、最も重要な出来事だった」と1955年、アンドレ・バザンは記している。「ひょっとすると日本映画に関しては、遠くの星と同じことが言えるのではないか。その光は何年かの遅れをともなってわれわれのもとに届き、今日感激しているわれわれは、その感激の源からすれば時間的にずれがあることを無邪気にも知らずにいるのだ。」[18]

図15-4　黒澤明監督『羅生門』
©KADOKAWA

---

[18] バザン「日本の教え」野崎歓訳、『アンドレ・バザン研究6』、2022年、138頁。

『羅生門』に続けて何本かの日本映画を立て続けに見る機会を得たバザンは、その「星」の光に目を眩まされた。そこでは「伝統」と「現代」、「西洋の慣例と東洋の魂」が「この上なく自然に共存している」。その結果、「最も取るに足らない作品にも、驚くべき趣味のよさが必ず見出され」る。「私としては、日本には腕の悪い画家や大根役者が存在し得ないのと同様、できの悪い日本映画はあり得ないのではないかと思いたいところだ。」ここにはナイーブなほどの感嘆の念が示されている。影響力の大きい批評家だったバザンの興奮はたちまち周囲に波及し、将来のヌーヴェル・ヴァーグの監督たちも、日本映画のうちに自分たちにとっての一つの理想を見出すに至った[19]。

こうして、商業ルートからはややはずれた経路の存在が、映画に新たな生命を与える役割を果たしうる。映画祭に加え、シネマテークやフィルムアーカイブでの上映も重要である。フランスでは通常の配給網から独立した「芸術」映画上映館が、1920年代以来、一定の観客に「別の種類」の映画との出会いを保証する場として機能してきた[20]。そんな環境のもとで日本映画への関心が受けつがれていく。作家ル・クレジオ（1940年生まれ）のエッセイを参照してみよう[21]。

「あのころは映画といえば日本映画だった」と、将来のノーベル文学賞作家は少年時代を回想する。彼にとって決定的な一本は、溝口健二監督の『雨月物語』（1953年）だった。15歳か16歳のころ、「芸術・前衛」上映館での偶然の出会いだった。

「映画が芸術であることを、私ははじめて理解した。（中略）私の精神は夢でも見たように、あるいは証言できないできごとに立ち会いでもしたかのように眩惑された。」

---

[19] ゴダールは評論家時代、溝口健二こそは「端的に言って世界最高の映画監督の一人」であると書いている（*Arts*, 5 février 1958）。

[20] 文化省省令によって「芸術・前衛」映画上映館 cinéma d'art et d'essai の役割が規定されており、認可を受けた上映館には補助金が付与される。

[21] 『ル・クレジオ、映画を語る』中地義和訳、河出書房新社、2012年、63頁以降を参照。

「使い古したフィルム」による上映であり、「小刻みに震える白黒の映像」に目を凝らしたが、字幕の位置が低すぎて読めないほどだったという。そんな劣悪な状態で提供されてもなお——あるいはそれゆえにひときわ——「芸術」の輝きは少年の瞳に焼きつけられた。その後も彼は繰り返し『雨月物語』を見直した（図15–5）。

『雨月物語』の何が、彼をそれほど魅了したのか。「溝口はこの映画全体を一曲のフーガのように構成した」と、ル・クレジオは記憶を振り返りながら分析する。「そこでは戦

図15–5 『雨月物語』フランス公開時ポスター（1953年）
写真　ユニフォトプレス

という主題のもとに、さまざまな変奏が継続する。」作品が音楽的な構成を備えていることの指摘である。さらに「それはまたひとつの建築であり、それぞれのショットが細心の配慮をもって構築され」ている。しかも「よく考えてみると、溝口の作品のこの中心テーマ［＝「女性の過酷な境遇」をめぐる主題］は、西洋の古典演劇や近代小説に見られるテーマに他ならない。」

つまり、ル・クレジオにとって溝口作品による「芸術」の啓示とは、映画がさまざまな芸術を複合的に内包する表現になっていることの体験だったと考えられる。映画のうちには、音楽もあれば映画もあり、演劇もあれば小説もある。それらをひとつに束ねて、「夢」のようになまなましい実感とともに体験させてくれたのが、彼にとっての溝口の映画

だった。しかもそのとき、少年は日本についても、いわんや日本映画についてもほとんど知識をもたない状態だった。そうしたいわば"素"の状態で真剣に向き合ったときに、映画が見る者に対して及ぼす力が、ここにはいきいきと記されている。強い感動を覚えながら、少年はふと、「人々が日本人であることを、彼らが別の言語を話し、別の暮らし方をしていることを忘れていた」ことに気がつく。「私は彼らの世界のなかにいた。私が彼らに所属するように、彼らも私の一部を成していた。」

　映画の画面に引きこまれ、そこで展開される物語に没入していくとき、強力な同一化の作用が働く。あたかも、映画がサイレントだった時代に掲げられた普遍的な言語の理想が、トーキーにおいて実現されたかのような瞬間である。映画は文化や社会の違いを超えて訴えかける性質をもっている。そのことを『雨月物語』は、バザンの言葉を用いるなら「遠くの星」からやってきた作品であるだけにいっそう明確に印象づけた。ル・クレジオの日本映画をめぐるエッセイは次のようにしめくくられている。

「世界破壊のるつぼのなかから、日本はあらゆる国境を廃棄するひとつの芸術を誕生させた。」

　これは単に日本映画に対する賛辞として受け止めるだけではなく、映画に何が可能かを、作家が自らの経験に即して語った言葉として受け止めるべきだろう。戦禍のあとで、倒された樹木から緑の芽が吹き出すようにして、新しい映画が誕生する。その輝きがかつての敵国にまで届き、喜ばしい刺激を与える。ル・クレジオはそれによって映画製作を志したわけではない。しかし彼が小説家となるにあたり、溝口との遭遇が一つの原点として胸に刻まれていたと考えることが許されるのではないか。つまり映画は、諸芸術を自らのうちに取り込むばかりではなく、他の芸術へと向けてわれわれを送り出す働きをも果たすのである。

ル・クレジオの経験が例外的なものではないことを最後に強調しておこう。未知の映画との貴重な出会いは、だれの身にも訪れる可能性がある。そのために必要なのは、真剣に、謙虚に画面と向かい合う姿勢だろう。映画は本来、闇の中に投影された画像が束の間描き出す、実体を欠いたまぼろしに過ぎない。その幻影を熱心に凝視するまなざしの助けによってのみ、そこに「映画芸術」が誕生するのである。

学習課題

1. 芸術とはどういう点で近代の概念であると言えるのか、整理してみよう。
2. 映画が芸術ではないとする説について、自分なりに反論を組み立ててみよう。
3. 自分にとって忘れがたい映画との出会いを振り返って、その魅力の根幹には何があったのかを考えてみよう。

参考文献

小田部胤久『西洋美学史』東京大学出版会、2009 年。
『ボードレール批評 2』阿部良雄訳、ちくま学芸文庫、1999 年。
『映画論の冒険者たち』堀潤之・木原圭翔編、東京大学出版会、2021 年。

索 引

●配列は五十音順。『 』は映画タイトル／書名を示す。ページ数のあとの f. は次ページを、ff. は以下数ページを含むことを示す。

事項

●あ 行

アイルランド系移民 98, 108
『赤と黒』 41
『赤ん坊の食事』 18, 21
『悪魔のような女』 48
「あしながおじさん」 213
『明日に向かって撃て』 56, 91
『アデュー・フィリピーヌ』 284
アトラクション 56ff.
「アトラクションの映画」 51, 58, 67
『穴』 173
『あにいもうと』 216
『アマチュア倶楽部』 201
『雨に唄えば』 75ff., 306
アメリカーナ 136, 157
「アメリカ史におけるフロンティアの意義」 52
『アメリカ消防夫の生活』 60, 64f.
アメリカの夢 266f.
『アメリカの夜』 286
『アメリカン・スナイパー』 175
『嵐が丘』 308
『アルカトラズからの脱出』 173
『暗黒街の顔役』 92, 97, 100ff.
『イージー・ライダー』 91
イエロー・ジャーナリズム 230
『硫黄島からの手紙』 167
『怒りの葡萄』 129
『意志の勝利』 115
イタリア系移民 98, 109

『イタリア旅行』 281
一人称の語り 249, 251, 253
『いとこ同士』 284
意図の誤謬（intentional fallacy） 224, 233
入江たか子ぷろだくしょん 211
岩波映画製作所 220
ウェスタン・ユニオン社 63f., 66
『浮雲』 199
『雨月物語』 47, 199, 215, 313ff.
失われた世代 94
『宇宙戦争』 228f.
『海を渡る友情』 220
『飢ゆるアメリカ』 93
映画女優 199f., 202
映画製作倫理規定 189, 198
エディソン社 66
エンパワメント 196f.
『黄金狂時代』 81f., 85
『大いなる幻影』 172ff.
『オーソン・ウェルズ IN ストレンジャー』 269
大森銀行ギャング事件 207
小笠原映画研究所 205
『おかしなドラマ』 170
『お吟さま』 202f., 219
『恐るべき子供たち』 44
『大人は判ってくれない』 282f., 287
『乙女シリーズその一　花物語　福壽草』 207f.
『おなじ太陽の下で』 220f.
『汚名』 34
『俺たちに明日はない』 91f.
『愚なる妻』 310

女形　201

『女の一生』　205

『女ばかりの夜』　217f.

●か　行

「カイエ・デュ・シネマ」（「カイエ」）　270,
　280f., 284ff., 289, 297, 310

解釈学　262ff.

『開拓の花嫁』　212

『カサブランカ』　136ff., 278

「火星人襲来」　228f., 231f.

『火星人襲来──パニックの心理学』　229

『葛飾砂子』　47

『勝手にしやがれ』　281f., 285, 288, 297

活動写真　201

活動弁士　207

『カメラを持った男』　252

カメラの眼　243, 251ff.

『仮面の米国』　93

『カリガリ博士』　78, 147f., 152

キアロスクーロ　266

『キートンのカメラマン』　304f.

『キートンの蒸気船』　82

『北の同胞』　212

『北の橋』　310

『キッド』　85

キノ・グラース　252

キネマ旬報　186, 212f.

技髪　201

京都市観光課　212

『京の四季』　212

『京の四季　第二編　夏の巻』　212

『霧の波止場』　170ff.

緊急失業対策法　221

「近代の超克」　182

『牯嶺街（クーリンチェ）少年殺人事件』

290

クック・スピード・パンクロ24mm　256,
　258

『グリード』　310

『グレート・ギャッツビー』　249, 251

『黒い罠』　269f.

『警察官』　207f.

芸道　184

芸道物　182, 184ff., 191ff.

『月世界旅行』　32f., 39

結髪　201ff.

『拳銃魔』　111

『恋文』　216f.

『工場の出口』　15, 52

構造主義記号論　243f.

構造主義詩学　264

コード　264f., 269

国鉄労働組合（国労）　222

国民的記憶　51, 53ff.

『国民の創生』　35ff., 164, 169

『ここに生きる』　220ff.

『五時から七時までのクレオ』　284

五社協定　216f.

五所平之助　87, 205

『湖中の女』　251ff., 255

古典ギャング映画　91ff.

古典的デクパージュ　259f.

『コルドリエ博士の遺言』　295

●さ　行

『サーカス』　82, 85

『西鶴一代女』　215

サイクル　184f., 189

『最前線物語』　177, 179

『細雪』　48f.

撮影所システム　183, 200

撮影所時代　199f.

作家　224f., 231ff., 236

作家主義　262, 270

『ザ・マジックアワー』　137

『サムライ』　289

『山椒大夫』　40

『サンライズ』　78

『シェーン』　176

ジェンダー　182, 195

『視覚的人間』　79f., 87, 298

詩学　262, 264f., 268f.

『詩学』　175, 299

『死刑執行人もまた死す』　147f.

『地獄の黙示録』　167

自主規制　189

自主検閲制度　91f., 100f., 105, 108

『詩人の血』　44

時代劇　192, 196, 202, 204

『七人の侍』　199

『十誡』　78

失業対策事業　221

失業対策法　221

失対日雇い労働者　221

『シネマ』　307

字幕（タイトル）係　206f.

『市民ケーン』　224ff., 243ff., 262ff.

社会派映画　93f., 96

『ジャズ・シンガー』　73f., 76, 98

『蛇性の淫』　47

『上海から来た女』　269

ジャンル　184, 262, 265ff.

『ジャン・ルノワールの小劇場』　295

主題　224, 233, 235ff., 239

『ジュラシック・パーク』　180

純映画劇運動　201

『春琴抄』　185, 193ff.

『ショーシャンクの空に』　173

『ジョーズ』　180

松　竹　183, 193, 199, 201f., 205f., 210f., 214, 298

松竹下加茂撮影所　214

象徴　224, 236ff.

『女学生記』　205

女性映画　219, 222

『女優ナナ』　40

新興キネマ（新興）　203f., 207, 211, 214

新東宝　215f.

『シンドラーのリスト』　178ff.

新内　184, 186, 190

垂直統合　183

スクリプター　208f., 211, 213f., 219

スクリューボール・コメディ　188f., 195

『ストーカー』　41

ストーリー　243ff.

ストーリー・タイム　244, 247

『ストロンボリ』　279f.

スペイン戦争　140f., 230

『青春残酷物語』　288

成人映画（ピンク映画）　215

『制服の処女』　213

西部劇　51f., 55

『生の輝き』　201

『世界の心』　164ff.

説明字幕　206ff.

『戦火のかなた』　280, 312

『戦艦ポチョムキン』　38

『1933年のゴールド・ディガーズ』　114ff.

『1935年のゴールド・ディガーズ』　114

「センチュリー・オブ・プログレス」博覧会　131

全日本自由労働組合（全日自労）　220

ソーシャル・ダーウィニズム　98

『創世記』 11, 79
『卒業』 91
『ソンムの戦い』 162f.

●た 行

大映 199, 209, 214, 216f.
大恐慌 91, 94ff., 104
『第3逃亡者』 34
大正活映 201
『大脱走』 173
タイトル係 207f.
『第七天国』 78
第二次エチオピア戦争 141
『台北ストーリー』 290
大陸横断鉄道 62, 64f.
『大列車強盗』 51, 56ff., 63, 65ff.
『瀧の白糸』 40, 212
脱修辞 262, 273
タフガイ 139, 141ff.
『弾丸か投票か』 110
『丹下左膳』 202
『痴人の愛』 46f.
『父親たちの星条旗』 167
『乳房よ永遠なれ』 217ff.
『散り行く花』 282
『月は上りぬ』 216f.
『月夜鴉』 185, 191f., 195
『つばさ』 175
『鶴八鶴次郎』 184ff., 195ff.
『ディア・ハンター』 167
ディープ・フォーカス 243, 257ff.
『天姥（ティエンムー）寺の前で小銭を拾
　い集める安南の子供たち』 25
帝国キネマ演芸株式会社（帝キネ） 203f.
ディスコース 243ff., 251, 260
ディスコース・タイム 244, 247

テーマパーク 56f.
テクノクラシー 122
『鉄路の白薔薇』 78
天活 201
『天使N-Dが撮影した世界の終末』 44
『ドイツ零年』 280, 283
東映教育映画 220
東映京都撮影所 206
『東京物語』 199
東宝 183, 196, 205f., 209, 213f., 219f.
『遠い一本の道』 222
トーキー 97f.
トーキー映画 200, 209
『独裁者』 86f., 232
独立プロダクション 220
床山 201
『トップガン』 175
トランスナショナル 136, 153
泥棒男爵 66f.
『ドン・ファン』 73

●な 行

長回し 255f.
ナショナリズム 182
『ナチ強制収容所』 176
『ナポレオン』 78
『ナモ村落　駕籠から撮影されたパノラ
　マ』 27
ナンバー 190
『荷車の歌』 220
ニコヨン 221
『二十四の瞳』 199
日映科学映画製作所 219
日活 183, 199ff., 204f., 209ff.
『担え銃』 168
日本映画 182ff.

日本映画監督協会　192, 216
日本映画新社　220
『日本の悲劇』　220
ニュー・アメリカン・シネマ　91f.
ニュークリティシズム　224, 233, 237, 241
ニュー・ディール政策　91, 99
ニューハリウッド　91
『紐育の灯』　74
ニュルンベルク党大会　130
『人間模様』　206
ノンフィクション劇場　220

●は　行

伝記映画（バイオピック）　188
ハードボイルド　266
ハーレム・ルネッサンス　139
『白痴』　308
『白熱』　111
『幕末太陽傳』　199
『初姿』　211f.
「バッファロー・ビルのワイルド・ウェスト」　54ff.
「花物語」　207
母物映画　194
『母よ恋し』　205
ハリウッド　46ff., 70, 73, 78, 81, 83, 85, 92, 96, 105ff., 114ff., 136ff., 164ff., 175, 178ff., 182, 189f., 213, 224, 251, 274, 278ff., 282, 286, 292, 308, 310
『巴里の女性』　85
『巴里の屋根の下』　87
『パリはわれらのもの』　284
『バレー・メカニック』　115
パロディー　265
「反解釈」　262
『晩菊』　220

『犯罪王リコ』　92f., 99
パンフォーカス　257, 259
『光なき星』　77
ピクトリアル映画　212
被写界深度　257ff.
美術部　206
『非情城市』　290
非米活動委員会　141f.
『ファントマ』　40
フィルム・ノワール　265ff., 276
「複製技術時代の芸術」　62
不二映画　209
『フットライト・パレード』　114, 125f., 133f.
『プライベート・ライアン』　167, 175, 179
ブリーン・オフィス　105
フロンティア　51ff., 66
フロンティア理論　51, 53, 55, 66
文化映画　212
文芸プロダクションにんじんくらぶ　202, 219
ヘイズ・オフィス　91, 100, 104ff., 111
ヘイズ・オフィス・コード　92, 105
米西戦争　53, 160, 162
『ベニスに死す』　41
編集　200, 208ff.
『ベン・ハー』　78
『ボヴァリー夫人』　40, 42
ボーナス・アーミー　94
亡命映画人　136, 138f.
『暴力団』　267
『ボギー！　俺も男だ』　136
「ぼくは日本人」　220
『ボレロ』　186ff.
翻案　182, 185, 192ff.

●ま　行

『幕間』　80
マシーン・エイジ　114, 121f., 124
「マシーン・エイジ展」　121f.
マスゲーム　116
『マダムと女房』　87f.
『街の灯』　80, 85f.
『町の政治──べんきょうするお母さん』　220
『マノン・レスコー』　42
『マルクス捕物帖　カサブランカの一夜』　136
『マルタの鷹』　266, 274f.
満洲映画協会（満映）　212, 214
満洲国　212, 218
ミュージカル映画　114f., 186
未来派　124f.
『民衆の敵』　93ff., 102ff.
無声映画　206f., 210, 215
『無防備都市』　278, 280, 312
『村の婦人学級』　220
メジャー　183
メディアミックス　191, 195
『メトロポリス』　78
メロドラマ　217, 219
『モダン・タイムス』　81, 86, 306
物語学（narratology）　243ff.
モンタージュ　30, 34ff., 42

●や　行

『やさしい女』　41
『山猫』　41
『闇の奥』　248f., 251, 253, 255
『ヤンヤン　夏の思い出』　290
『ヨーク軍曹』　167
『夜霧よ今夜も有難う』　137

『汚れた顔の天使』　111
『夜と霧』　176
『四十二番街』　114

●ら　行

ラウンジタイム・クロノトープ　268
『ラ・シオタ駅への列車の到着』　19, 20, 23, 52, 63
「ラジオ研究プロジェクト」　229
『羅生門』　209, 292, 311ff.
『ラルジャン』　41
『ランジェ公爵夫人』　42
リージョン・オブ・ディーセンシー　105f., 108
理研映画　212
『ルイ四世の権力奪取』　295
『流転の王妃』　217ff.
『ロイドの用心無用』　82
『ローラ』　284
『6×2』　295
『ろくでなし』　288
ロサンジェルスの戦い　138
ロスト・ジェネレーション　140

●わ　行

ワーナー・ブラザーズ社　93, 96f.
ワイドアングル　256ff.
『我が家は楽し』　206
『惑星ソラリス』　41
「忘れられた男」　118
「忘れられた人々」演説　119

●アルファベット

CBS　227f.
『Gメン』　110
J.Oトーキースタジオ（JO）　212

NRA（National Recovery Administration,
　米国復興局）　132f.
P.C.L 映画製作所　209
『PERFECT DAYS』　89
RKO ラジオ　226
『SHOAH ショア』　178
『S/Z』　264
『U.S.A.』　44

人名

●あ 行

アームストロング，ルイ　139
愛新覚羅（嵯峨）浩　218
愛新覚羅溥儀　218
愛新覚羅溥傑　218
アウアーバック，ジョナサン　60
アステア，フレッド　189
アドルノ，テオドール　112
アポリネール，ギヨーム　44
淡島千景　202
アリストテレス　175, 299
有馬稲子　203, 218
イーストウッド，クリント　167
飯塚敏子　191, 196
池川玲子　213
石井妙子　213
泉鏡花　40, 47
市川崑　206
井上金太郎　185, 191f.
入江たか子　211
ヴァルダ，アニエス　284
ヴィーネ，ロベルト　78
ヴィスコンティ，ルキノ　41
ヴィニー，アルフレッド・ド　302
ウー，ジョン（呉宇森）　289

ヴェール，ガブリエル　26ff.
上田秋成　47
ウェブスター　213
ウェルズ，オーソン　224ff., 248f., 251, 265,
　269ff., 276, 286
ウェルズ，H・G　33, 228
ヴェルトフ，ジガ　252
ヴェルヌ，ジュール　33
ウェルマン，ウィリアム　92f.
ヴェンダース，ヴィム　89
ウォーターズ，ウォルター・W　119
ウォルシュ，ラオール　111
内田吐夢　207
エイゼイシュテイン，セルゲイ　35, 38, 87
エイマン，スコット　75
エジソン　70, 72
エプスタイン兄弟　155f.
エプスタイン，ジュリアス　141
エプスタイン，フィリップ　141
大島渚　288
岡野薫子　219
岡本太郎　307
尾崎時子　204
小津安二郎　78, 183, 192, 199, 215ff.
尾上松之助　204

●か 行

カーウァイ，ウォン（王家衛）　291
カーティーズ（カーチス），マイケル　111,
　144f., 151f.
加藤星江　207
カーネギー，アンドルー　53
帰山教正　201
カニュード，リッチョット　43f.
ガニング，トム　58, 67
カミュ　45

亀井文夫　205
カラー，ジョナサン　264
カルネ，マルセル　169f.
川口松太郎　186f., 189f., 192, 194f.
川島雄三　199
川手二郎　207
かんけまり（石山一枝）　220
ガンス，アベル　78
カントリル，ハドレー　229
キートン，バスター　81f., 89, 304ff.
キーラー，ルビー　127ff.
岸惠子　219
北川冬彦　193f.
ギッシュ，ドロシー　164
ギッシュ，リリアン　164ff., 282, 308
木下惠介　199, 206, 210, 216, 220
木村よし　202
キャグニー，ジェイムズ　94, 110f.
ギャバン，ジャン　170, 172, 174f.
キャプラ，フランク　136, 138
クーパー，ゲイリー　175
クーパー，ブラッドリー　175
グールド，ジェイ　65
久我美子　216, 219
楠田（木下）芳子　206
クラカウアー，ジークフリート　20
栗原，トーマス（栗原喜三郎）　47, 201
グリフィス，D・W　35ff., 71, 78, 164f., 167,
　169, 282, 308
クルーズ，トム　175
クルーゾー，アンリ＝ジョルジュ　48
クレール，ルネ　80, 85, 87
黒澤明　199, 209, 308f., 311f.
クロスランド，アラン　73
ケアリー，ジェイムズ・W　63
ケリー，ジーン　75

ゴーチエ，テオフィル　301
コーディー，ウイリアム（通称「バッファ
　ロー・ビル」）　54f.
ゴーモン，レオン　160
ゴールドウィン，サミュエル　308
コクトー，ジャン　44, 285
ゴダール，ジャン＝リュック　281f., 284f.,
　294f.
コッチ，ハワード　141, 155f.
コッポラ，フランシス・フォード　167
今野勉　294f.
コンラッド，ジョゼフ　248, 251

●さ　行
サイダーマン，モーリス　271
斉藤綾子　217
斎藤達雄　193
斎藤良輔　216
坂斎小一郎　203f.
坂根田鶴子　209, 211ff.
ザガン，レオンティーネ　213f.
笹木一子　209, 211ff., 215
サドゥール，ジョルジュ　35
サルトル　45
沢島忠　206
沢島（高松）冨久子　206
サンドラール，ブレーズ　44
シーゲル，ドン　173
島津保次郎　193f.
シャオシェン，ホウ（侯孝賢）　290
シャブロル，クロード　284
シュトロハイム，エリッヒ・フォン　173,
　310
ジョルソン，アル　73f., 98
杉原よ志　210
杉本セツ子　213f.

スコット，ハワード　122f.
鈴木紀子　205
スターケン，マリタ　53
スタージェス，ジョン　173
スタインベック，ジョン　129f.
スタンダール　41
スティーヴンス，ジョージ　176
ストルガツキー兄弟　41
スピルバーグ，スティーヴン　167, 178ff.
セジウィック，エドワード　304f.
セネット，マック　81
セバーグ，ジーン　281f.
ソブチャク，ヴィヴィアン　267
ゾラ　39f., 42
ソンタグ，スーザン　25, 263f.

●た　行
ターナー，フレデリック・ジャクソン
　51ff., 66, 69
鷹沢和善　206
高田浩吉　191, 193
田中絹代　87, 202, 214ff.
田中澄江　206, 217f.
谷崎潤一郎　40, 45ff., 185, 192, 201
タム，パトリック（譚家明）　288
ダラボン，フランク　173
ダリオ，マルセル　146
タルコフスキー，アンドレイ　41, 306
チェイス，スチュアート　122
チェン，ジャキー（成龍）　89
チミノ，マイケル　167
チャットマン，シーモア　243
チャップリン，チャールズ　23, 80ff., 85ff.,
　96, 164, 168, 232, 306
チャンドラー，レイモンド　251
チャン，マギー（張曼玉）　291

月丘夢路　217
津村秀夫　182
デイヴィス，マリオン　231
ディクソン，トーマス　37
デイモン，マット　175
デミル，セシル・B　78
デリュック，ルイ　166
トー，ジョニー（杜琪峯）　291
ドーネン，スタンリー　75
トーランド，グレッグ　225f.
トヴァルドフスキー，ハンス・ハインリッ
　ヒ・フォン　146f.
ドゥミ，ジャック　284
ドゥルーズ，ジル　307
時枝俊枝　220
ドス・パソス，ジョン　44, 140
ドフトエフスキー　41
トリュフォー，フランソワ　282ff., 286f.,
　295
トルストイ　41
ドロン，アラン　289

●な　行
中城ふみ子　217
仲代達矢　218
永田雅一　311f.
中村登　206
中村麟子　219
成瀬巳喜男　185, 188, 190, 192, 199, 215f.,
　220
ニエプス，ニセフォール　15
ニブロ，フレッド　78
丹羽文雄　216
野上照代　209

●は　行

ハーク，ツイ（徐克）　288f., 291
バーグマン，イングリッド　34, 151f., 154, 158, 277ff., 281
バークリー，バズビー　114ff., 124ff., 306
ハースト，ウィリアム・ランドルフ　230ff., 236, 239, 241
ハーマン，バーナード　274
パウエル，ディック　128
バザン，アンドレ　16, 21, 74, 161, 259f., 280, 297, 313, 315
橋田壽賀子　206
長谷川一夫　186, 196
バタイユ，ジョルジュ　16
羽田燈子　220
パテ，シャルル　39
花柳章太郎　194
浜野佐知　215
ハメット，ダシール　142, 144
林義子　204
バラージュ，ベラ　79ff., 86f., 298
原知佐子　218
原節子　213
バルザック　39, 41f.
バルト，ロラン　264
ハロン，ロバート　165
ビアード，チャールズ　122
ピアフ，エディット　77
左幸子　222
ピックフォード，メリー（メアリー）　46f.
ヒッチコック，アルフレッド　34, 286, 295
ビッツァー，ビリー　308
ヒトラー，アドルフ　86, 96, 229, 232
ヒューストン，ジョン　266, 274
ファラゴー，フランシス・エドワード　93
フィッツジェラルド，F・スコット　140, 249

フイヤード，ルイ　40
フーヴァー大統領　118, 130
フェアバンクス，ダグラス　164
フォイ，ブライアン　74
フォークナー　45
フォード，ジョン　136
フォン，アレン（方育平）　288
富士真奈美　202f.
藤原智子　220
フラー，サミュエル　166, 177ff.
ブライト，ジョン　93
フリード，アーサー　75
ブリーン，ジョゼフ　108, 110
ブリステーヌ，マルセル　77
プレヴェール，ジャック　170
ブレッソン，ロベール　41, 48
フレネー，ピエール　173
フローベール，ギュスターヴ　40ff., 301
フロドン，ジャン＝ミシェル　27
ブロンベルジェ，ピエール　309
ヘイズ，（H・）ウィル　105ff., 170
ベーカー，ジョゼフィン　139
ヘーゲル　299ff.
ヘス，ルドルフ　130
ベッケル，ジャック　173
ベニシュー，ポール　301
ヘミングウェイ，アーネスト　45, 140f.
ベルモンド，ジャン＝ポール　281f.
ベンヤミン，ヴァルター　15, 62
ホイ，アン（許鞍華）　288, 291
ホークス，ハワード　92, 167, 286
ボーセイギ，フランク　78
ポーター，エドウィン・S　51, 60, 64
ボードレール，シャルル　303f.
ボガート，ハンフリー　141, 143, 152

●ま　行

マーヴィン，リー　178
マーティン，クウィグリー　107f.
マイゼル，ヘンリー・O　131ff.
マクルーハン　293
マッカーサー，ダグラス　118
松田定次　202
マニー，クロード＝エドモン　45
マニャーニ，アンナ　279
マラルメ，ステファヌ　301
マリネッティ　124
マルクス兄弟　136
マンキーウィッツ，ハーマン・J　225f.
マン，トーマス　41
水木洋子　205f.
水島あやめ　205
溝口健二　23, 40, 47, 78, 183, 185, 199, 211f.,
　214f., 310, 313ff.
宮川一夫　312
ムッソリーニ，ベニート　279
村木忍　206
村田武雄　205
ムルナウ，F・W　78
メリエス，ジョルジュ　30ff., 34f., 39, 50, 58
メルヴィル，ジャン＝ピエール　282, 289
望月優子　219ff.
森鷗外　40
森雅之　216
森山季子　205
モルガン，ミシェル　170
モンゴメリー，ロバート　251ff.

●や　行

柳生悦子　206
役所広司　89
社喜久江（内田菊子）　204

八住利雄　206
梁雅子　218
山下與志一　206
山田五十鈴　186, 196
山本薩夫　220
ヤン，エドワード（楊徳昌）　289f.
ユゴー，ヴィクトル　39
ユンファ，チョウ（周潤發）　289, 291
吉田喜重　288
吉屋信子　207
依田義賢　192, 195

●ら　行

ラウ，アンディ（劉徳華）　291
ラフト，ジョージ　187
ラング，フリッツ　78, 147f.
ランズマン，クロード　178f.
ランペドゥーサ　41
リーフェンシュタール，レニ　213f.
リヴェット，ジャック　284, 310
リチー，ドナルド　311
リュミエール　11, 13, 19, 58
リュミエール，オーギュスト　12, 18
リュミエール兄弟　11ff., 18, 21f., 24, 31f., 52,
　70, 159, 284, 287, 306
リュミエール，ルイ　12, 18, 22, 24
ルイス，ジョゼフ・H　111
ル・クレジオ　313ff.
ルノワール，ジャン　40, 172, 295, 309
ルボー，マデリーン　146
ルロイ，マーヴィン　92f.
レオン，トニー（梁朝偉）　291
レジェ，フェルナン　115, 121
レム，スタニスワフ　41
ロイド，ハロルド　81f., 89
ローズヴェルト，シオドア　55, 69, 119, 162

ローズヴェルト，フランクリン・D　118f.,
　121, 133, 275
ロジエ，ジャック　284
ロジャース（ロジャーズ），ジンジャー
　116, 189
ロックフェラー，ジョン　53
ロッセリーニ，ロベルト　277ff., 285, 287,
　295

ロビンソン，エドワード・G　94, 110
ロンバート，キャロル　187

●わ　行

ワーナー，ジャック　138
ワイラー，ウィリアム　136, 138, 308
若月彰　217
和田夏十　206, 217

分担執筆者紹介

(執筆の章順)

木下　千花（きのした・ちか） ・執筆章→ 9

1971 年	東京に生まれる
1994 年	東京大学大学院総合文化研究科修士課程修了
2001 年	東京大学大学院総合文化研究科博士後期課程退学
2006-10 年	ウェスタン・オンタリオ大学映画学科（現・英文学科）助教授
2007 年	シカゴ大学人文学研究科修了（東アジア文明学・映画メディア学 PhD 取得）
2010-13 年	静岡文化芸術大学専任講師・准教授
2013 年	首都大学東京（現・東京都立大学）准教授
2016 年-現在	京都大学大学院人間・環境学研究科准教授・教授
専攻	日本映画史、表象文化論
主な著書	『溝口健二論――映画の美学と政治学』（法政大学出版局、2016 年）
	（分担執筆）宇野田尚哉・坪井秀人編『対抗文化史――冷戦期日本の表現と運動』（大阪大学出版会、2021 年）
	（分担執筆）高木博志編『近代京都と文化』（思文閣出版、2023 年）

鷲谷 花 (わしたに・はな)

・執筆章 → 10

立教大学兼任講師、大阪国際児童文学振興財団特別専門員。専門は映画学、日本映像文化史。共編著に淡島千景・坂尻昌平・志村三代子・御園生涼子・鷲谷花『淡島千景 ― 女優というプリズム』(青弓社、2009年)。訳書に『ワンダーウーマンの秘密の歴史』(ジル・ルポール著、青土社、2019年)。単著『姫とホモソーシャル:半信半疑のフェミニズム映画批評』(青土社、2022年)により、第45回サントリー学芸賞を受賞。近年は昭和期日本の幻灯(スライド)文化についての調査研究及び、幻灯機とフィルムを用いた一般向け上映活動にも取り組んでいる。

編著者紹介

野崎　歓（のざき・かん）　・執筆章→1・2・4・8・14・15

1959 年	新潟県高田市（現・上越市）生まれ、新潟市育ち
1990 年	パリ第 3 大学博士課程留学、東京大学大学院人文科学研究科仏語仏文学専攻博士課程中途退学ののち一橋大学法学部専任講師、東京大学大学院総合文化研究科・教養学部助教授、同大学院人文社会研究科・文学部教授を経て東京大学名誉教授
現在	放送大学教授
専攻	フランス文学、翻訳論、映画論
主な著訳書	『ジャン・ルノワール　越境する映画』青土社、2001 年
	『フランス小説の扉』白水社、2001 年
	『谷崎潤一郎と異国の言語』2003 年、人文書院
	『香港映画の街角』青土社、2005 年
	『五感で味わうフランス文学』白水社、2005 年
	『われわれはみな外国人である——翻訳文学という日本文学』五柳書院、2007 年
	『異邦の香り——ネルヴァル「東方紀行」論』講談社、2010 年
	『フランス文学と愛』講談社現代新書、2013 年．
	『翻訳教育』河出書房新社、2014 年
	『アンドレ・バザン　映画を信じた男』春風社、2015 年
	『夢の共有——文学と翻訳と映画のはざまで』岩波書店、2016 年
	『水の匂いがするようだ——井伏鱒二のほうへ』集英社、2018 年
	『無垢の歌—大江健三郎と子供たちの物語』生きのびるブックス、2022 年
	トゥーサン『浴室』集英社、1989 年
	バルザック『幻滅』（共訳）藤原書店、2000 年
	スタンダール『赤と黒』光文社古典新訳文庫、2007 年
	ウエルベック『地図と領土』筑摩書房、2013 年
	ネルヴァル『火の娘たち』岩波文庫、2020 年
	サール『人類の深奥に秘められた記憶』集英社、2023 年

宮本　陽一郎（みやもと・よういちろう）
・執筆章→ 3・5・6・7・11・12・13

1955 年　東京都に生まれる
1981 年　東京大学大学院人文科学研究科修士課程修了
現在　　放送大学特任教授・筑波大学名誉教授
専攻　　アメリカ文学，カルチュラル・スタディーズ，映画研究
主な著書　『モダンの黄昏——帝国主義の改体とポストモダンの生成』（研究社）
　　　　『アトミック・メロドラマ——冷戦アメリカのドラマトゥルギー』（彩流社）
　　　　『知の版図——知識の枠組みと英米文学』（共編著　悠書館）
　　　　Hemingway, Cuba, and the Cuban Works（分担著　Kent State University Press）
　　　　ジョン・ガードナー著『オクトーバー・ライト』（集英社）
　　　　チャールズ・ジョンソン著『中間航路』（早川書房）

放送大学教材　1559427-1-2511（テレビ）

映画芸術への招待

発　行　　2025 年 3 月 20 日　第 1 刷

編著者　　野崎　歓・宮本陽一郎

発行所　　一般財団法人　放送大学教育振興会
　　　　　〒 105-0001　東京都港区虎ノ門 1-14-1　郵政福祉琴平ビル
　　　　　電話 03（3502）2750

市販用は放送大学教材と同じ内容です。定価はカバーに表示してあります。
落丁本・乱丁本はお取り替えいたします。

Printed in Japan　ISBN978-4-595-32505-2　C1374